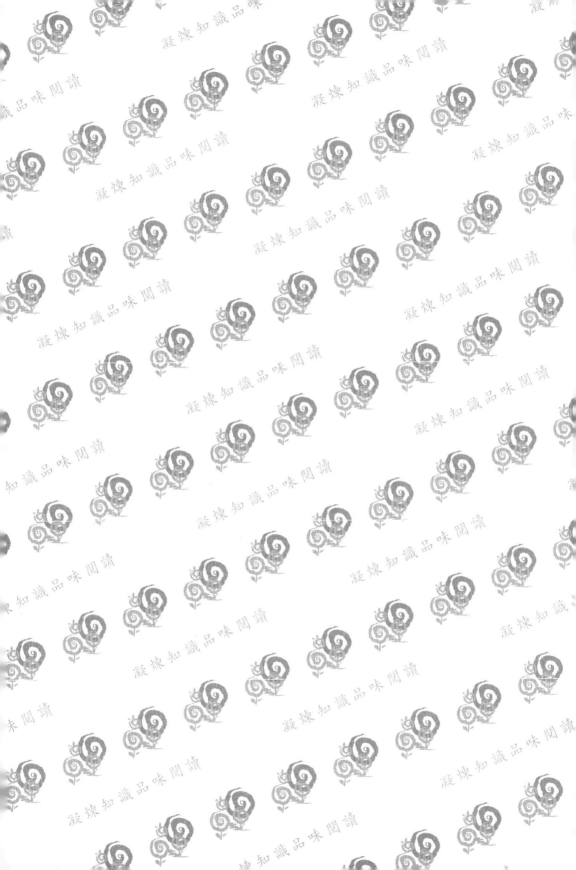

社會福利行政

林勝義　著

五南圖書出版公司 印行

三版序 ———————————————————●

在五南圖書出版公司通知，這本《社會福利行政》準備再印，當下我就決定修訂內容，加入一些比較新的題材。

首先，新冠肺炎（COVID-19）的議題，必須列入討論。如眾所知，新冠疫情衝擊了百工百業，導致失業人口上升，原本就處於弱勢環境的兒童、老人、身心障礙者，他們的生活及照顧問題，更是雪上加霜，在在需要紓困。而首當其衝者，社會福利機關（構）的行政人員必須負責執行紓困方案，承受不少壓力和挑戰。

其次，行政倫理的議題，也不宜忽略。記得2022年12月的《社區發展季刊》，專題是「社會工作倫理議題」。我參加該刊編輯會議時，輪值主編曾華源教授建議我寫社區工作倫理議題。於是連帶想到社會福利行政倫理，長期被忽略，也應補足「倫理」這個區塊。因此，第十二章針對行政倫理做了一些討論。

再其次，行政理論的議題，也必須補充。這要感謝一位匿名教授的提醒和建議。他說我這本書缺少理論議題，他須找另一本書來補充。於是稍微瀏覽了幾本社會福利行政的書，好像都側重於「組織理論」。我認為「行政理論」更加適合。於是，採借公共行政有關行政理論的論述，從科層官僚制、新公共行政、新公共管理、新公共服務，到治理的轉型，略述其主要特徵，並闡釋這些理論對於社會福利行政的啟示。

當然，在增加新題材的同時，也應該減少一些「過時」或「乏味」的資料，以免增加讀者的負擔。這次修訂，我將「社區背景的分析」、「社會福利資訊管理」，刪除。因為，社區背景議題，在社區工作課程會討論；而資訊管理議題，通常可借重資訊單位的專家來協助處理。況且，社會福利行政人員在資訊管理上頭，能夠使力的地方也不多。

　　總歸一句話，一本書的修訂，應增則增，應刪就刪。期待同行的先進教授們、同學們，如果發現本書有錯誤或不足之處，請隨時向五南圖書出版公司反映，讓我知道還有哪些地方應該增減、應該改進？謝謝您。

　　　　　　　　　　　　　　　　　　　　　　林勝義　謹誌

自序 ————————————————————●

　　在一個偶然的機會，從網路上看到一則酸民對教科書的看法。他說：有一天晚上睡不著，數羊，無效；吃半粒安眠藥，還是無效；乾脆爬起來看書，沒想到看教科書的附加價值竟然是催眠，害我一直睡，一直睡。

　　這一則揶揄教科書的話，害我差一點不敢再寫教科書。但是想到社會福利行政中文教科書實在太少，有的是資料過於老舊，有的是我的學生說他們看不懂。所以，我再冒著可能被酸的風險，硬著頭皮寫這本教科書，以後如果要寫東西，可能會寫遊記或美食之類的。

　　無論如何，還是要說一說：學習社會福利行政的必要性。由於長久以來，「行政」在社會工作專業之中，被視為間接服務的一環，也被期許能藉由行政的支援，連結個案、團體、社區等直接服務，為有需要的人提供較佳協助，以增進他們的福祉。華雷（Farley）等人在《社會工作概論》一書就曾指出：行政是社會工作實務中最重要的一部分，因為每一個機構實施的方案，都需行政人員有效率地完成。

　　然而，在社會工作實務界與學生之中，仍然有人認為「社會行政工作，誰都可以做」。這等於否認「社會行政是一種專業工作」。實際的世界，也真的有一些縣市的社會局處長，並不具社會福利／社會工作專業背景，而是以園藝、工程、電子、文學、新聞等背景，當上社會局處主管，負責該縣市重要社會福利的決策，也指揮一群專業社工做這、做那。

　　個人在國立大學、私立大學，從事社會福利行政課程教學多年，看到這種社會怪現象，有時感到很無奈、很洩氣，但是一個書生，又能怎樣？大概只能寫點東西，抒發一些書生之見，讓學生能為將來擔任社會福利機關（構）的行政工作，預作準備。更期待有緣看過這本書的社工人，有朝一日願意挺身而出，挑戰社政主管的職位，因為：我是社工，我不服——外行領導內行。

在這樣的自我覺察之中,開始思索這本書的架構,大致上是循著起點、過程、目的之軸線,次第進行:

就起點而言,從概念到脈絡。界定社會福利行政的定義、目的、範圍;分析社會福利行政的歷史脈絡、環境脈絡、組織設計。

就過程而言,從行政運作到資源管理。採借行政的要素,闡釋社會福利的政策形成及轉化、計畫之規劃、計畫之執行、行政領導及激勵、行政溝通及協調等運作過程;探討社會福利人力資源、財務資源、資訊資源等技術管理過程。

就目的而言,從回顧到前瞻。以績效評鑑,驗證社會福利施政的成果;展望社會福利行政未來的挑戰、趨向、願景,而其最終目的,乃在增進社會福利。

本書撰寫之前,偶然看到一則酸言酸語,時時自我警惕;撰寫過程,固然戰戰兢兢,期許自己:言必有據,論必循理,上下連貫,用字淺顯;完稿之後,必然還有許多缺失,有請方家不吝指正;付梓之際,當然要感謝五南圖書公司惠允出版,感激姿穎主編及其團隊的精心編輯。

林勝義 謹誌
於青田街的家

目錄

三版序

自序

第一章　社會福利行政的基本概念 ⋯⋯⋯ 1

第一節　為何學習社會福利行政 ⋯⋯⋯⋯⋯⋯ 3

第二節　社會福利行政的意義 ⋯⋯⋯⋯⋯⋯⋯ 6

第三節　社會福利行政的目的 ⋯⋯⋯⋯⋯⋯ 12

第四節　社會福利行政的範圍 ⋯⋯⋯⋯⋯⋯ 17

第五節　如何探討社會福利行政 ⋯⋯⋯⋯⋯ 19

第二章　社會福利行政的歷史脈絡 ⋯⋯ 23

第一節　美國社會福利行政實務的發展 ⋯⋯⋯ 24

第二節　我國社會福利行政實務的發展 ⋯⋯⋯ 31

第三節　美國社會福利行政教學的發展 ⋯⋯⋯ 36

第四節　我國社會福利行政教學的發展 ⋯⋯⋯ 39

第三章　社會福利行政的背景考量 ⋯⋯ 45

第一節　行政理論的發展 ⋯⋯⋯⋯⋯⋯⋯⋯ 46

第二節　環境變遷的趨勢 ⋯⋯⋯⋯⋯⋯⋯⋯ 52

第三節　利害關係人的期待 ⋯⋯⋯⋯⋯⋯⋯ 62

第四章　社會福利行政組織的設計 ⋯⋯ 69

第一節　我國社會福利行政組織的演變 ⋯⋯⋯ 70

第二節　我國中央社會福利行政組織架構 ⋯⋯ 75

第三節　我國直轄市社會局組織架構 ……………………… 79

第四節　我國縣市社會處組織架構 ………………………… 83

第五節　他國中央社會福利行政組織型態 ………………… 86

第五章　社會政策的形成及其轉化 ………………… 93

第一節　社會政策形成的過程 ……………………………… 95

第二節　由政策轉化為法規的過程 ………………………… 99

第三節　由政策轉化為服務的過程 ………………………… 106

第四節　主要決策類型的運用 ……………………………… 111

第六章　社會福利計畫之規劃 …………………… 119

第一節　策略性規劃的過程 ………………………………… 121

第二節　危機管理計畫之規劃 ……………………………… 132

第三節　事務性規劃的類型 ………………………………… 138

第四節　規劃的可能障礙及排除 …………………………… 141

第七章　社會福利計畫及業務之執行 …………… 147

第一節　由各級政府依法執行 ……………………………… 149

第二節　由政府依契約委外執行 …………………………… 155

第三節　與執行有關的關鍵議題 …………………………… 160

第四節　與執行有關的操作技術 …………………………… 164

第五節　與執行有關的一般原則 …………………………… 169

第八章　社會福利行政領導與激勵 ……………… 177

第一節　行政領導的概念 …………………………………… 178

第二節　傳統的領導取向 ……………………………………… 184

第三節　新型的領導取向 ……………………………………… 190

第四節　激勵的主要取向 ……………………………………… 196

第九章　社會福利行政溝通與協調 ……………… 205

第一節　溝通與協調的意涵 …………………………………… 206

第二節　組織內部的溝通協調 ………………………………… 210

第三節　組織之間的溝通協調 ………………………………… 214

第四節　組織對外的溝通協調 ………………………………… 221

第五節　有效溝通協調的技術 ………………………………… 227

第十章　社會福利人力資源管理 ………………… 233

第一節　人力資源管理的意涵 ………………………………… 234

第二節　員工進用的實務 ……………………………………… 241

第三節　員工訓練及發展 ……………………………………… 246

第四節　員工維繫及退場 ……………………………………… 252

第五節　志工人力的運用 ……………………………………… 261

第十一章　社會福利財務管理 …………………… 267

第一節　財務管理的意涵 ……………………………………… 269

第二節　預算的編製 …………………………………………… 273

第三節　預算的審議 …………………………………………… 280

第四節　預算的執行 …………………………………………… 282

第五節　決算與審計 …………………………………………… 284

第六節　補助款核撥及核銷 …………………………………… 288

第十二章　社會福利行政倫理 ……………………………… 295

第一節　社會福利行政倫理的意涵 ………………………… 296

第二節　社會福利行政相關之公務倫理 …………………… 302

第三節　社會福利行政相關之倫理原則 …………………… 306

第四節　社會福利行政相關之倫理守則 …………………… 309

第五節　社會福利行政倫理議題之處理 …………………… 312

第十三章　社會福利績效評鑑 ……………………………… 317

第一節　績效評鑑的意涵 …………………………………… 318

第二節　績效評鑑指標的設計 ……………………………… 325

第三節　績效評鑑的準備工作 ……………………………… 328

第四節　績效評鑑的程序與原則 …………………………… 335

第十四章　社會福利行政的未來發展 ……………………… 339

第二節　未來面臨的挑戰 …………………………………… 340

第二節　未來發展的趨向 …………………………………… 347

第三節　未來發展的願景 …………………………………… 352

參考書目 ……………………………………………………… 361

第一章
社會福利行政
的基本概念

英國作家杜普瑞（Ben Dupre）曾說：「行政人員是現代國家的引擎，……也是國家機器輸送氧氣的命脈」（龐元媛譯，2013：130）。

行政（administration），是社會工作實務中最重要的一部分，因為每一個機構所實施的方案，都需要有能力的行政人員，始能有效率地完成（華雷等著，何金蘭、詹宜璋等譯，2009：156）。

瀏覽社會工作發展的簡史，我們可以看到社工界早期的知名人物之中，李奇孟（Mary Richmond）不僅是社會個案工作之母，而且做過美國費城慈善組織會社（Charity Organization Society）的祕書長，是一位傑出的行政領導者；雅當斯（Jane Addams），不僅獲得1931年的諾貝爾和平獎，也曾擔任胡爾館（Hall House）的主席，政績斐然，名聞遐邇。

這兩位社會工作界的前輩，都因為擔任行政職務、主持一個組織的營運，而在社會工作實務上有更傑出的表現，對於社會工作專業的發展也有更多的貢獻（Lohmann & Lohmann, 2002: 9）。

據此可知，在社會工作專業領域裡，社會福利行政有其重要性。然而，當今社會工作實務界與學生之中，卻有一些人認為「社會行政是不專業的」、「社會行政工作，誰都可以做」、「我寧願做個案，也不要做行政工作」、「政府部門沒有效率，浪費生命」（賴兩陽，2005：197）。

為了澄清這些似是而非的觀念，還給社會福利行政一個公道，我們在這一章，首先思考為何要學習社會福利行政？然後了解社會福利行政是什麼？社會福利行政的目的何在？社會福利行政的範圍有哪些？如何探討社會福利行政？

第一節 為何學習社會福利行政

　　社會福利行政，通常被視為有關公共福利的一種公共行政。公共行政學者認為，社會上每一個人最好都能夠學習公共行政，因為了解公共行政有助於：為行政職務做準備、結合技術與管理的訓練、了解政府與企業的互動、影響公共組織、以科學管理提高行政效率（林淑馨，2016：16-18；Denhardt & Grubbs著，黃朝盟等譯，2010：15-24）。現在，我們就參考這些理由，來思考為什麼要學習社會福利行政？

一、為從事行政職務做準備

　　對於政府社會福利機關（構）的行政職務有興趣，或有志於擔任社會福利主管職務者而言，在其求學期間或在職場工作時，如能學習社會福利行政，可為將來擔任、晉升或轉換行政職務，預作準備。

　　通常，一個成熟的行政者或管理者，會被要求或期待她／他負起社會福利方案的規劃、執行、監督、評量等責任。這些行政職務所需具備的知識、價值、技巧，必須透過有系統地學習社會福利行政，始能奠定行政的基礎。有了基礎之後，將來進入或轉入社會福利機關（構）的行政部門之後，工作上比較容易適應，職業生涯也比較有發展。

　　況且，擔任社會福利行政工作，通常有比較吸引人的薪資待遇及升遷機會（Farley等著，何金蘭、詹宜璋譯，2009：172）。簡單地說，事豫則立，不豫則廢；機會總是留給準備好的人（chance paid the prepared mind），行政職位也是優先留給行政知能已經有所準備的人。

二、為完整學習社會工作專業

即使有些實務社會工作者或在學學生，她／他們的職業生涯規劃，是以社會工作直接服務為優先，其次才是間接服務。但是，社會工作的專業教育，必須是直接服務與間接服務兼容並蓄，才算是完整學習。具體言之，任何一個實務社工或社工學生，除了學習社會個案工作、社會團體工作、社區工作等直接服務課程之外，還必須學習社會福利行政、社會工作研究等間接服務課程，才有資格從事專業社會工作。

依據現行課程規劃，社會福利行政是大學社會工作學系學生必修科目，將來如果要參加高普考，也可以考社會行政類科，而多數縣市政府社會局處之下也設有社會行政科這個單位。如果，未曾學習社會福利行政，這方面的競爭力不如他人，可能會失去機會而有所缺憾。

尤其，1970年代以來，隨著綜融社會工作（generic social work）的發展，將直接服務與間接服務，融合為社會工作實務（social work practice）或臨床社會工作（clinical social work），更突顯兩者之間密不分的關係。實際上，從事直接服務的工作者，為了因應案主或案家的需求，也有賴行政部門提供經費資源或人力支援，否則資源不足或人力短缺，即使巧婦也難為無米之炊。

三、為了解政府行政程序以利互動

對於非營利組織的實務工作者，或準備進入民間福利機構工作的學生而言，學習社會福利行政，有助於了解各級政府社會福利部門的行政程序，將來如果要與政府社會福利部門打交道，比較知道如何因應，而不致於手足無措，自陷窘境。

雖然，不是每一個社工系所畢業生都能夠進入公部門服務，但是他們也有必要了解政府部門在做些什麼。講白一點，在NPO工作的社會工作者，學

習社會福利行政之後，在行政上比較能跟政府部門角力；講好聽一點，就是比較能跟政府建立良好的夥伴關係（引自劉邦富，2011：84，焦點座談，編號C1的發言）。

　　而且，私人或非營利組織如果要設立社會福利機構，必須依據相關法令之規定，向所在地社會福利行政主管機關申請立案，並接受督導、考核。有時候，非營利組織辦理福利服務活動，也會向政府社會福利部門申請經費補助，或接受專案委託，辦理福利服務方案。對於這些申請立案、申請補助的行政程序，通常在社會福利行政的相關議題中會提及，有助於了解政府社會福利部門的政策、法規、作業程序，以便有需要與政府部門互動時，可以駕輕就熟，順利完成。

四、為了解政府行政程序以維護自身權益

　　對於不準備從事社會工作的學生或一般民眾，學習社會福利行政，也有助於了解政府社會福利措施及作業程序，將來如果要維護自身權益，或爭取相關的福利，才知道有何管道、如何進行。

　　舉例言之，辦理全民健康保險投保的手續、申請中低收入戶學生學雜費減免的條件、申請急難救助的行政作業，都與政府的社會福利政策、法規、行政程序，密切相關。

　　這些與自身權益有關的事務，不僅可從社會福利行政的學習過程，即學即用，必要時也可採取某些行動，嘗試去爭取應有的權益或福利。

　　無論如何，如果想在政府社會福利機關（構）從事行政工作，社會福利行政應該列為他的第一專長。如果想從事直接服務、想在非營利機構工作，或者只想做一般公民，行政是每一個人的第二專長（administration is everyone's second profession）（江明修，2002：130）。

第二節 社會福利行政的意義

如果經過思考之後，妳／你對於爲什麼要學習社會福利行政有了比較正面的想法，或者不像過去那麼排斥，甚至是腦筋一片空白，還沒有任何想法，也沒有關係，我們不妨先了解社會福利行政是什麼？說不定慢慢就會有一些想法跑出來。

「社會福利行政」（administration in social welfare）一詞，有時候也稱爲「社會行政」（social administration），而且經常與「社會工作行政」（social work administration）一詞，交互使用著（黃源協，2016：191；Bhattacharya, 2006: 82；NASW, 1987: 27）。

嚴格地說，社會福利行政、社會行政、社會工作行政之間，應該有一些區別。在這裡，我們先列舉幾則有關社會福利行政的定義，幫助我們了解什麼是社會福利行政？必要時，我們在行文中也會適時說明這些名詞的區別。

一、美國社會工作百科全書的解釋

由美國社會工作專業人員協會（NASW）發行的第十八版《社會工作百科全書》（*Encyclopedia of social work*），曾收錄沙利（Sarri, 1987: 27）對於「社會福利行政」一詞的解釋：

> 社會福利行政、社會行政、社會福利機構行政（administration of
> social welfare agencies）等名詞可交互使用；這些行政工作是社會工
> 作實務的基本方法之一，它必須爲組織活動的維持及社會福利目的
> 之達成而負起責任。它也經常與醫務行政、教育行政及其他公共行
> 政，甚至與民間（private）及準公共的人群服務組織（quasi-public
> human service organizations）之管理部門，共同分擔這些責任。

這個解釋，強調社會福利行政是社會工作實務的一種方法，主要在達成社會福利的目的。必要時，也會結合醫務、教育等公共行政或民間人群服務組織的相關部門，共同致力於社會福利目的之達成。

其中，所謂「社會工作實務」（social work practice），通常被區分爲直接服務（direct service）與間接服務（indirect service）兩種。在性質上，社會福利行政是一種間接服務，係透過各種行政措施（例如：挹注經費、配置人力），以支援個案、團體、社區等直接服務的社會工作者，去爲案主或福利人口群提供必要的服務。

同時，社會福利行政也經常結合其他公共行政單位的資源，去爲有需要的民眾提供服務，這是屬於公共行政的一環，因而也被視爲政府或公部門的福利行政，簡稱爲「社會行政」（social administration）。

二、史基摩（Skidmore）的解釋

史基摩（Rex A. Skidmore）曾經歸納美國早期學者肯德奈（Kidneigh, 1950）、鄧漢（Dunham, 1962）、崔克爾（Trecker, 1971）等人，有關社會福利行政或社會工作行政的見解，而提出一個綜合性的定義（Skidmore著，蔡啓源譯，1998：3-4）：

社會工作行政是機構內的工作人員，將機構政策轉換成服務提供的行動過程；其間牽涉到執行者（指領導者及所有工作人員）、團隊成員（或屬下）間之關係。行政過程中最常使用之方法爲：計劃、組織、人事、領導、控制等活動。

這個解釋有三個重點：一是強調將政策（policy）轉換爲服務的行動（action）或方案（program）；二是採用一般公共行政的基本要素：計劃（planning）、組織（organizing）、人員任用（strafing）、領導

（directing）、控制（control），以使服務活動更加有效率和效益；三是其適用的範圍，包括社會工作相關的機構（agencies）。

其中，「將政策轉換爲服務行動」的概念，係源自於肯德奈（Kidneigh, 1950: 58）對於社會福利行政的解釋：「轉換社會政策爲社會服務的過程」（the process of transferring social policy into social services），它是一種雙向的過程：

1. 將政策轉換爲具體服務（transferring policy into concrete services）；

2. 運用實務經驗以修訂政策（the use of experience in recommending modification of policy）。

據此可知，史基摩（Skidmore）認爲「社會工作行政」就是「社會福利行政」，並且將「社會政策」（social policy）簡化爲「政策」（policy），以便同步適用於社會工作相關的機構。申言之，社會福利行政的適用範圍，已由公部門的社會福利機關（例如：我國中央衛生福利部、各縣市社會局處），擴及公部門的社會福利機構（例如：衛生福利部○區兒童之家、○○縣市政府無障礙之家）。

尤有進者，在一般情況之下，社會工作行政所執行的政策，是「機構」（agency）的政策，而社會福利行政所執行的政策，是「機關」（office）的政策，這是有關執行政策上的區別。不過，這兩者之間仍有密不可分的關係，例如：社會工作機構也可以有自己的政策，但是不能違反其上級主管機關的政策。

三、魯曼（Lohmann）等人的解釋

羅吉爾魯曼與南西魯曼（Roger A. Lohmann & Nancy Lohmann）兩人，贊同英國早期學者東尼森（Donnison, 1961）有關社會行政的見解，然後加上他們自己的一些想法，將社會行政定義爲（Lohmann & Lohmann, 2002:

1-2）：

> 社會行政是有關社會服務的發展（development）、結構
> （structure）和實施（practice）之研究，並運用方法，去著手
> （initiate）、開展（develop）、促進（foster）、維持（maintain）
> 它們。

　　這個解釋，前半段是東尼森（Donnison）的見解，著重於社會行政的研究。然而，羅吉爾魯曼與南西魯曼（Lohmann & Lohmann）兩人認為，社會行政除了研究之外，也應該強調實務工作，尤其是制度的建立（institution building），藉以維持社會服務持續施行，進而累積服務成果。這種將「理論」與「實務」兼容並蓄的見解，告訴我們：社會行政或社會福利行政，不僅是一門研習的學科，也是一種實務的工作。

四、佩提（Patti）的解釋

　　佩提（Rino J. Patti）有感於1990年代以來有越來越多的學者偏愛使用「管理」（management）的概念，來描述社會福利行政實務，於是他將「行政」與「管理」兩個概念放在一起，從行政者／管理者（administrator/ manager）的角色和任務，將社會福利行政／管理（social welfare administration/management）界定為：

> 社會福利行政人員或管理者採取有目的的實施方法，其目的在
> 協助組織去發展使命（develop a mission），取得資源（acquire
> resources），並使它們有生產性地（productively）滿足消費者
> （consumers）的需求及其他重要利害關係人（stakeholders）的利
> 益（Patti, 2009: 5）。

這個解釋，融合了管理學上經常使用的一些概念，例如：有生產性、消費者。顯然，他有意引進企業管理的精神，藉以提高社會福利行政的績效。

不過，佩提（Patti）在界定社會福利行政／管理的過程，一方面強調採用企業的技術於社會福利，應避免淪爲一種「工具」（instrument）（p.4）；另一方面也強調社會福利的組織有政治、經濟、治理（governance）和文化等特質，不同於其他領域的組織（p.6）。換言之，社會福利行政有其特定的方法和目的，在於滿足其特定服務對象（案主、服務使用者、利害關係人）的需求及利益。這是社會福利行政的重要特質之一。並且，它著重於服務弱勢族群、增進他們的福利，而不同於一般公共行政，是服務一般民衆，著重於提高民衆對他們的支持度。

上述四則有關社會福利行政的解釋，各有其強調的重點，這可能與時空環境的變遷有所關聯。大致上，早期，比較強調公共行政的屬性及相關行政部門的連結運用；稍後，強調將政策轉換爲服務，且著重於行政的要素或過程；進入二十一世紀之後，強調理論與實務兩者兼顧，並將管理的概念引進社會福利行政之中。

雖然，我們列舉的定義有限，但是從這些定義的解釋及分析，可歸納社會福利行政的基本概念如下：

1.**就主要屬性而言**：社會福利行政屬於公共行政的一環，其主要特質是將社會政策轉化爲社會服務的方案或行動。

2.**就執行人員而言**：社會福利行政由專業的社會工作者擔綱，必要時，也結合相關人員，組成工作團隊，共同執行業務。

3.**就服務對象而言**：公部門社會福利機關（構）的主要服務對象，是弱勢群體及其他利害關係人，例如：接受長期照顧的老人、接受托育服務的兒童。必要時，也將其服務對象擴及民間人群服務組織的服務對象，例如：民間組織接受政府委託辦理安養方案，其所服務的失能者。

4.**就實施方法而言**：社會福利行政係運用社會工作的專業方法，尤其是

間接方法，並且連結及運用其他相關資源。

5.**就實施過程而言**：社會福利行政係透過規劃、組織、任用、領導、控制等一般行政過程，但聚焦於社會福利行政的特定對象及特定目的。

6.**就實施目的而言**：社會福利行政在於滿足服務對象的需求，增進全體國民的福利。

綜合這些基本概念，我們試著爲社會福利行政下一個簡單的定義：

社會福利行政是政府社會福利機關（構）的專業人員，基於社會政策與服務對象的需求，透過計劃、組織、任用、領導、控制等行政要素的運作，致力於促進社會福利目的的一種過程。

我們這樣的定義，是將社會福利行政的取向（locus）放在政府部門的行政，將社會福利行政的重點（focus）放在有關社會福利的措施、服務或活動上。

本質上，社會福利行政就是公共行政之中有關社會福利的部分，以往將它視爲政府部門的行政，是沒有什麼好爭議的。時至今日，學界已能了解社會福利行政其實包括政府、與政府有合約關係，或與政府合作，以執行政府福利工作的組織和機構。圖1-1，是政府部門、非營利組織、私人企業之區別，也許有助於我們進一步了解社會福利行政的意義。這也就是說，廣義的社會福利行政，可能包括：政府社會福利部門、公立社會福利機構，以及接受政府經費補助或專案委託（契約外包）的非營利組織。

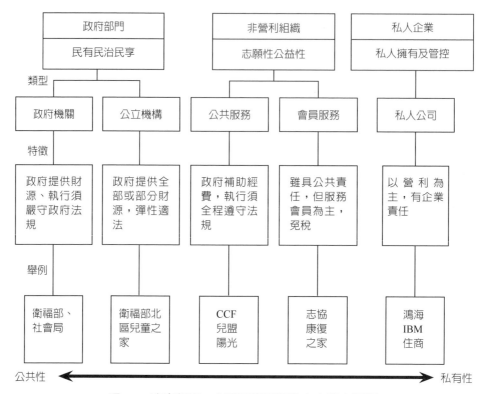

圖1-1　政府部門、非營利組織與私人企業之區別

資料來源：構圖取自Starling，陳志瑋譯，2015，p.9；內文自編。

第三節 社會福利行政的目的

現代民主國家無不重視社會福利行政工作。到底社會福利行政目的何在？這是一個值得探索的問題。

我們在前面分析社會福利行政的定義時，已經簡單地歸納社會福利行政的目的在於：滿足服務對象的需求，增進全體國民的福利。同時，從社會福利行政的英文名稱：administration in social welfare，我們也可顧名思義，大

致揣知：社會福利行政是在社會福利領域（in social welfare）的行政工作，也就是要透過行政的過程，運用行政的手段，以達成社會福利的目的。

　　然而，「增進全體國民的福利」或「達成社會福利的目的」，只是一種概括性的說法、一個總體的目的。具體地說，社會福利行政所追求的目的，可以包括下列相互關聯的五個層面：

一、保障人民的基本權利

　　社會福利行政從事有關社會福利的各種措施及活動，其目的在於發揮政府福利工作的功能，完成國家福利工作的責任，以保障人民的生存權、工作權及財產權（白秀雄，2012：146）。

　　舉例言之，一個國家依其社會政策，開辦全民健康保險，即在提供醫療服務，保障人民的生存權；實施各項就業安全（含就業保險、失業補助、就業輔導），即在提供國民就業機會，保障人民的工作權；提供各項社會救助（含生活補助、災害救助、急難救助），即在照顧中低收入者或遭受非常災害者的經濟生活，保障人民的財產權。

　　這些生存權、工作權及財產權，都是人民的社會權（social right），應受國家保障，也是各級政府社會福利部門應有的職責。必要時，政府社政部門並應結合其他人群服務組織，共同推展福利方案，以達到保障人民基本權利的目的。

二、滿足人民的基本需求

　　社會福利是指協助個人與社會環境之相互適應，使獲得生活健康為目的之有組織的活動（詹火生，2000：307）。

　　這裡所謂「生活健康」，是指一個人在生活的各個面向都能健康地（healthy）發展，它也是人民的基本需求之一。

通常，社會福利所關切的基本需求有兩方面：一是人生各階段的需求，二是生活各層面的需求。就前者而言，政府實施各種社會福利措施，其主要目的無非在於滿足兒童、少年、成年（尤其婦女）、老人等人生各階段的特定需求，一如禮運大同篇所言：使幼有所長（托育服務、兒童保護）、壯有所用（青年就業、婦女二度就業、中高齡就業）、老有所安（低收入獨居老人安置、長期照顧）。就後者而言，政府實施各項社會福利措施，乃在滿足人民食、衣、住、行、育、樂等生活各層面的需求，例如：辦理獨居老人送餐服務、舊衣回收助老殘窮、興建社會住宅、提供復康巴士、幼兒教育津貼、長青文康活動。

當然，社會福利機構或人群服務組織，各依其設立宗旨，提供相關的社會福利服務，滿足其服務對象的基本需求，達致生活健康地發展，也是社會福利不可或缺的一環。

三、奠定社會維持的基礎

社會福利是一個國家的方案（programs）、給付（benefits）及服務（services）的體系，以協助人民滿足其社會、經濟、教育與健康的需求，作為社會維持的基礎（fundamental to the maintenance of society）（Barker, 2014: 402）。

這裡所謂「社會維持」（the maintenance of society），是指維持社會的正常運作，避免社會失調或社會解組，而衍生社會問題，影響人民生活。這也是國家或政府存在的目的之一。

早在1960年代，美國政治學者梅利安（Charies E. Merriam）在其《系統的政治學》（*Systematic Politics*）一書，就曾提出一個國家有：安全（security）、秩序（order）、公道（justice）、自由（liberty）、福利（welfare）等五個目的。這五個目的，可以雙向解釋。由上而下，是先有國防安全，內部才會安定，社會才有公道，人民才有自由，也才有機會滿足其

追求的福利。由下而上，是人民先享有適足的福利，人人生活過得好（well-being），才有自由意志，各盡所能，各取所需，符合公道，社會也才能井然有序，進而安內攘外，保衛國家安全。

　　無論如何，政府有計畫地透過政治與行政的過程，執行社會福利政策及其服務方案，這是維持社會正常運作的重要基礎。也唯有如此，才能保證國家各種施政（國防、外交、內政、法務、經濟、財政、教育、衛生福利、勞動、文化）都是以增進人民福利爲其最終目的。這種，凡百行政皆以增進人民福利爲核心的國家，一般稱爲福利國家（welfare states），是許多民主國家共同追求的目的。

四、確保福利服務的效能

　　目前，社會工作教育界人士通常把社會福利行政列爲社會工作間接服務的專業方法，是要透過行政程序以確保服務的功效，實現社會福利的目標（白秀雄，1989：23）。

　　如前面所述，運用社會工作專業方法，是社會福利行政的特質之一，也是它與一般公共行政有所區隔之處。佩提（Patti, 2009: 6）就曾指出，社會福利行政者／管理者應具備：社會工作專業特定的知識、價值和技巧，促使他們有能力在知識上了解人類行爲和人際關係；在價值上維護社會正義和案主利益；在技巧上熟練行政領導和服務輸送，進而有助於提高社會服務的效果。

　　原則上，社會工作專業的知識、價值和技巧，必須從大學社會工作或其他相關科系的正規教育中獲得，再經過職場歷練而不斷精進。例如：我國勞動部所編的《中華民國職業分類典》，曾將「社會福利行政人員」（代碼2606.01）界定爲：「運用社會工作專業知識，在各級行政機關及公私立社會福利機構內從事規劃與管理工作，其從業人員資格條件，須具備大學或相當大專院校以上社會工作相關科系畢業之資格，並取得國家公務人員資格考試

及格者」。這個界定突顯兩個重點：一是社會工作相關科系畢業，二是運用社會工作專業知識。推究勞動部的用意，無非在於規範社會福利行政工作，必須運用專業人員，以確保服務效能。

質言之，社會福利行政是一種專業行政，必須由具社會福利／社會工作專業背景者負責行政職務，殆無疑義。史齊瓦茲（Schwortz, 1970: 25）甚至直截了當地說：「在社會福利的行政裡，社會工作的知識、價值和技巧，比一般行政的知識和技巧，更加重要」（cited in Patti, 2009: 6）。

五、持續增進人民的福祉

社會行政在所有行政的組織裡，是一個有組織的實體，並且關切管理、領導、決策與制度建立（institution building）等四個領域的原則。在制度建立領域，它長期關切一個組織重要願景（vision）之開創和維繫、使命（mission）與策略（strategy）之確立，以及社區的公共代表性、機構、方案和專業之目的（professional purposes）（Lohmann & Lohmann, 2002: 7）。

在「制度建立」層面，強調社會行政組織對於願景的開創及延續，意味著要以制度化的（institutional）社會福利措施，長期地、持續地增進人民的福利，提升他們的福祉水準（level of well-being）。

所謂「制度建立」或「制度化的社會福利措施」，就是要將社會福利視為一種社會制度，且與家庭、宗教、經濟、政治等制度立於平等地位，一旦個人或家庭遭遇到社會事件（social contingencies）或社會風險（social risks），社會福利制度就能適時地介入，發揮「主流」（mainline）的功能，為人們提供持久的（permanent）、整體的（overall）安全及情緒支持方案（Barker, 2014: 218；林萬億，2022a：22-23）。

可能，有些人會擔心提供持久性或長期性的福利方案，是不是容易造成案主的福利依賴？事實上，既然稱之為制度建立，自然應該包括一些預防方案或配套措施，例如：人力資本、社會投資、充權案主、脫貧方案。況且，

社會福利行政也不是單獨運作，仍須視實際需要而與其他公共行政搭配實施，使福利依賴的程度降到最低。

綜觀上述五個目的，都是要透過社會福利的相關措施，以達到保障基本權利、滿足基本需求、維持社會運作、確保服務效能、持續增進福祉等五個相關聯的目的。換個角度來說，這五個目的，也可視爲社會福利行政的特定目的，因爲它不像一般公共行政的目的只是概括地追求「公共利益」（public interest），更有別於企業行政將狹隘的焦點放在「營利」（benefit）目的，專注於追求「自我利益」（self-interests）（Lohmann & Lohmann, 2002: 152）。

第四節 社會福利行政的範圍

要達成社會福利行政的目的，我們必須做些什麼工作？這涉及到社會福利行政的範圍應該包括哪些？在這裡，我們試著從社會福利行政人員的工作內容，來了解社會福利行政的範圍。

我們檢視相關文獻，在我國勞動部編印的《中華民國職業分類典》，列舉社會福利行政人員的工作內容，爲：(1)政策之擬定、(2)方案之設計、(3)業務之督導、(4)計畫之執行、(5)問題之協調、(6)人員之培訓與管理、(7)研究發展、(8)績效之評估、(9)預算之編審等九項。另外，我國有些學者在相關論著中，也提及與上述類似的內容（王秀燕，2016： 374；賴兩陽，2005：201-202）。

再者，美國社會工作專業人員協會（NASW）編印的《社會工作百科全書》（*Encyclopedia of social work*），認爲一個廣義的社會福利行政，其全部過程涉及八個領域（NASW, 1987: 29-30）：

1. 政策的形成並轉化爲以操作爲目的之活動（formulation of policy and

its translation into operative goals）。

2. 方案的設計與執行（program design and implementation）。

3. 經費籌措與資源配置（funding and resource allocation）。

4. 組織內部與組織之間的運作之管理（management of internal and inter-organizational operations）。

5. 人員的領導和督導（personnel direction and supervision）

6. 組織的代表性和公共關係（organizational representation and public relations）

7. 對社區實施教育（community education）。

8. 監督、評量與改善組織生產力之創新作為（monitoring, evaluation, and innovation to improve organizational productivity）。

　　這八項社會福利行政過程所指涉的領域，後來也被美國社會工作教育協會（Council on Social Work Education, CSWE）所引用，並納入「教育政策與認證標準」（Education Policy and Accreditatiion Standards, EPAS）之中，作為社會福利行政的課程標準（EPAS, 2008；曾華源，2016：10）。

　　茲將這兩個具代表性文獻所提及的社會福利行政內容，列表對照及整合，如表1-1，藉以了解社會福利行政的範圍：

表1-1　社會福利行政人員的工作內容（範圍）

行政要素	我國職業分類典界定的工作內容	美國社工百科全書界定的工作內容	整合後的社會福利行政範圍
決策	政策之擬定	政策的形成並轉化為以操作為目的之活動	社會政策的形成及轉化
規劃	方案之設計	方案的設計與執行	福利計畫之規劃
	計畫之執行		福利計畫之執行
領導	業務之督導	人員的領導與督導	行政領導與激勵

行政要素	我國職業分類典界定的工作內容	美國社工百科全書界定的工作內容	整合後的社會福利行政範圍
組織	問題之協調	組織內部及組織之間的運作之管理	行政組織的設計
		組織的代表性與公共關係	行政溝通與協調（含公聽會、記者會、發布新聞稿、說帖）
		對社區實施教育	
任用	人員之培訓與管理	人員的領導與督導	人力資源管理
控制	研究發展	（監督、評量與）改善組織生產力的創新作為	未來發展（挑戰、趨向、願景）
	績效之評估	監督、評量（與改善組織生產力的創新作為）	福利績效評鑑
	預算之編審	經費籌措與資源配置	財務資源管理
			行政倫理

資料來源：勞動部，2015，中華民國職業分類典，代碼2606.01；NASW, 1987.Encyclopedia of social work. pp.29-30。

　　由表1-1顯示，我國勞動部的《中華民國職業分類典》與美國社工專協的《社會工作百科全書》，對於社會福利行政人員工作內容的界定，大同小異。因此，我們將這兩種文獻所述內容加以整合，並增加最近公共行政與人群服務組織管理都相當重視的行政倫理（Administration ethics）（林淑馨，2016：408-419；林鍾沂，2018：540-566），合計為11項工作內容。這些工作內容，可視為社會福利行政的主要範圍。

第五節 如何探討社會福利行政

　　根據前述羅吉爾魯曼等人對於社會福利行政的界定（Lohmann & Lohmann, 2002: 1-2），社會福利行政既重視實務，也重視理論。因此，初學者和實務工作者，除了把握社會福利行政的工作內容，也必須了解其背後的

相關因素或理論。

　　關於這一點，我們準備以社會福利行政的工作內容為主軸，在前面輔以歷史脈絡、背景考量、組織設計的分析；在後面增添績效評鑑與未來發展的說明，形成社會福利行政運作的架構，同時也作為本書探討的重點，如圖1-2：

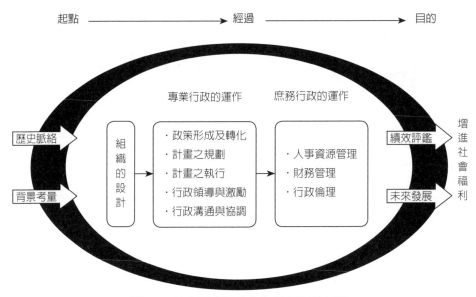

圖1-2　社會福利行政運作及探討的架構

資料來源：自編。

　　根據圖1-2所示，我們可將社會福利行政的運作，以及我們探討社會福利行政這門課程的重點，歸納為四大部分：

一、概念與發展

　　首先，必須關注的兩個議題：一是了解社會福利行政的意義、目的及範圍，以掌握社會福利行政的基本概念，避免偏離主題，這是本書第一章的

內容。其次，必須了解社會福利行政的歷史脈絡、背景考量、組織設計，以吸取過往的經驗，考量背景的因素、運用組織的設計，作為規劃及執行社會福利政策、計畫及其他社會福利措施的基礎，這是本書第二、三、四章的內容，也是整個社會福利行政運作的起始點。

二、專業行政的運作

接著，我們採借一般公共行政的五個行政要素，說明社會福利專業行政運作的必要過程，這是本書第五章至第九章的內容，依序為：

1. **社會政策的形成及轉化**：分別探討社會政策形成的過程、將社會政策轉化為社會法規的過程、將社會政策轉化為服務方案的過程。

2. **社會福利計畫之規劃**：探討社會福利計畫之規劃的類別，以及規劃的主要模式。

3. **社會福利計畫及業務之執行**：探討由各級政府依法執行、由政府依契約委外執行的實際情況，並了解那些與執行有關的關鍵議題、與執行有關的操作技術（含標準作業程序SOP）、與執行有關的一般原則。

4. **社會福利行政領導與激勵**：探討與社會福利行政有關的傳統領導取向、新型領導取向，以及激勵的主要取向。

5. **社會福利行政溝通與協調**：探討組織內部的溝通協調、組織之間的溝通協調、組織對外在利害關係人的溝通協調，以及有效溝通協調的技術。

三、庶務行政的運作

社會福利政策、計畫或方案在執行過程，通常需要人事、會計、政風等庶務行政的配合。例如：人事室、會計室、政風室等單位之運作。這是本書第十章至第十二章的內容，包括：

1. **人力資源管理**：了解社會福利行政人員的類別，探討員工進用的實務、員工訓練與發展、員工的行政督導與績效評量，以及志工人力資源的運用。

2. **財務管理**：了解社會福利財務資源管理的意涵，探討預算的編製、審議、執行、決算及審計，以及政府補助款的核撥與核銷。

3. **行政倫理**：探討社會福利行政相關的行政倫理、倫理原則、倫理守則、倫理議題之處理。

四、評鑑與未來

透過社會福利績效評鑑，以驗證社會福利行政的執行績效，並展望社會福利行政未來的發展。這是本書第十三章、第十四章的內容，包括：

1. **績效評鑑**：了解績效評鑑的意涵，探討績效評鑑指標的設計、績效評鑑資料的準備工作、績效評鑑的程序與原則。

2. **未來發展**：探討社會福利行政未來面臨的挑戰、未來發展的趨向、未來發展的願景。

最後，歸結本章的重點，我們首先對於「為什麼要學習社會福利行政？」提出一些參考答案，其主要理由是要為未來擔任行政職務做一些準備。同時，我們對於社會福利行政的意義、目的、範圍，也扼要說明及澄清。大致上，我們歸納相關文獻的見解之後，認為社會福利行政是政府社會福利機關（構）的行政工作，其主要目的在於持續提升人民的福祉。另外，我們也從社會福利行政人員的工作內容，界定社會福利行政的範圍，也就是要透過社會政策的形成、計畫之規劃及執行、領導及激勵、溝通及協調等專業行政；人事、財務、倫理等庶務行政；以及績效評鑑等行政實務，致力於增進社會福利。

第二章
社會福利行政的
歷史脈絡

「以銅爲鏡，可以正衣冠；以史爲鏡，可以知興衰；以人爲鏡，可以知得失。」這是唐太宗與魏徵的對話中，流傳千古的一句名言。

從歷史來看社會工作的發展脈絡，是社會工作學習的較佳方法，因爲社會工作者不是一位技術工匠，而是有思想、有方法的專家（林萬億，2022b：78）。同樣的道理，社會福利行政是社會工作的專業方法之一，從歷史來看社會福利行政的發展軌跡，也是一種適當的學習方法，有助於了解社會福利行政起源及發展的軌跡。

根據前述佩提（Rino J. Patti）有關社會福利行政的定義，探討社會福利行政必須兼顧理論面與實務面，始能有比較周延的了解。我們在這一章，前面兩節先從實務面向著手，以行政作爲一種實施方式，來了解社會福利行政在歷史上的發展脈絡。後面兩節再以行政作爲一種學科教學，來了解社會福利行政理論面的發展情形。同時，在這兩個面向，我們選擇美國的發展情形來與我國相互對照，其主要理由，不僅是美國對於社會福利行政的耕耘特別用心，值得借鏡，而且他們的發展過程相當坎坷，也許可以啓發我們因應類似困境的一些想像。

第一節　美國社會福利行政實務的發展

以行政作爲一種實施方式而言，其在美國社會福利行政的發展情形，大致上受到四種因素的影響：一是參考企業組織的模式，重視操作；二是十九世紀晚期，志願服務、非營利的發展，以及慈善的運作；三是二十世紀初期，社會工作領域專業訓練的發展；四是二十世紀三○年代，全國公共社會福利部分的開創（Austin, 2009: 27）。

我們透過這些因素的發展，分爲五個階段來檢視美國社會福利行政的實施方式（Austin, 2009: 27）：

一、宗教組織慈善活動的成長

美國早期的濟貧工作，從英國引進社會福利的實施模式，透過宗教組織的慈善活動，滿足一部分貧窮者的需求。

本來，當地政府社區治理的方式，就有一些濟貧的措施，許多宗教組織個別地在教區辦理濟貧活動，彼此之間難免有些活動發生重疊的現象。例如：新英格蘭人（New Englanders）的新教（protestant）、馬里蘭州與賓夕法尼亞州的公誼會（Quakers），正式為社區提供救濟服務之前，必須與當地政府協調，避免服務內容重複。不管怎樣，地方政府的社區關懷，是協助貧窮者的主要方式，而宗教組織及宗教會眾的濟貧活動，則是立基於「慈善性」（charity）的使命。而且，隨著教會組織數量增多，原先來自歐洲的新教神學，也呈現各式各樣的慈善性質。

後來，美國憲法規定政教分離的原則，促使教會得以自由發展他們自己的慈善活動方式。影響所及，一方面在個別教會的領導之下，慈善活動的組織快速成長；另一方面由新教教會所支持的市內貧窮地區服務，以及在核心都市所建立的貧民區鄰里組織（slum neighborhoods）也快速成長（Leiby, 1978, cited in Patti, 2009: 28）。

1860年代，美國發生南北戰爭（Civil War, 1861-1865），為社會帶來劇烈的變遷，尤其工業化與都市化程度較高的東北部與中西部地區，湧進大量來自歐洲的移民。在這些區域，由於工業生產快速成長的結果，成為許多新移民的就業中心。但是，新移民湧入都市之後，造成各種社會問題和公共衛生問題，也帶給富裕家庭一些隱憂。

也許是社會動盪的緣故，有些地區引進馬克斯與恩格斯的革命理念，以回應經濟和社會的快速變遷。因此，在紐約、波士頓、費城、芝加哥等大都市，富裕的企業家都有一種社會責任，那就是支持私人的、慈善的社會福利體系。這個體系起源於宗教的慈善活動，此時成為公共貧窮救濟方案（public poor-relief programs）之外，另類的福利服務方式（Austin, 2009: 28）。

二、志願性社會福利部門的出現

到了十九世紀後期，私人、非營利、慈善性的機構，在都市之中快速發展。加上原來已經存在的慈善性機構，例如：高等教育機構、博物館、管弦樂團、公共衛生機構、醫療院所、ＹＭＣＡ、ＹＷＣＡ。這些非政府的慈善性機構所提供的公共服務，逐漸成為美國「福利資本主義」（welfare capitalism）的核心，同時也是美國自由放任資本主義（laissez-faire capitalism）與歐洲社會主義（European socialism）兩種經濟理論之外的另類方案。

這些慈善性機構的運作，其最重要的職位，是董事會的主席或指導委員會的領導者。他們幾乎都是男性、富裕的商人，同時也是對機構貢獻最大的人。實質上，他們是志願性質的執行長（chief executive officer, CEO），他們積極地投入組織的運作，也決定大部分或全部的人事任免案。

此外，慈善性機構董事會的理事，必須投入個別案件的處理。至於董事會的會員，則時常以「友善訪問員」（friendly visitors）的名義，提供行動服務。這些會員實際上所扮演的角色，也是志願工作者。如果慈善性機構有較大員工編制時，也會僱用職員擔任機構的祕書（general secretary）、調查員（investigators）或其代理人（agents）（Leiby, 1978, cited in Patti, 2009: 30）。

有時候，在特殊情況之下，慈善性機構董事會是由單一的個人，基於社會改革的使命，而創設社會福利組織，並主導整個組織的運作，這也是志願性福利部門的一種特徵。

三、私人社會福利部門的發展

進入1920年代，美國私人非營利社會福利組織的行政型態，有了重要的改變。在非營利社會福利機構之中，有更多的個人在社會工作領域受過技術

或專業的教育，並受僱於這類機構擔任行政人員。

舉例言之，傑克森（James F. Jackson）是社會工作學院的畢業生，在紐約慈善組織會社（New York COS）有一年的工作經驗，於1904-1927年受僱於克里夫蘭聯合慈善機構（Cleveland Associated Charities），擔任祕書工作。他以專業知識和廣泛經驗，伴隨著他的熱情，腳踏實地（down-to-earth）完成他的願景（Waite, 1960: 76, cited in Patti, 2009: 32）。

這種新的行政方式，顯示在這個時期的私人非營利機構，其指導委員會的主要功能，著重於建立機構的政策；相對的，其在行政上的功能，則是為服務機構的日常運作，盡其充分的責任，包括其他人事的僱用。至於董事會對於職員所負責的個案工作，在行政上強調理性化，即使干預或監視，也非常謹慎，以降低控制的程度。

1929年，麥福德會議報告（The Milford Conference Report）表達其對於全國致力發展社會工作專業成果的肯定，確認「行政是社會工作的一種基本技術（administration as a fundamental technique of social work）」。並且，認為過去只針對個案工作而實施訓練是不夠的，應該詳細說明行政人員必須知道和能夠做的是什麼。正如鄧漢（Arthur Dunham, 1939: 16）所言：「行政不能依照慣例從直接服務區隔出來，而不去思考它的不同功能」（administration was not ordinarily distinguished from direct practice, nor thought of as a separate function）（cited in Patti, 2009: 33）。

簡言之，在這個階段，私人非營利行政人員的主要職責，是在組織內部監督來自不同教育準備和專業經驗所組成的職員成員的工作；而指導委員會成員的一般責任，則是在行政上帶動方案政策的實施，並為其所服務的組織籌措資金和監督預算的執行情形。

四、公共社會福利部門的顯現

好景不常，美國的經濟在繁榮時期（1922-1929）之後，轉趨蕭條，失

業人數直線上升，用以協助失業者及其家庭的私人資源變成捉襟見肘，企業領袖也懷疑政府以租稅支持社會福利方案的作法。於是，包括胡佛（Herbert Hoover）在內的私人慈善組織之領導者，致力於促進政府能夠參考德國1980年代與英國1990年代爲工人所推出的老人年金方案，在美國建立一種社會保險體系。

隨後，威斯康辛大學的領導者胡梨特（Robert La Follette）與經濟學者康模斯（John Commons）教授，共同發展一種以州爲層級的社會保險計畫——工人補償方案（worker's compensation program）。

1933年，羅斯福（Franklin Roosevelt）就任總統，實施「新政」（New Deal），簽署聯邦緊急救助法案（Federal Emergency Relief Act），對於失業者及其家庭提供暫時性的緊急救助，並指定一個經濟安全委員會，去發展解決失業及家庭主婦貧窮問題的長期計畫。

1935年，美國國會通過社會安全法案（Social Security Act），建立一個多樣性公共社會福利系統，包括：雇主／員工兩者共同分擔的社會保險方案；政府提供財務、經過資產調查（means tested）核定的公共救助方案；兼具聯邦行政與州行政的系統；兼具非個人的（impersonal）、以規則管制（rule-regulated）的方案，以及個人化的社會服務方案。

隨後，相繼發展退休保險方案、以州爲行政層級的失業保險方案、失依兒童救助方案（Aid to Dependent Children, ADC；後來改爲失依兒童的家庭救助方案：Aid to Families and Dependent Children, AFDC），以及盲人救助（Aid to Blind）、老人救助（Aid to Aged）、障礙者救助（Aid to Disabled）等公共救助方案。透過這些方案的實施，創造了一個普及於全國公共社會福利行政的系統，並且在州和郡的層級也分別建立了公共福利部門，許多有經驗的社會工作者也由個案工作實務，轉而在新公共福利行政領域擔任督導和行政人員。

五、公私社會福利部門關係的發展

在1930年代末期，美國社會福利行政的實施呈現兩種方式：一種是私人非營利部門的行政（administration in the private nonprofit sector），另一種是公共福利部門的行政（administration in the public nonprofit sector）。

但是，這種雙向、平行、分離的私人與公共的福利資本主義之結構，在進入1960年代之後，起了一些變化。由於政府對於非營利組織提供經費贊助、政府組織與非營利組織之間購買服務契約（purchase-of-service contracts）的使用，以及政府社會服務方案的私有化（privatization），使得公私部門之間有所區別的實施方式，開始變得有些模糊（Patti, 2009: 36）。公私部門彼此互動的機會增多，甚至發展出一種工作夥伴的關係。

1962年，美國聯邦政府針對1950年代工業生產退縮、都市地區失業男性增加，而衍生家庭破碎、遺棄、單親持家等問題，重新規劃失依兒童家庭救助方案（AFDC），並且發展公共住宅方案，以減少失業者被孤立，增加更多的受僱機會。

1964年，詹森（Lyndon Baines Johnson）總統提出「對貧窮作戰」（War on Poverty），推動經濟機會法案（Economic Opportunity Act）；1965年提出「大社會」（Great Society）。同時，政府為了推動這些方案，開始撥款贊助非營利且實施社區行動（community action）的機構，鼓勵他們僱用有經驗的社會工作人員來擔任行政領導者。

1970年代，在都市裡，有許多非營利組織以社區為基礎，針對婦女受暴、遊民、HIV-AIDS病人的需求，提供另一種服務。他們反對官僚和階級組織的行政方式，而寧願採取集體決策（collective decision making）。

經過1970年代，在公共社會福利部門之中，失依兒童家庭救助方案（AFDC）持續成長，其服務項目擴及：日間照顧、家庭計畫、擴大安置、發給食物券（food stamps），並且由一個小型的實驗方案，擴及全國的財務救助方案。由於聯邦社會福利方案的數量和範圍不斷擴充，乃特別注意社會

福利行政人員的準備，以及特定委辦方案的協調工作。

1980年代，爲了社會福利結構的持續擴大，美國在聯邦層級縮減其對於社會福利方案的支持，包括社區行動與都市更新。例如：對於社區心理衛生中心的支持方面，改變方向，總額補助（block grants），並且規劃契約外包（contracting out），或者在政策上，實施贊助私人機構的方案。因此，專業社會工作者在公共社會福利方案的行政職位上，有關於財務管理（financial management）、方案評估（program evaluation）、成本效益分析（cost-effectiveness analysis），以及使用電腦處理資料的技術，也開始受到關注（Patti, 2009: 38-39）。

1990年代，美國在公共與私人的社會福利行政兩方面，其變遷速度轉趨快速。例如：健康照顧的商業化（commercialization）、心理衛生照顧服務開始與私人員工健康保險契約連結。這些心理衛生服務和醫療服務的私有化（privatization），也擴展到許多州級的公共贊助形態，加重了社會行政人員管理的責任。

進入2000年之後，小布希（George Bush）總統將心力投入於外交與經濟，對於社會福利的實施方式，並沒有明顯的變動（李易駿，2011：101-102）。

2008年，歐巴馬（Barack Obama）就任總統之後，主張社會福利民營化，以提高人們更多元的選擇，並獲得國會通過醫療保險計畫（medicare plan），大力推動健康保險，已經有些成效。

2017年，川普（Danald Trump）總統上臺之後，反制「歐式健保」，並獲衆議院通過，削減社會福利與聯邦醫療保險的預算。

2021年，拜登（Joseph Robinette Biden）接任總統，於2021年4月宣布推動基礎建設計畫，目的在帶動就業。

無論如何，美國社會福利行政實施方式的發展脈絡，在十九世紀之前，大致上是沿襲母國——英國的傳統，由宗教組織積極投入濟貧工作。後來，隨著志願服務、非營利組織的時潮，逐步發展出志願性和私人性的社會福利

組織，並由董事會或指導委員會扮演推動者的角色。到了1930年代，為因應經濟大恐慌之後的福利需求，突顯公部門直接實施社會福利必須有一些特殊考量。隨後，又透過購買服務和契約外包，建立公私社會福利部門之間的夥伴關係。

質言之，美國是非常重視社會工作專業的國家之一，主張由受過技術訓練或專業經驗者，擔任志願性或私部門的行政人員，以強化公私社會福利部門的夥伴關係。

第二節 我國社會福利行政實務的發展

以行政作為一種實施方式，可視為服務輸送的一種方式，也就是社會福利的提供者，將社會福利送達使用者的一種安排。

社會福利的提供者，通常包括：政府、市場、宗教、職場、互助團體等非營利組織，以及家庭（親族）、社區、鄰里等非正式支持體系。其中，政府，屬於公部門；市場，屬於營利部門，其他都可歸類為私部門。但是，人類社會的社會福利提供，經常是公私混合的（public-private mixed），差別在於由哪種社會機制提供的比例較高（林萬億，2010a：129）。

我們將以這些部門的安排情形，分五個發展階段來檢視臺灣社會福利行政的實施方式：

一、以政府為供給社會福利的主體

1949年，中國共產黨占領中國大陸，國民政府播遷臺灣，為了精簡行政院組織，而將社會部裁併於內政部，並依內政部組織法，設置社會司、勞工司、衛生司，辦理社會福利工作相關業務。

當時，社會司是中央政府辦理社會福利的主要單位，其職掌包括：關於社會服務、社會福利、社會救濟、兒童福利、國際兒童救濟之合作與聯繫、社會習俗改善輔導、農漁團體及工商團體之登記監督、普通團體及職業團體之登記監督、國際團體之參加協助及外國僑民團體之登記考察、人民團體相互關係之調整聯繫、社會運動之倡導促進、工作競賽之推動，以及其他社會行政事項。

在地方政府方面，1947年，臺灣省政府社會處成立，接管前行政長官公署民政處第二科所主管的社會行政業務，並依據臺灣省政府合署辦公施行細則之規定，設立八個科室，辦理勞工行政、人民團體組織輔導、國民就業輔導、社會服務、國民義務勞動、婦女與兒童等社會福利、社會救助、勞工保險、興建及管理國民住宅、少年感化教育等事項。

至於臺灣省各縣市之社政機構，自臺灣光復之後，就在縣市政府民政局部（科）之內，設置社會課（股），辦理社會行政業務，到了1954年，改制為社會科，隸屬於縣市政府（林萬億，2010a：97）。

在社會司成立初期，各項社會福利業務的實施，係由政府主導，即使有民間自發性的慈善活動，也只是辦理臨時的濟急措施，尚無系統可言。而且，當時社會福利業務的推動，多半仰賴臺灣省政府社會處（曾中明，2011：11）。

二、政府對於民間辦理福利設施的獎助

1955年9月，臺灣省政府訂頒「臺灣省獎助私立救濟福利設施辦法」，對於民間辦理救濟設施，提供金錢獎勵或公開表揚；對於民間福利設施收容需要長期照顧的失依兒童、身心障礙者、無依老人、遊民，以及精神疾病患者，亦依法給予救濟金。

以臺北市為例，在1960年代，私立義光育幼院，曾經接受臺北市政府社會局臨時委託，安置被遺棄的障礙嬰兒；私立愛愛救濟院與仁濟療養院，有

一部分院民是臺北市政府送來的遊民，以及路倒的精神病患者。

不過，在1960至1970年代，對於民間慈善組織接受政府委託辦理收容服務，或者協助政府辦理相關福利服務，還沒有訂出一套正式的規範或契約，至於民間接受政府「委託」、「轉介」個案收容而得到的「論件」資助，政府仍一律以「補助」稱之（劉淑瓊，2011：466；林萬億，2010a：131）。

這個階段，政府對於民間辦理社會福利設施的獎勵措施，以弱勢者「個案」的委託居多，具有「個案委託」的雛形。

三、社會福利「方案委託」的興起

1983年，內政部訂頒「加強結合民間力量推展社會福利實施計畫」，明文規定各縣市政府為推展社會福利工作，得以補助、獎勵或委託民間合法的社會福利機構共同辦理。同時，中央政府將以對等補助的方式，協助地方政府推動與民間合作的項目。

在1980年代，由於兒童虐待與疏忽的事件增多，許多民間社會福利機構乃相繼介入兒童保護性個案及短期性的寄養服務。以基督教兒童福利基金會（即今之兒童與家庭扶助基金會）為例，先後於1983年接受臺灣省政府委託、1984年接受臺北市政府委託，辦理臺灣省各縣市與臺北市的兒童寄養方案。其辦理寄養服務的經費，係由委託單位按照實際寄養兒童的數量，據以核撥兒童寄養費及寄養服務的行政業務費。

此一兒童寄養業務之委託案，首開政府將社會福利業務委託民間機構辦理之先河，同時也成為日後其他方案委託的示範（林萬億，2010a：133）。

四、社會福利「公設民營」的崛起

1984年，臺北市政府訂定「臺北市政府社會福利設施委託民間專業機構辦理實施要點」，並於1985年3月，委託第一兒童發展文教基金會，辦理臺

北市博愛兒童發展中心，作為身心障礙兒童的教養機構。臺北市政府在這件「公設民營」的委託案之中，僅提供原有的房舍及基本設備，其他經費則由受託單位從所收費用及自籌資金中勻支。

在臺北市政府完成第一件「公設民營」的委託案之後，其他縣市政府也參考臺北市的實施方式，相繼釋出適合於委託民間辦理的社會福利設施，以委託適當的民間社會福利專業機構辦理。例如：高雄市政府的長青綜合服務中心、臺中市的身心障礙福利服務中心、臺南市的兒童福利中心，都是以「公設民營」的方式，委託民間機構辦理。

後來，政府於1998年實施「政府採構法」，有關「公設民營」的委託案，必須按照勞務採構的程序，公開招標，由得標的民間機構依據「契約外包」（contracting out）的規定，辦理社會福利相關服務，並接受政府的督導及考核。

五、社會福利社區化的試辦及推廣

1995年7月，行政院召開「國家建設研究會」，與會的國內外社會福利學者共同提出建言：「為落實社會福利政策，應推動福利社區化」。同年8月，內政部舉辦「全國社區發展會議」，對於「福利社區化」的意義及實施策略，形成初步共識。

1996年12月，內政部訂頒「推動社會福利社區化實施要點」，以結合社會福利體系與社區發展工作，照顧社區內的兒童、少年、婦女、老人、身心障礙者及低收入者之福利。並且，編列實驗研究專案經費（一億元），補助五所大學社區發展領域的專家學者，分別在臺北市文山區、彰化縣鹿港鎮、臺南市安平區、高雄縣鳳山區、宜蘭縣蘇澳鎮，進行福利社區化實驗研究，為期一年。

1998年，另由當時的臺灣省政府，補助宜蘭縣梅州社區、臺中縣萬豐社區、南投縣埔里鎮、新竹縣華光智能發展中心、苗栗縣智能發展中心，進行

福利社區化評估研究。

　　1999年，內政部改依「推動社會福利服務補助要點」，專案補助臺北縣三重市、高雄市小港區、臺中縣潭子鄉、彰化縣秀水鄉、金門縣等五個地區，繼續辦理福利社區化計畫。2000年起，改由各縣市政府輔導轄區社區發展協會推動福利社區化，同時列入年度社區發展工作績效評鑑的項目（林勝義，2016：263）。

　　2005年，行政院訂頒「建立社區照顧關懷據點實施計畫」，鼓勵立案的社會團體（含村里辦公處、社區發展協會）、財團法人社會福利、宗教組織、文教基金會（章程中須含有辦理社會福利事項），申請辦理社區照顧關懷據點，由縣市政府補助開辦費（最多十萬元）、業務費（最多一萬元）。截至2023年5月，臺灣有4,817個社區照顧關懷據點，可視其爲福利社區化的一種推廣措施，也是政府補助民間辦理老人福利服務的一種實施方式。

　　2016年7月，衛生福利部公布實施「長期照顧十年計畫2.0」，分爲三級服務模式：A級社區整合服務中心（長照旗艦店）、B級複合型日間服務中心（長照專賣店）、C級巷弄長照站（長照柑仔店），並以失智症患者、失能身障者及衰弱（frailty）老人爲對象，實施長期照顧服務。這項計畫由縣市政府補助經費，預計在每一鄉鎮區設置長照旗艦店一處（共469處）、每一國中學區設置長照專賣店一處（共829處）、每三個村里設置長照柑仔店一處（共2,529處）（林勝義，2016b：240），可視爲福利社區化的持續推廣，同時也是政府補助民間辦理老人失能者的一種福利措施。

　　綜觀臺灣社會福利行政實施方式的發展，係由早期以政府作爲提供社會福利的主體，逐步發展出以「經費補助」（個案委託）、「方案委託」、「公設民營」、「福利社區化」等方式，鼓勵民間辦理社會福利設施與相關服務。不過，這只是由於公辦設施的服務量不足，而酌減政府直接實施的比例，以結合民間的專業資源，提高服務的效率與效益。其實，政府對於社會福利的實施方式，始終立於主導地位，在行政上也沒有忽略補助案或委託案的監督及考核。

　　如果對照美國社會福利行政實施方式的發展，其值得我們借鏡之處，至少有兩方面：一是透過社會工作專業教育，培訓非營利組織的行政人才，以強化非營利組織接受政府社會福利委託案的能力；二是建立一套社會福利委託案的規範或契約，尤其是簡化經費核銷手續，以鼓勵民間機構申請社會福利補助案或委託案的意願。

第三節　美國社會福利行政教學的發展

　　以行政作為一種學科教學而言，其在美國社會福利行政的發展情形，大致上可依據相關文獻的描述（Austain, 2006: 38-44；Sarri, 1987: 134；Skidmore著，蔡啓源譯，1998：8-1），歸納為五個階段：

一、業界向社工學校尋求行政訓練

　　在1920年代初期，美國私人非營利社會服務機構對於行政人員的任用，是從受過社會個案工作或有專業經驗的個人之中進行選擇。後來，隨著公共社會服務方案的發展，公部門所任用的行政人員，包括社會工作與公共行政兩種背景。為了強化公共服務行政的準備，他們向社會工作的學校尋找行政訓練的機會，因而引起社會工作教育系統的關注，開始在專業課程中安排了社會福利行政的訓練，為公共服務設定一個新的教學系統。

　　1920年代末期，到1930年代，美國在大學建立社會工作學位方案，中西部及西南部的州立大學與私立大學，為了回應經濟大恐慌所帶來的人群服務危機，乃在大學部開辦公共服務機構管理職位的訓練課程，有些大學也在研究所設置相關碩士學位課程。但是，美國社會工作教育協會（Council of Social Work Education, CSWE）拒絕給予此類課程的認證許可。

二、第一本社會福利行政教科書問世

1940年，芙莉特（Mary Parker Follett）出版《動態的行政》（*Dynamic Administration*）一書，對社會福利行政的影響很大（簡春安、趙善如，2008：45）。

她在這本教科書之中，將人群關係的理念應用於社會福利組織的管理，著重在權力的角色、結構的研究、領導與協調。她認為衝突可提供一種機會去論辯，而不是去擊敗對手；管理是一種功能的過程，更勝於將它視為一套技術的能力。後來，她被學界讚譽為「社會工作管理的先驅」（a social work management pioneer）（Selber & Austin, 1996: cited in Patti, 2009: 47）。

三、聯邦提出社會福利人事訓練需求報告

1952年，美國聯邦政府社會福利的領導者霍利斯（Hollis）、泰勒（Taylor）等人，完成一篇社會工作／社會福利人事訓練需求的國家研究報告，建議在社會工作教育課程之中，加強對於行政、督導、教學、研究等議題之關注。

稍後，美國社會工作教育協會（CSWE）針對這篇國家研究報告進行討論，並在其課程政策說明中宣告，如果學校有「適當的資源」，不妨在專業課程中提供有關於組織和行政程序的資訊。不過，這個宣告所產生的影響很有限，多數大學的社會工作課程仍然聚焦於直接服務，尤其是個案工作的專業教育，並未因此而大量為畢業生擔任行政職位提供準備。

四、行政課程獲得社工教育協會認證

1962年，美國社會工作教育協會（CSWE）委託紐澤西州立羅格斯大學（Rutgers, The State University of New Jersey）教授伯罕（Boehm）進行一項

國家課程研究，他在研究結論中，強烈推薦將「行政」課程包括在研究所的課程之中，作為社會工作五個專業方法之一。

雖然，這項研究報告提到社會工作教育協會（CSWE）教育政策與課程認證委員會討論時，仍有一部分委員會認為「行政」是一種使能的方法，只是為直接服務實務工作者提供資訊知識的一個領域。不過，在1962年時，社會工作教育協會（CSWE）對於社會工作的課程內容，強調三個重要領域：社會福利政策與服務、人類行為與社會環境、社會工作實務方法，其中實務方法包括：個案工作、團體工作、社區組織、行政、研究（Skidmore著，蔡啟源譯，1998：11）。顯然，這個時候，社會福利行政已被認可為社會工作的專業方法之一。

五、修習行政課程的學生逐年增加

在1970年代之後，美國許多社工學校將行政和／或社會組織視為社會福利鉅觀層面的專業實務，將其重點放在政治科學、政策分析和量化研究，並且支持學生集中選修鉅觀實務的課程，以準備畢業之後擔任機構主管及核心幹部。

另一方面，美國聯邦政府也依照社會安全法案第十章的規定，撥款贊助社工學校辦理短期的行政訓練方案，為公共社會服務機構的職員，提供社會工作進修學程，其課程內容包括行政。

影響所及，不但提供鉅觀實務課程的社工學校在數量上有所成長，而且集中選修鉅觀實務課程（含行政）的學生也日漸增多。依據美國社會工作教育協會（CSWE）的報告顯示，提供鉅觀實務課程者，在1991年有44間學校，到了1997年增加為76間學校；集中選修鉅觀實務課程（含行政）的學生人數，在1970年約占全部社會工作畢業生的5%，1995-1996年約占12%，到了1998年約占14%。

至於鉅觀實務課程中有關「行政」課程的規劃，則有各種不同的組合。

例如：行政、規劃和社區組織；人際關係、互動技巧（溝通、參與管理）、技術領域：行政、社區組織、政策實務；財務管理、人事管理、實務體驗（督導、行政）等幾個類型。

綜觀上述五個階段，顯示美國社會福利行政學科的發展過程，並非一帆風順，反而是障礙重重，但是他們表現出兩個特色：一是透過研究報告證明「行政」的重要性，終於獲得社會工作教育協會（CSWE）的課程認證；二是為因應公私立社會服務機構行政管理職位的需求，他們先後建立學位方案與短期訓練，提供「行政」集中選修及多樣組合的課程。凡此作為，不僅令人欽敬，而且值得仿效。

第四節 我國社會福利行政教學的發展

在臺灣，無論學術或實務界都較為關注有關協助「個人」解決問題的知識與技術之傳授（教學），希望「案主」（接受服務者）能適應其生存的環境，而較少處理因為不良體制所帶來的影響（莫藜藜，2007：34）。這種偏重個案工作而忽略行政工作的現象，可能與社會福利行政的學科教學未受到應有的重視有所關聯。

有鑑於此，我們綜合相關文獻資料（林萬億，2022b：203-208；曾華源，2016：316；莫藜藜，2007：166-197；賴兩陽，2005：199-201），分五個階段略述臺灣社會福利行政學科的發展情況：

一、辦理社會行政人員訓練及講習

臺灣在光復初期，並沒有立即開辦社會工作專業教育，僅僅仿照1941年國民政府在四川成都馬家寺辦理「中央訓練團社會工作訓練班」的經驗，於

1947年開辦「社會行政人員訓練班」，實施兩期，並於1950年辦理「社會工作人員講習班」，實施一期。

這些訓練班與講習班的參加人員，包括：各縣市政府的社會行政人員，以及公私立救濟院所的社會工作人員、保育人員。其課程安排包括：社會工作概論、個案調查、集團工作（即團體工作）、社區組織、社會政策、兒童福利、人民團體組訓、社會救濟、社會行政等。授課教師大多數不是社會工作背景，而以社會學出身者居多（林萬億，2022b：208）。

二、設置社會行政科系培育行政人才

1950年9月，臺灣省立行政專科學校設立社會行政科，修業期間二年，修滿84個學分畢業，是臺灣第一個培育社會行政人才的科系。

1955年，該校與大直行政專修班合併，成立法商學院，社會行政科改爲社會學系，1958年再分爲社會學理論與社會行政兩個教學分組。1961年，該校與省立臺中農學院合併，改名爲中興大學；1971年又改制爲國立中興大學，仍在臺北校區設置法商學院社會學系；1981年分爲社會學、社會工作兩組招生；2000年，法商學院改制爲國立臺北大學，分別設立社會學系、社會工作系，在社會工作系有社會福利行政課程教學。

三、召開社工教育會議規劃行政課程

1964年12月，內政部與教育部聯合召開第一次全國社會工作教育會議，出席人員包括：各大學社會工作教師、社會行政單位主管、社會工作團體代表；大會議程列有「課程標準原則」與「一般問題」；分組討論有「社會行政」等八組。

1971年2月，內政部與聯合國發展方案（UNDP）共同召開「社會工作

教學做研討會」，訂定九門課程為社會工作的專業必修課程，包括：社會工作概論、社會個案工作、社會團體工作、社區組織與社區發展、社會福利行政、社會政策與立法、社會研究法、人類行為與社會環境、社會工作實習，並報請教育部核定。

因此，在1972年教育部核定的社會工作系必修課程之中，社會福利行政列入必修，在公私立大學社會工作及相關學系普遍開設。

四、訂頒社工師法以強化行政人力培育

1997年4月2日，「社會工作師法」經總統公布施行，其第12條規定社會工作師執行的業務，包括：

1. 行為、社會關係、婚姻、家庭、社會適應等問題之社會暨心理評估與處置。

2. 各相關社會福利法規所定之保護性服務。

3. 對個人、家庭、團體、社區之預防性及支持性服務。

4. 社會福利服務資源之發掘、整合、運用與轉介。

5. 社會福利機構、團體或於衛生、就業、教育、司法、國防等領域執行社會福利方案之設計、管理、研究發展、督導、評鑑與教育訓練等。

6. 人民社會福利權之倡導。

7. 其他經中央主管機關或會同目的事業主管機關認定之領域或業務。

其中，第2、4、5、6項，直接與社會福利行政的內容或方法有關，其餘亦與社會福利行政間接相關，對於行政人力的培育有強化作用。

再者，高等考試或專門技術人員考試，對於報考社會工作師的資格，規定必須修畢15門核心學科，合計45個學分。其中，社會福利行政、社會工作管理、非營利組織管理，是三選一。可是，社會工作師考試科目對於這三選一的學科，只列入社會工作管理。在考試領導教學的情況下，社會福利行政的學科教學，其受到師生重視的程度，相對上不如社會工作管理課程。

五、社工教育學會訂定行政核心知能

2010年，臺灣社會工作教育學會著手規劃社會工作核心課程的規範，並於2011年3月舉行「社會工作核心知能建構研討會」，發表社會工作核心課程的規劃，包括：社會個案工作、社會團體工作、社區工作、社會政策與社會立法、社會福利行政、社會工作管理、方案設計與評估、社會工作實務實習等八門課程。

其中，有關社會福利行政的規範，其課程目標設定在加強社會福利行政的基礎知識、實務技能及倫理承諾之認知；其課程架構包括知識、技能、倫理承諾等三個層面；其課程設計，除了基本概念之外，包括：社會福利的行政計畫、組織、人力、服務輸送、財務、領導、監督、倫理、公共關係、跨部門的溝通協調、風險管理及危機處理等單元（劉邦富，2011：42-49）。

社會福利行政課程規範的規劃及發表，目的在於提供各大學社會福利行政學科教學之參考，用意良善，但是我們從網路檢索此一學科的教學大綱，尚未發現有依此規範實施學科教學的實例。

由上述五個階段，顯示臺灣對於社會福利行政學科教學的發展，雖然用心良苦，可惜成效有限。就行政職位的準備而言，早期社會行政人員訓練及研習，總共只辦理三期，而大專院校社會行政科系也未持續存在。即使在2006年國立政治大學曾設立社會行政與社會工作研究所，以培育中高階社會行政人員，也於2009年刪除「社會行政」一詞，改為社會工作研究所。就課程規劃而言，雖然教育部於1973年將社會福利行政列入大學社會工作科系必修課程，但是國內的社會福利行政仍側重產出的討論，而忽略過程的分析；一直將重點置於社會福利業務的比較，而不重視社會行政方法的考察（蔡漢賢、林萬億，1983：3）。雖然，臺灣社會工作教育學會在2011年發表社會福利行政的課程規範，但也未見落實於學科教學之中。

對照前述美國社會福利行政學科教學發展過程的特色，也許可供我們參採運用，以補偏救弊。例如：強化臺灣社會工作教育協會的功能，試辦及推

廣社會福利行政課程的認證；辦理社會福利行政人力需求研究，以證明社會福利行政人事的重要性；鼓勵學生集中選修社會福利行政及相關課程，以準備從第一線實務工作者升遷為督導及單位主管時運用。

　　最後，總結本章的內容，我們將社會福利行政的發展分為實施方式與學科教學兩方面，分別探討其在美國與臺灣的發展情形，主要目的乃在期待能知己知彼、截長補短。其中，臺灣社會福利行政的實施方式有一個關鍵性問題，就是民間社會福利相關機構或團體的質量均有所不足，偏遠地區尤其如此，因而政府委託方案經常難以找到合適的承辦單位，允宜參考美國的經驗，透過專業教育，培育民間行政人力，並激發其承辦政府委託案的能力和意願。至於臺灣在社會福利行政學科教學上，忽視社會福利行政專業性的問題，亦可借鏡美國的作法，強化實證研究與課程認證，以突顯社會福利行政是專業社會工作不可或缺的一環。

第三章
社會福利行政的背景考量

　　社會福利行政的發展，經常隨著歷史的推移而有所轉變。至於社會福利行政的運作，則必須考量所處背景因素的變遷而有所因應。

　　前面一章，我們已從歷史出發，探討社會福利行政實施方式與學科教學的發展脈絡。這一章，我們將從背景因素，探討社會福利行政推動過程中必要的考量。

　　我們所持的理由，是社會福利行政有關組織的設計，政策的形成、計畫的規劃、執行，以及行政措施的運作，必然受到其所處背景因素的影響。因此，我們必須對其背景因素有所考量，以便於適時採取因應策略，促使社會福利行政更順利地運作，更有效地達成預期目標。

　　現在，我們將討論的重點放在三個背景因素：行政理論的發展、環境變遷的趨勢、利害關係人的期待：

第一節　行政理論的發展

　　理論（theory），是根據事實和觀察而形成一組相關的假設、概念及架構，用以解釋特定的現象（Barker, 2014: 430）。也就是說，理論來自實務經驗，而實務也需要理論架構來解釋或指引。

　　就此而言，社會福利行政實務的運作，其背後需要理論作基礎，也需要理論來指引。目前，社會福利行政尚未發展出自己的理論，但是社會福利行政屬於公共行政家族的一員，應可採借行政學有關行政的理論，來作為基礎和指引。

　　通常，一個理論提出之後，都會被批評、修正，進而發展出新的理論或派別。行政的理論也無法擺脫這種宿命。國內有一位行政學者認為行政理論的發展可分為五個階段，首先是以德國社會學家韋伯（Max Weber）的科層官僚制（bureaucracy）為行政範型，其後相繼發展出：新公共行政（new public administration）、新公共管理（new public management）、新公共服務（new public service）、治理的轉型（the transformation of governance）（林鍾沂，2018：41）。以下擇要說明並闡釋其對社會福利行政的啓示：

一、行政的範型：科層官僚制

韋伯的科層官僚制度是一種理想型（ideal type），而此一理想型是建立在「合法權威」（legitimate authority）觀念的基礎上（林淑馨，2016：48）。

韋伯在《經濟與社會》（*Economy and Society*）一書中認爲，理想的科層官僚制度會突顯六個特徵（林鍾沂，2018：47-48）：

1. **依法行政的原則**：原則上，行政人員都有固定與正式的職權範圍，並由法律或行政規章加以規範。

2. **層級節制的原則**：一個組織的成員，上、下層級之間有完整的命令指揮系統，上級得以監督下級，而下級應對上級負責。

3. **以書面文件爲基礎**：公文的處理與執行，是辦公室人員的主要職責，而且公文及其附件處理之後，必須歸檔保存一定年限，以備查考。

4. **公務管理的專業化**：所有公務管理，預設著完整和專業的訓練，政府主管及職員都需充實相關專業知能，才足以勝任特定職務。

5. **公務機關應具備完整的運作能力**：可透過行政機關的長期發展，完成公務所需的運作能力，以提供民眾所需服務。

6. **公務處理必須依循普遍原則**：依照公共行政所建構的標準化運作程序（SOP），有規則地、穩定地處理公務。

上述科層官僚制的特徵，對於社會福利行政至少有兩點啓示：一是福利計畫的規劃，必須考量民眾所需的服務；二是福利計畫的執行，應依標準化作業程序。

二、行政的變異：新公共行政

1968年，美國33位年輕的公共行政學者在紐約雪城大學（Syracuse University）召開會議，以「華山論劍」的方式，徹底檢討公共行政所面臨的問題及未來的發展方向。因其與十九世紀末期傳統主流公共行政的研究重心不同，較著重規範、哲學、社會關懷及行動層面，故稱為新公共行政（林淑馨，2016：117）。

此類會議，每隔20年召開一次。第一次會議討論的主題，著重於民主行政，後續會議加以補強。第一次會議的影響甚廣，涵蓋九個層面（Frederickson, 1989: 97，引自林鍾沂，2018：55-56）。茲選擇其中五項與行政較有關聯者：

1. 除了效率與經濟，增加社會公正作為政策的立論基礎或合法化觀點。
2. 政府的倫理、誠信和責任，再度成為行政強調的重點。
3. 當民眾需求改變時，政府機關規模應適時地酌量增加或減少。
4. 變遷而非成長，被理解為相當重要的行政理論。
5. 有效的行政，是在主動參與的公民意識中加以界定。

這五項新公共行政的重點，對於社會福利行政的啟示，包括：(1)政府社會福利機關（構）的組織設計，應考量民眾需求的變遷而增減單位及人力。(2)社會福利政策的決定，應考量社會正義。(3)社會福利計畫的規劃及執行，應考量如何提供利害關係人平等參與的機會。(4)社會福利行政人員處理公務，應將倫理和責信列入考量。

三、行政的屏棄：新公共管理

1980年代開始，世界各國掀起一股政府再造的風潮，認為在行政改革中，改變結構將可帶來良好的效率與提升決策品質。而引發政府再造的學理依據，是新公共管理。

　　研究新公共管理頗負盛名的胡德（Christopher Hood）指出構成新公共管理的七項要點（引自林鍾沂，2018：65）：

　　1. 授權公部門的管理者可逕行「臨場的」專業管理，並賦予組織裁量控制權。

　　2. 重視績效的明確標準與衡量，以績效考核來檢視目標、效率和責信。

　　3. 注重產出的控制，依據績效評量結果，作好資源的分配。

　　4. 將公部門產品由分支單位負責的方式，讓各單位有獨立的預算與職責。

　　5. 透過公開投標、降低成本和增加收益等競爭機制，引領公部門更多競爭。

　　6. 強調管理實務的「私部門型態」（private sector styles），講究彈性化的僱用和報酬。

　　7. 強調較嚴格的資源使用紀律和節約，以達成企業化管理。

　　這七項新公共管理的要點，對社會福利行政的主要啟示，是在政府精簡組織及企業化管理的大趨勢之下，有關於福利服務契約外包、社會福利績效考核，補助款「設算制度」等，都應該盡量將「企業化管理」的概念，列入考量。

四、行政的重生：新公共服務

　　1983年春，美國維吉尼亞理工學院暨州立大學教授萬斯萊（Gary L. Wamsley）等人，在紐約希爾頓飯店開會，並宣讀「黑堡宣言」（The Blacksburg Manifesto），強烈主張行政是治理過程的一部分，不是隨意就可以屏棄或替代，而應該重新找回失落的精神。

　　另外，丹哈特夫婦（Janet V. Denhardt and Robert B. Denhardt, 2003）在《新公共服務：服務，而不是掌舵》（*The new public service: Service, not steering*）一書，提出新公共服務的理論，其基本理念，包括（引自林鍾沂，

2018：86-87）：

1. **服務於公民而不是服務於顧客**：公務人員不但要關注顧客的需求，更要關注公民的利益，並與公民建立信任和合作的關係。

2. **追求公共利益**：公務人員應建立一種集體的公共利益觀念，不在於快速解決方案，而在於創立共同利益和分擔責任。

3. **重視公民權益更勝於重視企業家精神**：公務人員致力於爲社會做出有益的貢獻，要比有企業家精神的管理者更能促進公共利益。

4. **思考要具有戰略性而行動是要有民主性**：滿足公共需求，必須有政策和方案；得到預期成效，必須集體參與和協力合作。

5. **承認責任並不簡單**：做了公務人員，就要承擔責任，不僅要關注市場，還要注意法律規定、社區價值、政治規範、職業標準和公共利益。

6. **服務而不是掌舵**：公務人員透過共同領導，以服務來協助公民滿足他們的共同需求，比掌控社會新的發展方向更加重要。

7. **重視人而不是重視產業**：長遠來看，公共組織及其參與者，如果能尊重所有的人，並透過合作及共同領導的過程，將更有成功的機會。

這些新公共服務的基本理念，對社會福利行政最大的啓示，是在推展福利服務方面，從新公共服務的理念，考量我們是否需要「重新拿回」（reclaim）什麼？例如：重視人的尊嚴、加強關懷服務、加強公民參與。

五、行政的蛻變：治理的轉型

1999年，美國行政學會成立一個專案小組，針對美國政府行政和行政人員所面臨的問題進行檢視，發現政府與公民社會的關係日趨複雜，聯邦政府的責任正逐漸轉移到州政府、地方政府，甚至社區組織的身上，要管理這些關係需要更多的能力。這些變遷趨勢，彰顯政府功能與角色的逐漸轉移，也更需要非營利部門與私人企業共同合作來解決公共事務問題，因此行政學者轉而關注政府如何有效掌控治理（governance）的統治概念和能力表現（林

鍾沂，2018：89）。

在英文中，治理（governance）與政府（government）本爲同意詞，可交互使用。但是在1980-1990年代，政府與治理分離。行政學者畢爾（Bevir, 2009: 9）認爲，治理是1980年代以後，公部門改革浪潮中，繼新公共管理之後的第二個改革運動。傅雷德克森等人（Frederickson, et al., 2012）甚至認爲，治理已儼然成爲行政的理論之一。

這樣看來，治理的理念，已不同於傳統的政府行政。就行爲模式而言，治理不一定由政府來發動或運用權威，而強調國家機關可以運用新的政策工具或技術，對公共事務進行更好的控制和引導（譚功榮，2008：281-282）。政府與治理的主要區別，如表3-1：

表3-1　政府與治理的區別

政府的特徵	治理的特徵
國家	國家和公民社會
公共部門	公共部門、私人部門和第三部門
制度	程序
組織結構	政策、產出、結果
直接供給	賦權授能
命令、控制、指揮	引導、推動、合作、交涉
層級制和權威	網絡和夥伴

資料來源：譚功榮，2008，p.283。

由表3-1可知，治理的主要理念，並不是要擺脫政府原有的行政模式，而是一種行政上的轉型，強調公部門必須結合私部門（含營利部門）和第三部門（含非營利部門、志願服務部門）的資源，透過網絡、交涉、合作的過程，形成夥伴關係，共同提供公共服務。而且，在公共服務過程中，重視服務對象的充權，而不只直接供給所需服務，以促進其公民意識，能由他助逐步發展爲自助與助人。

這些有關治理的基本理念，亦可帶給社會福利行政一些啓示作用。例如：發展一種政府與公民社會的夥伴關係、相關福利服務的輸送能多聽取基層人員的聲音、對於服務對象提供更多的參與機會。

綜言之，觀察行政理論的發展，一個接著一個，提出各種行政理念。但是，這些行政理論之間，並非涇渭分明，有時仍可相容。正因爲行政理論呈現多元樣態，將有助於我們從中得到更多的啓示，對於社會福利行政運作有更周延的考量。

第二節 環境變遷的趨勢

社會福利行政組織的實務運作，除了行政理論的發展之外，也必須考慮組織外部環境的影響因素，尤其是政治的（political）、經濟的（economic）、社會的（social）、科技的（technical）的發展趨勢。

布萊森（Bryson, 2004）曾將政治、經濟、社會、科技等英文單字的第一個字母，組合而成「PEST」架構，用以分析一個組織進行規劃時必須考量的環境因素（cited in Lewis, Packard., & Lewis, 2012: 54）。

在這一個節次，我們參考「PEST」的架構，以「組織」爲標的，進行環境變遷的趨勢分析，藉以了解環境因素對於社會福利行政「組織」實務運作的影響。

一、政治的趨勢

在國家層次，甚至國際層次的政治趨勢，是經常反映於社會福利行政實務的因素之一。政治不但影響社會福利行政人員的工作環境，而且挑戰他們回應變遷的能力。以下我們選擇三個重要的政治因素，說明其影響情況：

（一）共產主義的崩散

過去一百多年的世界，大致上是共產與民主兩大陣營的競爭。到了1990年代，蘇維埃聯邦解體，共產主義崩散（the collapse of communism），除了在經濟上有了重大的轉變，資本主義（Capitalism）也比馬克斯主義（Marxism）較占優勢。從前堅守馬克斯強硬路線的中國和古巴，以及奉行民主社會主義的英國、法國和瑞典，都逐漸轉向資本主義的自由市場。

在政治上，對於經濟及社會問題的解決，也由強調公部門與官僚的處理，逐漸將一部分轉移給私部門與市場去處理，以作為公共政策的另一個工具。簡言之，共產主義的崩散，對於社會福利行政實務的主要影響，是有更多的非營利組織，甚至營利的商業組織，也開始投入社會福利式的服務提供及相關聯的一些措施，例如：工作福利（workfare）（Martin, 2009: 56）。

通常，工作福利是指政治人物、經濟學家或社會計畫者，為了鼓勵身體健康者取得福利給付而設計的社會福利措施。必須由公部門或私部門建立相關方案與設施，人們才能夠透過工作而獲得一些福利，例如：十八世紀有些國家建立工作院（workhouse），提供窮人工作機會和住宿場所，作為院內救助的一種方式；時至今日，則由政府與有需要的個人訂定契約，由政府提供經費，交換他們的工作，並為他們的嬰幼兒提供托育服務，作為一種院外救濟（outdoor relief）的方案（Barker, 2014: 458）。

（二）責信運動的擴展

大致上，「責信運動」（the accountability movement）係起源於美國，再逐步擴展於其他各國的公共行政及人群服務領域。

1970年代，美國尼克森政府（Nixon administration）和保守派人士，質疑前朝政府（詹森政府）「對貧窮作戰」（War on Poverty）及其相關社會福利方案的實際績效，責信（accountability）一詞，乃成為人群服務領域的一個重要詞彙。

隨後,「政府改造」(reinventing government)、福利改革及管理照顧,受到社會的普遍重視,績效責信的觀念一再地被重複強調(Martin & Kettner, 1996)。這種強調人群服務方案成果的聲浪,不斷地增加的結果,帶動了一種以績效為基礎(performance-based)、以成果為基礎(outcome-based)的責信運動,持續地擴展開來(Cooke, 1997, cited in Lewis, Packard., & Lewis, 2012: 26)。

責信運動對於社會福利行政的主要影響,促成現代的社會福利機構或人群服務組織,不能只扮演服務提供者的角色,而且還要實施績效評量,以證明服務的成果。如果借用企業表達的語氣來說,社會福利組織必須突顯他們的服務能為資金來源、服務對象或社會大眾增加一些價值,否則這個組織就沒有存在的價值。

(三)政府政策的轉變

二十世紀末期,政治趨勢的焦點來到個人主義(individualism)與個人的責任(personal responsibility)。

就美國的情況而言,1996年的福利改革法案(The welfare Reform Act),是一個明顯的例子:樸實的個人主義逐漸取代了源自於「新政」(New Deal)由政府保障福利權的哲學思想。基於個人主義或個人責任的觀念,除非政府的支持減少或結束,慈善部門與宗教社群才會開始動員,去協助那些貧窮者和其他處境不利的弱勢族群。

到了二十一世紀初期,對於社會福祉採取個人責任的取向,由地方政府擴及聯邦政府層級,在公共政策上有一個重點,就是為那些高所得的族群減輕稅收,並且以社會安全網(safety net)經常耗費過多經費為由,認為聯邦政府必須降低福利給付的成本。這些政策的轉變,擴大了美國社會結構中「富有」(haves)與「貧窮」(have-nots)兩個階層之間的落差(Lewis, Packard., & Lewis, 2012: 26)。

事實上,最近幾年也有其他國家發生類似美國的情形,可能是因為受到

世界性經濟不景氣的衝擊，有些國家為了鼓勵富人投資而減輕他們的稅收，導致相關的社會福利政策也跟著轉變。

簡言之，政府政策的轉變，對於社會福利行政的主要影響，是社會福利的預算緊縮，窮人或其他弱勢者無法得到生活所需的充分給付。為了回應這種趨勢的轉變，政府必須改變「重經濟，輕福利」的觀點，並且積極倡導經濟正義和社會正義，以確保經濟弱勢者與社會弱勢者的基本權利。

二、經濟的趨勢

經濟的發展趨勢，可能影響人民的就業機會、政府的稅收來源、民間的捐贈能力，進而影響社會福利的需求及供給。其中，經濟的全球化（globalization of the economy）、人群服務的市場化（marketization of human services）、經濟景氣的下滑（the great recession），可能是影響社會福利行政實務的主要因素（Lewis, Packard., & Lewis, 2012: 28; Martin, 2009: 57-58）：

（一）經濟全球化的加速

進入二十世紀之後，經濟全球化的速度持續加快，幾乎沒有一個國家能控制他們自己的經濟命運。由於國際合作及世界銀行的運作，透過網路就能將資本、商務和工作機會，從一個國家迅速移動到另一個國家。尤其，經濟全球化的潮流，好像在無形之中，推動了許多工業化國家，「同時地」（simultaneously）允許、鼓勵、動員他們國內的公司，轉移到成本較低的其他國家或地區（Patti, 2009: 57）。

歐盟（European Union, EU）的會員國家已經發覺，在全球化經濟競爭之下，國家對於一般福利給付並不大方，因為稅收必須拿來支應他們的財務。結果，全球化經濟競爭似乎造成許多工業化國家（包括美國）限制、重整，甚至縮減他們的社會福利體系（Echikson, 1998: 106）。

在美國，由於經濟全球化的競爭，藍領勞工到發展中國家從事製造業工作的機會持續萎縮。這種情況也意謂著勞動市場的兩極化，一端是薪水較高的資訊業和技術性工作，另一端是工資較低的勞務工作者。

這種經濟全球化強調：適應性、生產力、品質、競爭，等於教導消費者更重視有品質的產品和服務的價值。影響所及，市民現在同樣期待政府的公共服務，包括社會福利行政，也要提供有品質的服務。因此，社會福利行政在全球化經濟的衝擊之下，必須加強專業知識、電腦科技、服務品質，以及財務創造的方法，包括強化與學校、企業的協力合作，以減少福利經費限縮的影響（Patti, 2009: 58）。

（二）人群服務市場化的增加

國家經濟、家庭經濟、全球化經濟，都有起有落（ups and downs）。但是，我們相信其中有一個趨勢是：我們必然繼續期待有限的公共資源，能用以改善生產力，並創造服務輸送的適當安排（Lewis, Packard., & Lewis, 2012: 27）。

以美國為例，在二十世紀末期，經濟發展與企業主義（entrepreneuria-lism）變得比傳統「服務」（services）的策略更加突出，也增加對於市內貧民聚集地區（inner city）及其他收入較低層次居民的關切，而必須提供更多服務及充權措施。這種人群服務市場化的增加，使得政府在公共政策之中，有一部分必須仰賴自由市場來交換社會服務，因而出現：競爭（competition）、私有化（privatization）、商業化（commercialization）、去核心化（decentralization）等等現象（Cooke, et al., 1997: 230）。

至於人群服務市場化增加之後，對於社會福利行政的影響，可說有好有壞。好處是市場化的結果，有助於提高服務的效率和效益；壞處是市場化的機制，可能加重城鄉區域之間的不平等，因為有些區域缺少企業或商業的組織，即使公部門有意將社會服務外包，可能也沒有私人或團體可以承接。

（三）經濟景氣的下滑

1997年前後，美國發生二次房貸問題，東南亞也發生金融海嘯，其他歐洲國家或多或少也有經濟景氣下滑的跡象。到了二十一世紀初期，世界性經濟下滑的情況仍然存在，而且帶給社會服務體系相當大的壓力。

當然，公部門的社會服務體系對於失業、貧窮、遊民，有明確的使命，並且可依照慣例去處理經濟下滑所帶來的效應。但是，高失業率與經濟壓力也可能為社會服務方案帶來新的案主，而且聚焦於心理或身體的健康之類問題。通常，貧窮與經濟危機，是增加心理健康問題的原因之一。例如：馬爾里與歐伊伯德（Murali & Oyebode, 2004）曾經指出，人們受到貧窮的影響，是「雙重的犧牲」（doubly victimized），因為他們比其他人，遭受更多的壓力，卻比其他人，擁有較少克服壓力的資源（cited in Lewis, Packard., & Lewis, 2012: 28）。

無論如何，經濟景氣的下滑，對於社會福利行政實務的影響層面相當廣泛。社會福利行政人員必須敏感地處理經濟下滑可能衍生的社會問題，包括：貧窮扶助、就業輔導、醫療照顧及其他必要服務。至於面對心理健康的問題，雖然社會福利行政人員較少直接提供服務，至少也可與心理衛生中心協力合作，以提供必要的福利服務。

三、社會的趨勢

現代社會，由於變遷快速，社會問題層出不窮，而且越來越複雜。其中，影響社會福利行政實務的社會趨勢，主要來自三方面：

（一）嬰兒潮世代的高齡化

由於許多人在第二次世界大戰期間延緩生育及擁有小孩，導致在戰後二十年出生的嬰兒數，比往常大量增加，人口學家對這個期間出生的嬰兒，稱為「嬰兒潮世代」（baby boom generation）（Barker, 2014: 35）。

時至今日，這些嬰兒潮出生的兒童，已相繼「老化」（graying）。這些「爆增」（bulge）的高齡化人口群，在社會與經濟的規劃中，必須特別考慮他們的適應問題，因而高齡化問題成為許多國家關注的焦點。

以美國為例，他們現在必須面對的變遷問題，已經有了一些改變，比較少談種族或性別的議題，轉而更加關注年齡的議題。尤其，在社會福利機構人力資源的運用，以及被服務的案主，都明顯增加高齡化人口的比率（Martin, 2009: 60）。

持平而論，嬰兒潮世代高齡化的趨勢，對於社會福利行政的影響，不完全是負面的。固然，這類高齡化人口將來是社會福利行政的照顧對象，但是我們可能需要大膽地走出框架（out-of-the-box），思考社會福利人員如何有計畫地協助高齡者延長他們的工作生涯，提供合作生產（co-production）或其他擔任志工的機會（Martin, 2009: 60）。苟能如此，有一部分老人可從服務接受者轉化為服務提供者，將有助於減輕退休輔導與健康照顧的負擔，進而降低社會福利方案的成本。

（二）移民人口的差異性增加

延續前述經濟全球化的趨勢，有些經濟條件較差的國家，人口遷移到強國的情況也持續增多。

在二十世紀晚期，來自世界各開發中國家的移民進入美國，增加了市民、家庭、勞動力、案主之間的差異性。根據一項估計，在2000到2050年之間，美國淨成長的人口之中，多數將來自亞洲、西班牙，還有成長中的「混合種族」（mixed race）。到了二十一世紀中葉，美國將沒有清晰的「多數」（majority）種族（Kotkin, 2010: 1, cited in Lewis, Packard., & Lewis, 2012: 29）。

事實上，這可能不是美國特有的現象和發展趨勢。就臺灣而言，原本就有閩南、客家、外省、原住民等四大族群，近年又有來自越南、印尼、泰國、柬埔寨、菲律賓等國家的新移民，總數已超過五十萬人。這些來自不同

國家的新移民之間，無論在語言、文化、福利需求或其他層面，也都有相當大的差異性。

無論如何，移民、新移民或「混合種族」（例如新二代），可能繼續增加，文化的差異性必然隨之增加。這種趨勢，對於社會福利行政人員的衝擊，將是要求他們必須具有文化敏感性（cultural sensitivity），而且在相關政策或方案的規劃及執行中，必須考慮文化的差異性，避免出現汙名化或歧視的行為。

（三）社區意義的重新發現

通常，社區是指地理的社區（geographical community）而言。有時候，社區也可視為共享價值、服務、制度和利益的一個團體，習慣上稱之為「社群」（community）（Barker, 2014: 81）。

早期，慈善組織會社（COS）與睦鄰組織運動（SHM），曾經以社區和鄰里為基礎，實施濟貧工作。後來有相當長的時間，忽略社區在助人實務上的運用。到了1990年代，我們的社會重新發現社區的美德（virtues）和好處（benefits），社區存在的理由，最重要的是降低社會福利的公共支出；其次是對社會福利專業角色的再評估，以及（社區）精神的重生（rebirth of spirituality）（Martin, 2009: 60）。

其中，降低社會福利的公共支出，引領我們增加社區或非公共的取向，去回應社會問題。然而，倘若認為社區意義的重新發現只是為了這個作用，那可能是一種誤解。同樣重要的，是就事論事，社會福利專業並不單是助人系統的核心，而且還要連結家庭、教會、學校、俱樂部，以及其他各類組織和團體，共同為服務對象提供照顧和支持（Adams & Nelson, 1997: 69）。

有一個具備當代社會福利背景的觀察者曾提出他的評論：鐘擺正在盪回社區（the pendulum is swinging back to community），而社區團體（社群）是提供基本照顧和預防的一種模式，他們是一種天生的好幫手（natural support）（Meenaghan, 1998: 1, cited in Patti, 2009: 60）。

按照這個觀察者的看法，社區意義的重生，已然成員。這種趨勢，對於社會福利行政實務的影響，必將促使我們必須更加熟練社區組織與社區發展的技巧，建立以社區為焦點的支持系統，並發揮社群自助的精神，以提供適切的社區照顧及其他社會福利服務。

四、科技的趨勢

科技的發展，狹義上專指電腦與網路等資訊科技的運用，廣義上可擴及資訊科技的工作規則、工具、設備、將輸入轉化為輸出（Lewis, Packard., & Lewis, 2012: 31）。我們將從資訊科技的運用、科技使用能力的落差，來分析科技發展趨勢，以及其對於社會福利行政實務的影響。

（一）資訊科技運用的進展

由於資訊科技的持續發展及更新，已使社會福利專業人員能將新的科技，運用於行政事務的處理。例如：運用分區式行動電話（cell phone）、電子郵件（e-mail）、傳真（fax）、視訊會議（video conferencing）、國際網路（internet），來進行個案會談、個案計畫、家庭訪問，以及監視和評量相關活動。如果，整合全社區的資訊系統及資料庫能夠建立，則社會福利行政人員將可針對行政規劃、公共關係與行銷、績效評鑑考核等類行政工作，即時進行需求評估、資源取得、以及案主成果資料的分析。

目前，線上（line）群組、臉書（fb）群組，地理定位系統（GIS）、谷歌地圖（google map），以及APP程式等新的資訊科技，已普遍使用。社會福利行政人員亦可將之運用於團體工作、連結利害關係人或其他資源，以及福利服務。

預測在不久的將來，社會福利行政實務的服務對象，將可透過國際網路申請各種補助和各種服務，而社會福利行政人員也可透過網路，接受及核定線上申請的各種服務，並保證將有關補助款匯入受助者的銀行帳戶，或透

過自動提款機（automated teller machines, ATM）領取現金補助。甚至對於離家在外在的案主，亦可透過國際網路，進行「虛擬的友善訪問」（virtual friendly visiting）或外展服務（Patti, 2009: 62）。

簡言之，際此資訊時代，社會福利行政人員實務的運作，必然會增加資訊科技的運用，因而政府社會福利機關或機構的行政人員，也必須充實資訊科技的能力，善用資訊科技來協助他們的工作。

（二）資訊使用能力的落差

社會福利行政是服務弱勢者的一種專業，在行政實務中，經常有機會接觸低收入者、身心障礙者、老人、教育程度較低者、居住於偏鄉地區的弱勢者。但是，這些弱勢者能夠接近及使用資訊科技的機會或能力，也可能比其他人弱勢。例如：沒有經濟能力可購置電腦設備、不會操作電腦、不會上網。而且資訊科技越進步，其使用資訊科技的機會或能力，與一般人比較，落差可能越拉越大。

假設，資訊是一種權力，則資訊科技對於一向強調「民主化」（democratize）的社會福利與充權案主（empower client）兩者而言，都可能有一些潛在的問題。因為，有越來越多的民眾會透過資訊科技，取得社會福利服務及機構相關訊息。而且，越來越多的民眾在住所、機構、圖書館、社區服務中心，學校和其他管道，就能夠使用國際網路。因此，各式各樣的社會福利行政措施必須考慮：如何讓案主接近服務、社會福利行政專業如何發揮他們的功能、社會福利行政人員如何與案主互動（Patti, 2009: 62）。

簡言之，資訊科技必將持續影響社會福利行政實務，當我們運用資訊科技與服務對象互動時，必須特別考量弱勢者使用服務的近便性。必要時，立基於民主化社會福利的原則，可彈性使用弱勢案主比較容易接受的服務方式，或者充權案主使用資訊科技的能力，讓服務提供與服務接受之間可以無縫接軌。

綜觀上述政治、經濟、社會、科技的分析，其所涉及的範圍，相當程度是從全球的觀點，來思考外部環境對於社會福利行政組織運作的影響。然而，社會福利行政組織在實務運作中，有關社會福利政策、福利服務計畫、方案或活動的執行，終究還是要落實到社區，落實到基層。這種「全球思考、在地行動」（thinking globally and acting locally）的理念及實踐，也是大環境的一種趨勢（Lewis, Packard., & Lewis, 2012: 32），不容忽視。

第三節 利害關係人的期待

人在環境中（person in environment, PIE），人與環境之間的關係，是社會工作專業評估及處遇都必須考量的重要因素。同樣的道理，社會福利行政是社會工作專業的一環，在社會福利行政組織的環境中，人的因素應該被列入優先考量，尤其是利害關係人（stakeholder）對於社會福利行政組織做了些什麼、如何做，可能都有一些期待。而這些期待，正是社會福利行政必須重視的議題。

一般而言，在一個組織的內部環境和外部環境，任何與組織的表現有利害關係的個人或團體，稱之為利害關係人（Starling著，陳志瑋譯，2015：281）。例如：政府營建單位辦理某社區的老屋都更工程，包括原住戶、購屋者、稅捐單位、社區發展協會，都是利害關係人，因為他們都與老屋都更有某種利害關係。

在社會福利行政組織所處的環境中，與社會福利行政實務的運作有利害關係的個人、團體或組織，大致上來自五個層面：財務來源（funding sources）、管制系統（regulatory bodies）、法律系統（legal system）、案主（client）、其他組織或團體（other organizations or groups）（Lewis, Packard., & Lewis, 2012: 24），以下扼要申述這五個層面的利害關係人，以

及他們對於社會福利行政組織的期待：

一、財務來源的利害關係人

公部門社會福利組織的財務，主要是政府預算，多數來自人民納稅，少數來自民間捐助；私部門社會福利組織的財務來源，主要來自民間捐助，少數來自政府補助。這些納稅人、捐助者，就是社會福利組織的利害關係人。

1. **納稅人**：依照憲法規定，人民有納稅、服兵役、受國民教育的義務。就納稅而言，在往昔專制時代，納稅人常有一種觀念，認為：「納稅、完糧，帝力與我何有哉！」到了現代民主社會，人民納稅之後，還會進一步關心他們所繳的錢被政府用到哪裡，這當然是期待政府能善用納稅人的錢，從事公共建設，或做一些有益社會大眾的事，例如：幫助低收入者、失依兒童、受暴婦女、獨居老人。有時候，納稅人從媒體上看到某低收入的獨居老人被活活餓死之類的新聞，就會質疑：「政府不用負責嗎？社工你在哪裡？」這更突顯他們對於公部門社會福利組織，有一種殷切的期待。

2. **捐助者**：惻隱之心，人皆有之。每當發生天然災害或意外事故而造成重大傷亡，就會有善心人士踴躍捐獻金錢或贊助物資，也會有工商企業認養災區重建工程。例如：2009年莫拉克風災、2014年高雄氣爆、2015年八仙塵爆、2016年臺南市維冠大樓震塌、2018年花蓮統帥飯店震倒，都有許多熱心的捐贈者或贊助者，踴躍捐輸現金或物資。雖然，這些贊助者可能各有不同動機，例如：純粹助人、企業責任、捐款節稅等等。但是，他們同樣期待透過贊助，能及時協助受害者度過難關、迅速完成災區重建工作。至於平時捐助社會福利機構的人，應該也有類似的期待。簡言之，便是期待社會福利組織能「善款善用」。

二、管制系統的利害關係人

在社會福利行政組織體系，行政首長、督導者是組織本身的關鍵性利害關係人，他們對於社會福利實務當然也有一些期待。

1.**行政首長**：作為一個組織的高層領導人，行政首長必須依其權責主導重要政策的形成或決定，並且負責管制政策、計畫、方案之執行，以及績效考核。因此，行政首長對於組織的政策、程序、任用人員、實作技術等等，無不期待能依循組織設定的標準去做，以增進組織的威信和良好形象（Lewis, Packard., & Lewis, 2012: 25）。

2.**督導人員**：作為一個組織的基層領導人，督導人員在組織裡扮演承上啓下的角色，除了期待接受督導的部屬能按照組織所設定的標準，確實執行組織的政策、計畫、方案之外，當然也期待組織的中、高層領導人在管制上能合法、合理，以營造一種友善的組織文化。

三、法律系統的利害關係人

社會福利行政屬於公共行政的一部分，必須依法行政。因此，組織內外環境的法律系統，對於組織的運作有其影響，這是當代普遍的現象，他們合法和適當的反應，可能導致政策的改變（Lewis, Packard., & Lewis, 2012: 25）。與法律系統有關的利害關係人，主要有：

1.**法規單位**：政策與法規有連帶關係，法規也是政策的一種形式。一個組織制定新法或修正舊法，必須依行政程序送給法規單位審查。通常，法規單位的期待是：法規能與政策相互呼應、避免與相關法律重疊或衝突、能符合法規的格式和用語。

2.**立法機關**：法規的制定或修正，最後必須經由立法機關（立法院、議會）通過，始具法律效力。立法機關的立法委員、議員，一般稱為民意代表，他們代表人民，行使立法或修法的權力，當然也期待行政單位能配合環

境的變遷及需求，及時提出法律案或修正案，並於完成立法程序之後，依法行政，以確保人民的權利，或者規範人民的義務。

四、案主

一般情況，個案工作、團體工作、社區工作，屬於直接服務，將其服務對象稱為案主（client）。相對的，社會福利行政屬於間接服務，較少將其服務對象稱為案主，有時稱之為：服務使用者（service user）、消費者（consumer）、市民（citizen）（林勝義，2013：77-79）。

事實上，社會福利組織的基層人員，也經常與臨床工作者一起輸送服務給案主，應該打破間接服務的概念（Lohmann & Lohmann, 2002: 12）。況且，社會福利組織的社會服務方案，如同團體工作方案、社區工作方案，因此也可將其服務對象稱為案主，這是廣義的概念。至於案主的類別，可依其意願分為兩類，他們也各有不同的期待：

1. **自願性案主**：自己可以申請服務，對於接受服務與否，有權取捨者，稱為自願性案主（voluntary client），有時也稱為自願性服務使用者（voluntary service user）。例如：低收入獨居老人，自己有權決定申請或不申請居家服務，對於社會局處安排居家服務員到宅服務，也有權力表示接受或不接受。這類自願性案主，對於社會福利實務的期待，通常比較正向，只要對他們有助益的措施，大多會表示歡迎，也願意配合。

2. **非自願性案主**：那些由於違反法律規定，或被認為具有傷害性而依法交付專業人員處遇者，稱為非自願性案主（involuntary client），有時也稱為法定案主（mandated client）。例如：兒童托育中心的保母因為虐待兒童，依兒童及少年福利與權益保障法之規定，必須接受社會局處安排的強制性親職教育輔導4至50小時，不接受者或時數不足者，處予罰款。這類非自願性案主，對於社會福利行政實務的期待，通常比較負向，不希望被刁難、被責備，只要輕鬆過關就好。但是站在行政的立場，相對的，必然是期待他們能

夠配合接受輔導，從親職教育的實施過程，獲得實際效益。

五、其他組織或團體

影響社會福利組織的外在來源，除了前面四個層面的利害關係人之外，還有其他組織或團體，也是社會福利行政實務的利害關係人。尤其有三種利害關係人（Lewis, Packard., & Lewis, 2012: 25），實不容忽視，茲舉例以明之：

1. **資源競爭的組織**：這是指那些彼此競爭政治資源或財務資源的相鄰組織，例如：環境、衛生兩個部門，可視為社會福利部門的利害關係人。因為衛生、福利、環境、三者密切相關，立法院衛生福利環境委員會討論的議案，就涵蓋這三個領域。通常，在分配政治資源或配置經費預算，難免因為利害關係而產生競爭。例如：衛生福利部長是由具衛生醫療專長背景者出任？抑或由具社會福利／社會工作專長背景者出任？難免有所競爭。甚至，在衛生福利部長的人選確定之後，衛生單位與福利單位之間，又競爭經費預算的分配比率，期待自己部門分配的比率多一些。這些期待，必然影響組織的運作。

2. **特定的案主團體**：這是指那些來自於有增加服務需求或不滿意現有服務的案主群，例如：鄉鎮市區的老人會，為了增進老人權益，要求社會福利機構增加老人日間照顧的時數。又如：身心障礙者經核定入住某社會住宅，因不滿意無障礙環境的設施，而集體遷出。這兩個案例中，老人會、障礙者團體，即為利害關係人。社會福利組織對於他們的期待，必然不能置之不理，否則各種後果都可能出現，最後還是有賴行政人員介入處理。

3. **相關的利益團體**：這是指那些來自於尋求標的組織，能將他們的組織目的和服務納入標的組織議程中討論的利益團體，例如：某私立兒童福利基金會與社會局處合辦社區保母訓練方案，而尋求社會局處在討論保母系統設置目的和服務方案時，能將該基金會組織的目的和服務方案列入議程中討

論。這個案例中的基金會，即為利害關係人，該基金會的期待，也會影響社會局處的行政運作。

　　歸納上述五個層面，總共涉及十一種不同的利害關係人，這些都是影響社會福利行政實務的重要因素。對於這些利害關係人，我們還可進一步將它們重新組合為一種「三組合一的處理模式」（model of triadic transactions）（Lohmann & Lohmann, 2002: 38），以便在社會福利行政實務上，有邏輯思考及合理運作：

　　第一組是：那些為社會服務活動而提供支持和合法性的人（those who provide the support and legitimacy），包括：納稅人、贊助者、法規單位、立法院或議會等利害關係人。

　　第二組是：那些為了實現贊助者的願望或喜愛而提供服務的人（those who carry out patron wishes or preferences and provide the services），包括：組織的行政首長、督導人員、相關的利益團體、資源競爭者等利害關係人。

　　第三組是：那些服務的接受者（those who are the recipients of services），包括：自願性案主、非自願性案主，或是特定的案主團體等利害關係人。

　　一言以蔽之，比較周延的社會福利行政實務，必須兼顧贊助者、機構組織、案主等三組利害關係人的期待，缺一不可。

　　最後，歸納本章的內容，我們首先檢視行政理論的發展，再從「全球思考」的觀點，分析社會福利行政組織外部環境變遷的趨勢，然後界定利害關係人及其期待。在行政理論的發展方面，我們從早期科層官僚制到近期治理的轉型，檢視行政理論發展的轉移；在環境變遷的趨勢方面，我們採取「PEST」的架構，分析組織外部環境中有關政治、經濟、社會、科技等變遷情況；在利害關係人的期待方面，我們將利害關係人組合為三個組：(1)提供支持的人、(2)實現支持者願望的人、(3)接受服務者，並以「三組合一」的

模式,,來說明利害關係人的期待。

　　我們希望這些行政背景的考量,能為社會福利行政的組織設計、政策形成,以及後續相關計畫的規劃及執行,提供最佳指引。

第四章
社會福利行政組織
的設計

組織（organization），是行政的要素之一。社會福利行政就是透過計劃、組織、任用、領導、控制等行政要素的運作，藉以達成社會福利目的的過程。

凡是重視社會福利的國家，都會依其歷史脈絡與背景考量，在政府各種組織之中，設計一個專門的組織，用以推動各種社會福利措施。同時，社會福利行政組織爲了因應時空環境的變遷，也會隨之微幅調整或再設計。

在這一章，我們探討的議題，將聚焦於社會福利行政組織的設計，首先觀察我國社會福利行政組織的演變，接著略述我國各級政府（中央、直轄市、縣市）的社會福利行政組織架構，然後列舉先進國家（美國、日本、德國）的中央政府社會福利行政組織型態，進行比較，以資借鏡。

第一節　我國社會福利行政組織的演變

臺灣自先民開發以來，約有四百年歷史。不過，到了最近一百多年，社會福利行政組織才有比較具體的發展。茲分五個階段略述其演變情形：

一、日治時期社會事業的移入

日本於1895年至1945年統治臺灣，移入當時日本慣用的「社會事業」一詞，以替代一般常用的社會福利。依據劉晏齊（2005）的研究，日本在臺灣實施社會事業的方式，包括（引自曾中明，2011：7）：

1.**依循清朝的撫救事業**：日本治臺初期，仍沿用清朝留傳下來的撫恤及救濟措施，並以居住於本島，且無親人可依靠的殘疾（障礙）、老衰，或未滿十三歲者，作爲主要的救濟對象。

2.**引用日本型態的社會事業**：1918年，日本又將「鄰保館」

（neighborhood house，類似今日村里辦公處）的制度，移植到臺灣，作為地區性綜合教化事業的中心。1923年，實施「方面委員制度」（district commissioner system，類似今日指導委員會），聘請地方上有聲望的人士，參與調查及戶籍整理，並辦理兒童保護、現金補助等社會事業。

　　3.**實施軍事動員的厚生事業**：1927年，日本對外展開軍事行動，後來由於戰況陷入膠著，乃在臺灣實施戰時災害保護、住宅營團、母性及嬰幼兒保護等措施，並將方面委員與鄰保制度，轉換為軍事救援工作。1945年，日本戰敗，臺灣光復，由國民政府接管治理。不過，「社會事業」一詞及相關措施，在臺灣光復之後仍沿用了一段時間。例如：1959年，當時的臺灣省立師範學院（今國立臺灣師範大學）設立社會教育系，內有「社會事業」組，直到1973年才因應社會工作專業的朝流，改稱為「社會工作」組，2006年又獨立設置社會工作研究所。

二、國民政府社會行政組織的引進

　　1949年，共產黨占領中國大陸，國民政府播遷臺灣，從大陸引進兩項有關社會福利行政的重要措施：

　　1.**引進社會行政組織及其業務**：國民政府於1940年11月28日成立社會部，作為中央社會行政的主管機關。回顧社會部之成立，係源自1938年國民黨「改進黨務與調整黨政關係」的決議案（蔡漢賢，2006：25）。當時，國民黨是執政黨，以黨領政，黨代表於全國代表大會提案：「在行政院成立社會部」。該黨總裁蔣介石批示：「人民團體與合作事業併入中央黨部社會部，並改隸行政院。」社會部成立之時，依據社會部組織法第四條規定，設總務司、組織訓練司、社會福利司及合作事業管理局。並且，在社會福利司之下設有：社會保險、勞工福利、社會服務、職業介紹、社會救助、兒童福利、工礦檢查等七個科室。因為人民團體組訓及合作事業管理兩項，是政策性業務，與一般社會福利有所不同，所以在實務界習慣上將「社會福利行

政」泛稱為「社會行政」，一直沿用至今。

2. 延續社會安全政策及相關措施：在1939-1945年對日抗戰期間，不少具社會學與社會工作專長的海外學人，相繼返國參與戰時救援及重建工作。他們與國內學者於1945年訂定「戰後社會安全初步設施綱領」，其具有國民大會代表身分的學者並於1946年參與制定憲法，在憲法基本國策中列入社會安全政策（第152條－157條）。1949年，政府在臺灣實行憲法，開辦勞工保險、公務人員保險、軍人保險，並推動社會救濟、婦女及兒童福利等措施，可視為延續國民政府在大陸時期的社會政策。

三、社政、衛政與勞政統合實施

1949年，國民政府遷至臺灣，為了精簡行政院組織，乃將社會部裁撤，其業務併入內政部，並依據內政部組織法，設置社會司、勞工司、衛生司，共同實施廣義的社會福利工作，其主要職掌分別為：

1. 社會司的職掌：關於社會服務、社會福利、社會救濟、兒童福利、國際兒童救濟之合作與聯繫、社會習俗改善輔導、農漁團體及工商團體之登記監督、普通團體及職業團體之登記監督、國際團體之參加協助及外國僑民團體之登記考察、人民團體相互關係之調整聯繫、社會運動之倡導促進、工作競賽之推動，以及其他社會行政事項。

2. 勞工司的職掌：關於工礦設備之檢查、勞工調查統計、勞資協調、勞工福利、勞工安全、勞工保險、勞工救濟、勞工團體組織、國際勞工組織之合作聯繫、國民義務勞動，以及其他勞工行政。

3. 衛生司的職掌：關於傳染病防治、地方疾病防治、國際檢疫、環境衛生、保健設施及醫療管理等事項。

在行政上，自1949-1970年之間，社會司、勞工司、衛生司，屬於內政部所轄的幕僚單位，對外沒有獨立行政之權，全國最高社會福利主官機關是內政部（林萬億，2010a：95）。至於地方政府層級的行政組織，則由臺灣

省政府社會處及衛生處、臺北市政府社會局及衛生局，以及臺灣省各縣市社會科及衛生科，負責推動所屬行政區域的社會福利及相關工作。

四、社政、衛政與勞政三足鼎立

1971年3月，內政部衛生司升格為行政院衛生署；1987年7月，「行政院勞工委員會組織條例」公布實施，將原本內政部主管的勞工行政業務，劃歸行政院勞工委員會主管，而臺灣省政府社會處主管的勞政業務，亦於1987年11月移轉至新成立的臺灣省政府勞工處。發展至此，形成社會行政、勞工行政、衛生行政三足鼎立，各司其職。在中央政府層級，行政院勞工委員會、行政院衛生署，都是獨立的行政機關，社會司仍舊屬於內政部的幕僚單位。

1973年7月，內政部組織法修正，社會司的職掌也調整為：關於社會福利、社會保險、社會救助、社區發展、社會服務、殘障重建之規劃、推行、指導及監督；關於農、漁、工、商及自由職業團體之規劃、推行、指導及監督；關於社會運動之規劃、推行、指導及監督；關於合作事業之規劃、推行、管理、調查、指導及監督；關於社會工作之調查、登記、訓練、考核及獎懲；關於社會事業之國際合作與聯繫，以及其他社會行政事項。

至於地方政府層級，則由臺灣省政府社會處、臺北市政府社會局、高雄市政府社會局（1979年7月改制直轄市），以及臺灣省各縣市政府社會局處科負責社會行政相關業務。

1999年，臺灣省政府組織精簡（一般稱為精省）之後，臺灣省政府社會處裁併於內政部，成為內政部中部辦公室。內政部在部本部設置7個科，辦理：綜合規劃、身心障礙福利、老人福利、社會救助、社會保險、社會團體、婦女福利等行政工作；內政部中部辦公室亦設置7個科，辦理：職業團體、社會發展、社區及少年福利、老人福利機構輔導、身心障礙福利機構輔導、合作事業輔導、合作事業管理等行政工作。

除此之外，內政部於1997年成立「性侵害防治委員會」，1999年成立

「家庭暴力防治委員會」、兒童局。2002年將性侵害防治委員會與家庭暴力防治委員會合併為「家庭暴力與性侵害防治委員會」，辦理家庭暴力與性侵害防治工作。

五、衛生福利部成立

我國自1990年代，為因應環境變遷而不斷成立新的政府單位，同時開始籌劃行政院組織法之修正。歷經行政院多次研修、立法院的多次審議，於2010年1月立法院三讀通過「行政院組織法」，並自2012年1月1日起施行。

隨著政府組織再造計畫的推動，開啟了衛生與社會福利行政組織重新調整的契機。經過多年的討論與協商，最後達成醫療衛生與社會福利合併升格為「衛生福利部」的共識，並於2013年5月30日經立法院三讀通過，同年7月23日衛生福利部正式揭牌運作，成為我國社會福利最高行政主管機關（邱文達，2014：9）。

綜合我國社會福利行政組織的演變經過（一、二階段合併），可由圖4-1幫助我們更容易了解其發展軌跡：

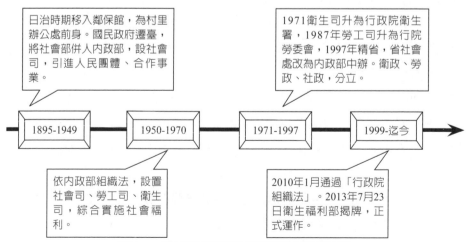

圖4-1　我國社會福利行政組織的發展軌跡

資料來源：筆者依前文內容整理而成。

第二節　我國中央社會福利行政組織架構

2013年7月，衛生福利部成立，是我國社會福利的中央主管機關。依據衛生福利部處務規程第五條之規定，衛生福利部之下設16個司、處。

再者，依據衛生福利部組織法第5條之規定，衛生福利部之次級機關及其業務……（五）社會及家庭署：規劃與執行老人、身心障礙者、婦女、兒童及少年福利及家庭支持事項。據此，社會及家庭署成為衛生福利部所屬的次級機關之一。社會及家庭署依據獨立機關設置之慣例，不但訂有社會及家庭署組織法，亦有獨立的人員編制、經費預算，是中央政府重要的社會福利行政機關之一。

因此，我們除了列舉衛生福利部組織架構之外，同時也列舉衛生福利部社會家庭署組織架構，並扼要說明：

一、衛生福利部組織架構

依據衛生福利部處務規程第5條之規定，衛生福利部設下列司、處：(1)綜合規劃司、(2)社會保險司、(3)社會救助及社工司、(4)護理及健康照護司、(5)保護服務司、(6)醫事司、(7)心理健康司、(8)口腔健康司、(9)中醫藥司、(10)長期照顧司、(11)祕書處、(12)人事處、(13)政風處、(14)會計處、(15)統計處、(16)資訊處。另外，還有7個常設性任務小組、6個所屬三級機關（構）、26家醫院、12家社會福利機構。衛生福利部行政組織的架構，如圖4-2：

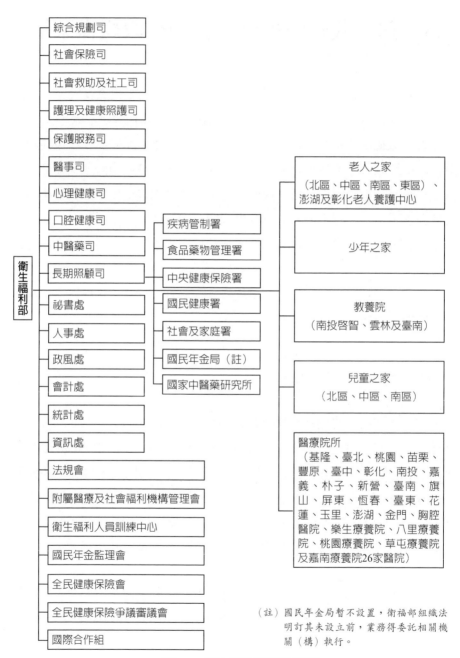

圖4-2 衛生福利部組織架構

資料來源：衛生福利部全球資訊網，檢索日期：2022/8/17。

由圖4-2顯示，衛生福利部的行政組織架構，涵蓋「衛生」與「福利」兩大領域。其中，與社會福利直接相關者，分別為：

1.**社會福利業務單位**：社會保險司、社會救助及社工司、護理及健康照護司、保護服務司、長期照顧司。

2.**社會福利機關**：社會及家庭署、中央健康保險署、國民年金局（暫未設置，業務委託勞動部勞工保險署執行）。

3.**社會福利機構**：

(1) 兒童之家：北區兒童之家、中區兒童之家、南區兒童之家。

(2) 少年之家。

(3) 老人之家：北區老人之家、中區老人家、南區老人之家、東區老人之家、澎湖老人養護中心、彰化老人養護中心。

(4) 教養院：南投啓智教養院、雲林教養院、臺南教養院。

4.**任務編組**：衛生福利人員訓練中心。另，2017年4月曾成立「少子化對策辦公室」，期待將出生率由當前每千人1.1人，提升到每千人1.6人。（該室已裁撤。）

二、衛生福利部社會及家庭署組織架構

依據社會及家庭署處務規程第4條之規定，社會及家庭署設下列組室：(1)婦女福利及企劃組、(2)兒少福利組、(3)身心障礙福利組、(4)老人福利組、(5)家庭支持組、(6)祕書室、(7)人事室、(8)政風室、(9)主計室。衛生福利部社會及家庭署組織架構，如圖4-3：

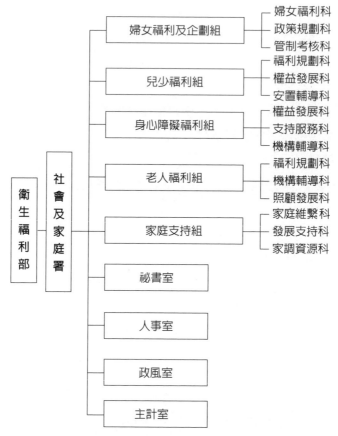

圖4-3　衛生福利部社會及家庭署組織架構

資料來源：簡慧娟、陳玉芬，2014，p.24。

　　由圖4-3顯示，在衛生福利部社會及家庭署的行政組織架構中，與社會
福利直接有關的業務單位為：兒少福利組、婦女福利及企劃組、身心障礙福
利組、老人福利組、家庭支持組。這種組織設計，係與衛生福利部組織法第
五條第五款所規定之社會及家庭署的業務「規劃與執行老人、身心障礙者、
婦女、兒童及少年福利及家庭支持事項」，相互對應。

　　不過，如果對照衛生福利部保護服務司有關成人家庭暴力及老人保護事
件的預防及處理、兒童及少年遭到虐待或嚴重疏忽事件的預防及處理、兒童

及少年遭到性剝削事件的預防及處理等業務，則彼此之間有一部分業務相互重疊。

推究這種組織設計未能將業務明確區隔的原因，可能與當初社會及家庭署的設置過程過於匆促有關。本來，行政院於2010年7月所規劃的衛生福利部組織架構，只有三個司主責社會福利業務。對於這樣的設計，臺灣社會福利總盟等民間團體及專家學者有意見，於是直接向總統表達，應增設一個署專責社會福利服務，後來經過行政院同意，增設社會及家庭署（簡慧娟、陳玉芬，2014：21-22）。就組織設計的原則而言，組織之間的業務必須明確劃分，以釐清行政權責。因此，立法院應儘速修正衛生福利部組織法相關條文，針對社會及家庭署與保護服務司之間重疊的業務，進行再設計，俾使兩者的組織功能都能充分發揮。

第三節　我國直轄市社會局組織架構

我國社會福利行政的主管機關，在直轄市為直轄市政府，在縣市為縣市政府。在直轄市方面，目前有臺北市、新北市、桃園市、臺中市、臺南市、高雄市等六個直轄市。這六個直轄市政都設置社會局，負責執行社會福利行政業務。茲以臺北市與高雄市為例，略述其社會局的行政組織架構：

一、臺北市政府社會局組織架構

臺北市於1967年由省轄市改制為直轄市，是臺灣第一個直轄市，且為臺灣政治、經濟、社會、文化的核心都市，其社會局的組織架構，可供後續類似組織之設計時參考。

依據2013年7月修正之臺北市政府社會局組織規則第3條規定，社會局設

下列各科室，分別掌理各有關事項：(1)人民團體科、(2)社會救助科、(3)身心障礙福利科、(4)婦女福利及兒童托育科、(5)老人福利科、(6)兒童及少年福利科、(7)綜合企劃科、(8)社會工作科、(9)老人自費安養中心、(10)資訊室、(11)祕書室。另外，第5條規定：得在各行政區分設社會福利中心、遊民收容中心；第9條規定：設陽明教養院、浩然敬老院、家庭暴力暨性侵害防治中心。據此形成臺北市政府社會局組織架構，如圖4-4：

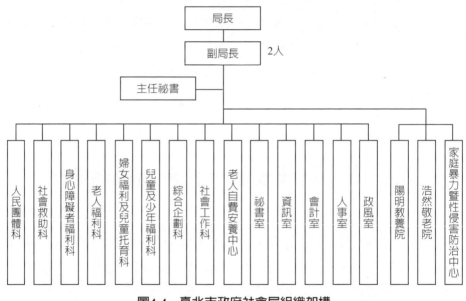

圖4-4　臺北市政府社會局組織架構

資料來源：臺北市政府社會局全球資訊網。

　　由圖4-4顯示，在臺北市政府社會局的組織架構中，目前設置的社會福利業務單位有：人民團體、社會救助、身心障礙者福利、老人福利、婦女福利及兒童托育、兒童及少年福利、綜合企劃、社會工作等八個科。另，社會福利機構有：陽明教養院、浩然敬老院、老人自費安養中心、家庭暴力暨性侵害防治中心，以及各行政區社會福利服務中心。其中，社會福利業務單位的設計，與社會局組織規則的規定相符；社會福利機構的設計，亦與社會局

組織規則的規定相符。

二、高雄市政府社會局組織架構

　　高雄市於1979年由省轄市改制爲直轄市，2009年6月又經行政院核定，將高雄縣併入高雄市，以擴大行政區域。高雄市是臺灣南部地區最早成立的直轄市，其社會局對於執行社會福利業務，亦扮演重要角色。

　　依據2013年5月修正之高雄市政府社會局組織規則第3條規定，社會局設下列各科室，分別掌理各有關事項：(1)人民團體科、(2)社會救助科、(3)老人福利科、(4)身心障礙者福利科、(5)兒童及少年福利科、(6)婦女及保護服務科、(7)社會工作科、(8)祕書室。另外，第5條規定：得在各行政區分設社會福利中心、婦幼青少年活動中心、兒童婦女保護之家；第9條規定：社會局下設仁愛之家、長青綜合服務中心、兒童福利服務中心、無障礙之家、家庭暴力及性侵害防治中心。高雄市政府社會局組織架構，如圖4-5（見次頁）。

　　由圖4-5顯示，在高雄市政府社會局的組織架構中，目前設置的社會福利業務單位有：人民團體、社會救助、老人福利、身心障礙者福利、兒童及少年福利、婦女及保護服務、社會工作等七個科。另，社會福利機構有：仁愛之家、兒童福利服務中心、無障礙之家、長青綜合服務中心、家庭暴力及性侵害防治中心、婦幼青少年活動中心，以及東區、西區、南區、北區、中區綜合福利服務中心。其中，社會福利業務單位的設計，與社會局組織規則的規定相符；社會福利機構的設計，亦與社會局組織規則的規定相符。

　　如果進一步比較臺北市與高雄市的社會局組織架構，可以發現在社會福利業務單位方面，其相同之處，是兩市的社會局都設有人民團體科、社會救助科、身心障礙者福利科、老人福利科、兒童及少年福利科、社會工作科；其相異之處，是臺北市社會局設有綜合企劃科，並將婦女福利與兒童托育合併設爲一個科，而高雄市社會局則將婦女福利與保護服務合併設爲一個科，也無企劃科之設置。

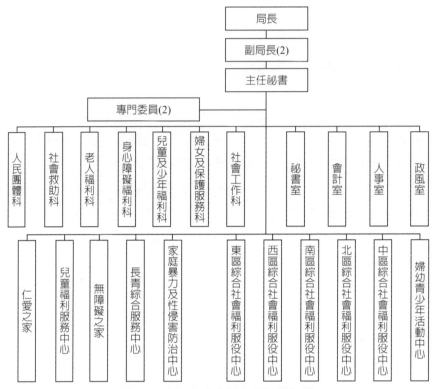

圖4-5 高雄市政府社會局組織架構

資料來源：高雄市政府社會局全球資訊網。

在社會福利機構方面，其相同之處，是兩市的社會局都設有社會福利服務中心、家庭暴力及性侵害防治中心，以及老人福利機構（臺北市為浩然敬老院、老人自費安養中心，高雄市為長青綜合服務中心）、身心障礙福利機構（臺北市為陽明教養院，高雄市為無障礙之家）；其相異之處，是高雄市設有兒童福利中心、婦幼青少年活動中心，而臺北市並未設置此類機構。

第四節　我國縣市社會處組織架構

　　我國社會福利行政的主管機關，在縣市為縣市政府。目前，臺灣除了六個直轄市之外，有16個縣市。這16個縣市政府負責執行社會福利業務的單位，除了南投縣政府設置社會勞動處、連江縣設置衛生福利局之外，其餘14個縣市均設置社會處。茲以彰化縣與新竹市為例，略述其社會處的行政組織架構：

一、彰化縣政府社會處組織架構

　　根據2013年12月修正之彰化縣政府自治條例第6條第11款規定，社會處掌理社會福利、公益慈善事業及社會救助、人民團體之輔導、合作事業等事項。彰化縣政府社會處的組織架構，如圖4-6：

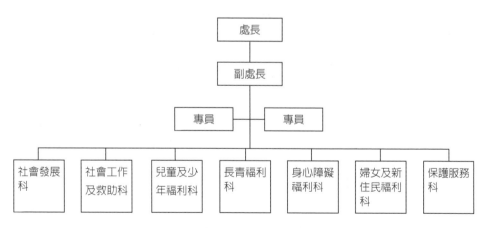

圖4-6　彰化縣政府社會處組織架構

資料來源：彰化縣政府社會處全球資訊網。

　　由圖4-6顯示，在彰化縣政府社會處的組織架構中，社會福利業務單位有：社會發展、社會工作及救助、兒童及少年福利、長青福利、身心障礙者

福利、婦女及新住民福利、保護服務等七個科。其中,除了縣政府自治條例中所規定的人民團體、合作事業整併於社會發展科之外,其餘社會福利業務單位的設計,大致上與自治條例的規定相符。

二、新竹市政府社會處組織架構

依據2022年4月修正之新竹市政府自治條例第7條第9款之規定,社會處掌理社會行政、社會救助、社會工作、老人福利、身心障礙者福利、婦女兒童及少年福利等社會福利事項。新竹市政府社會處的組織架構,如圖4-7:

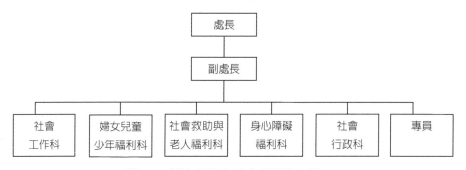

圖4-7　新竹市政府社會處組織架構

資料來源:新竹市政府社會局全球資訊網。

由圖4-7顯示,在新竹市政府社會處的組織架構中,社會福利業務單位有:社會工作、婦女兒童少年福利、社會救助與老人福利、身心障礙者福利、社會行政等五個科。這些業務單位的設計,都與市政府自治條例的規定相符。

如果進一步將彰化縣與新竹市的社會處組織架構加以比較,不難發現兩者在社會福利業務單位的設計上,異同互見。

其相同處有二:一是在單位名稱上,將兩項業務整併於一個單位的情形頗多,例如:社會工作及救助科、救助及老人福利科、婦女兒少福利科,這

大概與縣市資源較少有關；二是在業務內涵上，保護服務漸受重視，彰化縣單獨設置保護服務科，新竹市社會處社工科也有一半業務，屬於保護服務。

至於相異之處，比較明顯的是有關人民團體與社區發展業務，其執行的內容相同，而執行單位的名稱各異，彰化縣將這兩項業務放在社會發展科，新竹市則將這這兩項業務放在社會行政科。也許，「社會行政科」沿用多年，習焉不察，其實社會福利行政實務的相關業務，都可簡稱為社會行政，所以採用「社會發展科」，似較合乎邏輯，也較具發展性。

抑有進者，以地方政府（直轄市、縣市）社會局處的社會福利業務單位，對照中央政府（衛福部、衛福部社家署）的社會福利業務單位，兩者之間也有兩個明顯的差異：一是社會保險屬於中央政府業務，地方政府只對特定的弱勢者提供保險費補助；二是人民團體與合作事業，在中央政府已不屬於社會福利業務（係內政部主管之業務），但是在地方政府，仍舊沿襲傳統，保留這兩項業務，作為支援社會福利服務的重要措施。

當然，這種「中央權責分立、地方業務整合」的情況，在其他社會福利業務，例如：長期照顧、災害防救、保護性服務等社會福利措施，也可能發生。而且，基於地方自治、因地制宜的原則，各地方政府似無可能比照衛生福利部組織調整的方式，將社會局處與衛生局處整併。因此，一種比較務實的思考途徑，是建構中央「一對二」的基本互動模式（張四明，2014：130）。具體而言，中央衛生福利部的各個單位，在推動社會福利措施的過程，必須同時對應地方政府的社會局處與衛生局處，藉此強化組織上下、左右之間相關單位的協調整合，以發揮行政組織的效能。

第五節 他國中央社會福利行政組織型態

在我國，中央政府社會福利行政組織的設計，是將社會福利（social welfare）與衛生（health）兩種業務加以整合，成爲衛生福利部（Ministry of Health and Welfare），作爲國家社會福利的主管機關。

在先進國家之中，有些國家對於中央政府社會福利組織的設計型態，與我國類似。例如：美國的衛生及人群服務部（Department of Health and Human Service）、韓國的健康與福祉部（Ministry of Health and Welfare）、瑞典的健康與社會事務部（Ministry of Health and Social Affairs）、芬蘭的社會事務與健康部（Ministry of Social Affairs and Health）（林萬億，2010a：14）。

其他國家對於中央政府社會福利組織的設計，則有不同的型態，例如：英國設置工作與年金部（Department of Work and Pension）、新加坡設置社會發展與體育部（Ministry of Community Development and Sports）、日本設置厚生勞動部（Ministry of Health, Labor and Welfare）、澳洲設置家庭與社區服務部（Department of Family and Community Services）、紐西蘭設置社會發展部（Ministry of Social Development）、德國設置聯邦勞動暨社會事務部（Federal Ministry of Labor and Social Affairs）。

爲了擴大視野，了解其他國家的情況，茲以美國、德國、日本爲例，略述其中央政府社會福利組織設計的型態：

一、美國衛生及人群服務部的組織架構

1980年，美國雷根總統批准成立「衛生及人群服務部」（Department of Health and Human Service, DHHS），作爲聯邦政府主管社會福利的最高行政組織，負責全國的醫療照護、食品和藥物安全，以及各種人群（兒童、老人、印地安人、物質濫用者）的福利服務。美國衛生及人群服務部的組織架構，如圖4-8：

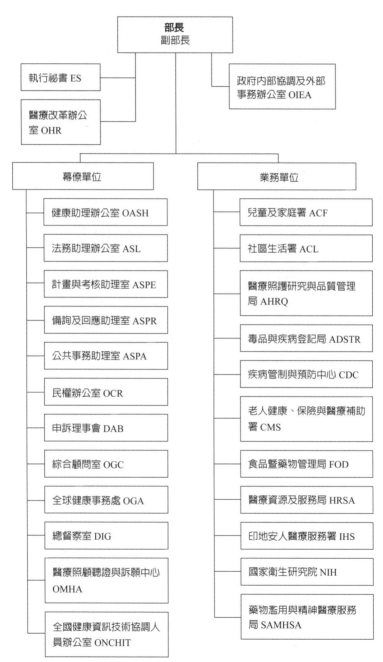

圖4-8 美國衛生與人群服務部組織架構

資料來源：Retrieved from http://www.hhs.gov/about/orgchart.檢索日期：2017/5/18。

由圖4-8顯示，美國的社會福利行政組織架構，是由衛生（health）與人群服務（human services）兩個專業領域整併而成。在聯邦政府層級，社會福利主管機關稱爲衛生及人群服務部，其下10個業務單位之中，專責辦理社會福利的單位，主要爲：兒童及家庭署（Administration for Children and Families, ACF）、老人健康保險醫療補助署（Centers for Medicare & Medicaid Services, CMS）、社區生活署（Administration for Community Living, ACL）。

二、德國聯邦勞工及社會事務部的組織架構

德國在聯邦政府的部會之中，與社會福利最有關聯的行政組織，是聯邦勞動暨社會事務部（Federal Ministry of Labor and Social Affairs），負責規劃全國的勞動領域及社會福利領域的政策、法規，並監督其所屬機關各項任務之執行。德國聯邦勞動暨社會事務部的組織架構，如圖4-9：

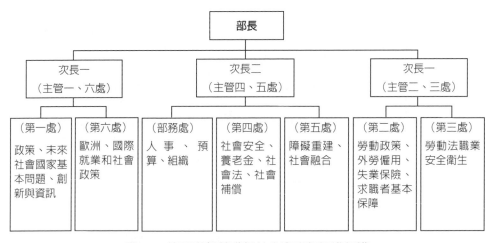

圖4-9 德國聯邦勞動暨社會事務部組織架構

資料來源：簡建志，2009，p.228。

由圖4-9顯示，在德國聯邦勞動暨社會事務部的組織架構中，與社會福利業務直接關聯的部分有二：一是第四處有關社會安全、養老金、社會法、社會補償；二是第五處有關障礙重建、社會融合。其他，第一處有關政策的部分，應該包括社會政策在內；第二處有關失業保險，也是社會福利關切的議題。

三、日本厚生勞動省的組織架構

日本於2001年進行中央政府組織再造，將厚生省與勞動省整併為厚生勞動省，成為掌理衛生、社會福利、勞動就業及保險年金四大類業務的最高行政主管機關。日本厚生勞動省的組織架構，如圖4-10（見次頁）。

由圖4-10顯示，在日本厚生勞動省的組織架構中，與社會福利業務直接關聯的單位為：兒童家庭局、社會・援護局、老健局、年金局。

綜觀美國、德國、日本等三個國家的中央社會福利行政組織，呈現三種不同的組織型態，美國是衛生與人群服務的整併，德國是勞動與社會事務的整併，日本是社會福利與勞動的整併。然而，這三種組織型態，卻也呈現一個共同的特色，就是整併為一個部（省）之後，再歷經多年修正或調整，如今已逐步建立制度，而組織的運作，也日益順暢。

反觀我國，2013年7月，將衛生與社會福利整併設部，為時不久，有些事務似乎還在磨合階段，有些舊有的習慣一時也還未調適。也許，我們可從這三個先進國家對於社會福利行政組織設計或再設計的經驗之中，獲得一些啟示作用。例如：

美國方面，在衛生及人群服務部部長之下，設有「政府內部協調及外部事務辦公室」（Office of Inter-government and External Affairs, OIEA），以及公共事務助理辦公室（Office of Public Affairs, OPA），有助於預防或化解「衛生」與「人群服務」之間的隔閡。

德國方面，在勞動暨社會事務部長之下，明確規定兩個次長各主管第幾

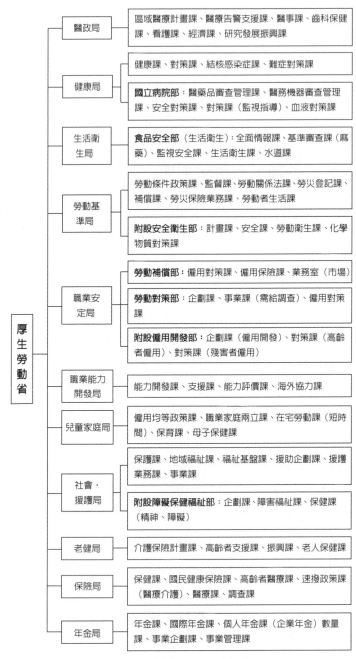

圖4-10　日本厚生勞動省組織架構

資料來源：retrieved from htpp://search-e-gov.80.jp/scarch/c.檢索日期2017/5/18。

處，既重視組織的水平分工，也重視垂直分工，而且權責分明，突顯德國強調責任政治的特色（簡建志，2009：65）。

日本方面，在厚生勞動省之下，設置11局，其中有7個局又針對其特定人群或需求，設置「部」；而且在「局」和「部」之下，針對其特定專業，設置「課」。雖然看起來有點複雜，甚至「古板」、「無趣」，但是日本對於專業的專注，尤其對於對策的考慮周詳，都是值得我們深思之處。

最後，歸結本章要點，首先從我國社會福利行政組織的演變，了解臺灣受到國民政府時期傳統社會行政的影響，將人民團體與合作事業，設計在社會福利行政組織之中，直到2013年衛生福利部成立，才將這兩項業務留給內政部負責，但是地方政府社會局處仍持續設有主管人民團體的單位。接著，說明衛生福利部、衛生福利部社家署的組織架構；再以臺北市、高雄市、彰化縣、新竹市為例，略述我國直轄市社會局、縣市社會處的組織架構，顯示中央與地方社會福利行政組織「一對一」的互動關係，有必要調整為「一對二」的互動模式，以因應行政組織的演變。文末，比較美國、德國、日本的中央社會福利行政組織型態，一則讓我們擴大視野，了解他國社會福利行政組織的多樣型態；二則讓我們重新思考，跨領域結合的組織，如何逐步融合為一體，以發揮組織的功能，而有利於後續政策形成等行政實務之運作。

第五章
社會政策的形成
及其轉化

社會福利行政組織的主要執掌，是社會福利相關政策之擬定、法規之規劃，以及其他社會福利計畫及業務之規劃與執行。

例如：我國衛生福利部組織法第二條，第一款有關衛生福利部掌理的事項為：衛生福利政策、法令、資源之規劃、管理、監督與相關事務之調查研究、管制考核、政策宣導、科技發展及國際合作。其中，政策之規劃，是所有行政實務的首要任務，也是後續法規規劃及其他業務執行之主要依據。

政策，有很多種類。實務社會工作者在助人過程中，經常列入考量的政策有：個人政策、團體政策、組織政策、社會政策（Midgley, et al., 2000: 57）。其中，社會政策，是我們即將探討的政策。

本質上，社會政策是社會福利行政工作的主要依據。史基摩（Skidmore）曾將社會福利行政的意義，界定為：轉換社會政策為社會服務的過程（the process of transferring social policy into social services）（Skidmore 著，蔡啓源譯，1998：3-4）。由這個定義顯示，社會福利行政的主要工作，在於形成社會政策，並將社會政策轉化為可以執行的服務方案或活動。這也是社會福利行政的重要特質，甚至可將社會福利行政視為一種以政策為基礎的專業（a policy based profession）（Lohmann & Lohmann, 2002: 251）。

況且，在邏輯上，「社會問題－社會政策－社會立法－社會行政」之間有一種連帶關係。通常，一個國家或政府為了處理重大的社會問題，必須訂定社會政策；為了有效實施社會政策，必須制定社會立法；然後，社會福利行政人員依法行政，以解決社會問題，增進社會福利。

因此，社會福利行政人員要扮演一個稱職的政策實施者（policy practitioner）（Patti, 2009: 254），必須了解社會政策形成（formulation）的過程，進而將社會政策轉化（transformation）為社會法規及社會服務，以便於付諸實施。這一章，我們先聚焦在政策形成與轉化的「過程」（process），以及相關決策類型的運用，隨後第六章討論社會福利計畫之「規劃」（planning），第七章討論社會福利計畫之「執行」（implement）。

第一節　社會政策形成的過程

政策形成（policy formulation），也稱為「政策擬定」（王秀燕，2016：374；賴兩陽，2005：201）、「政策制定」或「政策規劃」（李易駿，2013：81）。

我們在探討社會政策形成的過程之前，有必要先說明社會政策的意義，以便掌握其重點（focus）及方向（locus），並與社會福利行政相互呼應。依據美國《社會工作詞典》（*The social work dictionary*）的解釋：

社會政策（social policy），是一個社會的作為與原則（activities and principles），用以指導個人、團體、社區、機構之中，涉及關係時的干預（intervenes）或管制（regulates）的方式。這些作為或原則，係由社會的價值和慣例所形成，並據以決定人群的資源配置（distribution of resources）與福祉層次（level of well-being）。通常，社會政策包括：教育、健康照顧、犯罪矯正、經濟安全，以及由政府、志願組織和一般人民所共同提供的社會福利之計畫及方案；有時，也涉及社會獎賞與約束（society's reward and constraints）的社會觀點（Barker, 2014: 399）。

這個定義，有三個重點：一在性質上，社會政策是公共政策的一環，針對公共利益的干預或管制方式，提供基本的作為與原則；二在策略上，社會政策必須結合資源配置、福祉層次、社會獎賞、社會約束之決定，以確保政策之實踐；三在範圍上，社會政策必依據社會環境的實際需求而制定社會福利、教育、健康照顧、犯罪矯正、經濟安全等政策。

據此可知，廣義的社會政策，包括社會福利政策、教育、司法等公共政策；狹義的社會政策，就是社會福利政策。同時，在社會政策形成過程中，

對於社會政策的實施策略、實施範圍，也必須有所決定或制定。

實質上，社會福利政策或社會政策的形成，是一種決定或制定的過程。用學術的語言來說，社會政策的形成，就是決策程序（decision-making process）之一部分，必須放在決策過程的脈絡中來討論。

依據斯塔林（Starling）的見解，行政機關對於重要政策的決策程序，可分成七個階段（Starling著，陳志瑋譯，2015：67）。社會政策的形成應該也可適用這七個步驟。以下略作申述：

一、問題認定（problem identification）

自從有人類歷史，就有社會問題，而且隨著環境變遷，社會問題可能改變，也可能出現新的社會問題，必須有人加以覺察、關切，促使其發展為公共議題，才形成為社會問題。

何謂「社會問題」（social problem）？一個最簡單的解釋為：

> 它是人們之中的某些行為，違反了人群的價值和規範，引起某些人
> 在情緒上或經濟上感到痛苦的一種情境（Barker, 2014: 399）。

例如：犯罪問題，侵犯了被害人的權益；貧窮問題，使低收入者的生活陷入困境；藥物濫用問題，傷害使用者的身心健康。這些社會問題，可能引起利害關係人（警察、社會福利行政人員、社會工作者、醫師、護理師、被害人家屬）的關切，認為政府有關權責單位應該加以處理。

二、議程設定（agenda setting）

即使有一些人指出社會問題的存在，並不表示其對應的社會政策就會應

運而生，官方必須將此一社會問題列入政府的政策議程裡，才有可能落實到政策面。

通常，一個問題，其原因是社會的、影響到社會大多數人的生活，且必須倚賴社會的共同努力才能解決的問題，才有資格稱之為社會問題。換言之，當一個問題的影響人數相當多，造成大家共同的困擾，也成為輿論的焦點，才有可能促使政府認知問題的嚴重性，而將它列入政策的議程中，研議處理的策略。

然而，知易行難，隨時都有許許多多的社會問題發生，而且都試圖引起官方的注意。但是，議程討論的項目有限，無法納入所有的社會問題，只有比較重大的社會問題才會被列入討論。

三、政策建議案的形成（policy formulation）

一旦政府當局開始面對重大的社會問題，並探討其因應的對策時，這個階段稱為政策形成階段。

就社會福利行政機關或機構而言，有權決策的人物，是少數政務官或高階的行政領導者，他們主導著一個系統化對策或行動計畫的發展，試圖去解決社會問題，或者讓社會問題的影響程度極小化。而人數較多的事務官、基層行政人員或實務工作者，則被期待或被要求提出各式各樣的政策建議，以供決策者參考。

四、政策採納或立法（policy adoption or legitimization）

社會政策建議案形成之後，通常以「政策性計畫」提案的方式，在正式會議中議決；或者以「行政文件處理」的方式，依行政程序簽請機關首長核示、公告。有時候，也由機關首長在「施政報告」中，直接宣布，正式採納

為社會政策。

　　有些社會政策，涉及人民的權利或義務，則由政府行政部門或利益團體提出立法之呼籲，或者擬定立法草案，提請立法機關完成立法程序，以確保社會政策的正當性及合法性。當然，各級立法機關的立法委員、議員、民意代表，也可直接提出法案，進行立法程序。

五、編列預算（budgeting）

　　社會政策被採納之後，必須由政府相關單位編列預算（budgeting）或撥款（appropriation）支應，以便有經費可以執行政策，完成目標。

六、執行（implementation）

　　有了預算或專款之後，社會政策的計畫或立法，轉回到社會福利行政機關或機構，由社會福利行政人員負責執行，或者依契約委外執行。

七、評量（evaluation）

　　社會政策執行之後，必須評量政策目標達成的情況，以作為持續改善之參考。

　　綜觀上述七個階段，突顯兩個重點：就其關鍵性而言，第三階段之政策建議案的形成，是整個決策過程的核心，具有承上啟下的作用，亦即對上是因應重大社會問題而擬定解決的對策，對下是作為解決問題的依據，並據以執行。就其呈現的型式而言，社會政策可能以各種型式來表示政府解決社會問題的意圖，包括：政策性計畫、施政計畫、預算編列、會議決議、首長

施政報告。有時候，首長的意思表示及談話，也被視爲一種政策（李易駿，
2013：31）。

　　無論如何，社會福利行政人員在政策形成過程，經常要扮演重要的角
色。雖然，政策的形成，其主要推手是行政部門的首長或政務官，但是行政
首長在推動政策形成的過程，通常也會蒐集或徵詢部屬及其他人的意見。因
此，基層的社會福利行政人員是社會政策形成的參與者，必須就其工作職責
或實務經驗，提供意見，作爲決策者決定社會政策之參考。

　　簡言之，任何社會政策形成的過程，都和整個組織的成員有關，從行政
首長到基層人員，都有機會參與，而且必須積極參與。至於行政首長的主要
功能，是如何使政策的形成達到最佳狀態，這也是機關首長的權力與責任之
所在。

第二節　由政策轉化爲法規的過程

　　前述社會政策形成的過程，其第四個階段是政策採納或立法（policy
adoption or legitimization）。在這個階段，有兩方面的處理方式：一方面針
對一般政策，由行政首長裁定後，採納爲社會政策，直接付諸實施；另一方
面針對那些涉及人民權利或義務的政策，透過立法程序，完成社會立法，作
爲依法行政的依據。

　　習慣上，討論社會政策之後，會接著討論社會立法，而且無論社會政
策或社會立法都必須轉化爲行動，始能發揮其實際效用，達成社會福利的目
的。實質上，社會立法也是社會政策的另一種形態。因此，我們先探討社會
政策轉化爲社會法規的過程，然後再探討社會政策轉化爲社會服務的過程。

　　政策與立法經常被相提並論，甚至有些公共行政學者認爲：法規集合起
來，即是政策的延伸（Starling著，陳志瑋譯，2008：71）。推究其意，將社

會政策轉化爲社會法規，既可突顯社會政策的正當性，又有助於確保社會政策的實踐性。

同時，我們在探討社會政策轉化爲社會法規之前，有必要先了解「社會立法」的意義。就字面來看，社會立法乃是政府執行社會政策的法律，或政府將社會政策完成法律之立法（李易駿，2013：29）。就學理來看，依據美國《社會工作詞典》（*The social work dictionary*）的解釋：

> 社會立法（social legislation），是爲了人群的福利需求、經濟安全、教育及文化成長、公民權、消費者保護，以及回應社會問題的方案，而賦予法律規定（laws）與資源配置（resource allocations）（Barker, 2014: 399）。

這個定義，有兩個重點：一在性質上，社會立法是有關公共利益法規之訂定，並依法配置相關資源（經費、人力），以強化其實踐性；二在目的上，社會立法在於回應社會問題，以滿足人群的福利需求、教育及文化成長、公民權保障、消費者保護。

職是以觀，廣義的社會立法，包括社會福利法規及其他相關法規的訂定；狹義的社會立法，就是社會福利法規的訂定。

進而言之，無論廣義或狹義的社會立法，一個法規的訂定，通常由政策轉化而來，而且必須經過若干階段，逐步完成立法的程序。從政策到立法，一個最簡單的過程爲：問題確認及政策解決的策畫（problem definition and proposal of a policy solution）、政策合法化（legitimatization of the policy）、執行（implementation）等三個階段（Popple & Leighninger, 2008: 136）。其中，政策合法化階段，就是將前一階段所策劃的「政策」，轉化爲「法規」的過程。

對於政策合法化或立法的過程，布雷克摩（Blakemore, 2003: 111）曾根據英國的情況，繪表說明社會政策如何轉化爲社會法規。雖然，臺灣與英

國的國情不同，英國國會有上議院、下議院，臺灣則以立法院為最高立法機關；英國常以「綠皮書」（green paper）公開宣示政府的政策，臺灣則很少提出綠皮書。但是，臺灣與英國在政策合法化的過程，仍有許多相近之處。

　　茲參考布雷克摩（Blakemore）的架構，將我國中央政府層級有關社會政策轉化為社會法規的過程，彙整為圖5-1，並略加說明：

		社會政策
		立法規劃開始 ↓

立法之規劃	1.提出規劃案	依政策理念或政策變遷，提出立法之規劃案。
	2.諮詢專家學者	籌組諮詢或顧問小組，對立法之規劃，進行討論。
	3.辦理公聽會	將立法規劃案之文件或綠皮書向社會大眾說明，或公開討論。
	4.草擬法律制定案	由政府主管機關或國會助理再檢視規劃的法案，並草擬法律制定案。

立法過程開始 ↓

立法之程序	5.提案	政府提案、立法委員提案，或依據人民請願案而形成議案。
	6.列入議程	由立法機關程序委員會將提案排入議程。
	7.一讀	針對政府之提案，宣讀標題；針對立法委員之提案，摘要說明。
	8.委員會審查	進入審查程序，交由相關委員會進行審查，聽取提案者報告，進行討論、修正，完成審查紀錄。
	9.二讀	朗讀議案，宣讀審查紀錄；逐條進行討論，仔細檢查及修正。
	10.三讀	簡要討論、文字修正，全案交付表決，通過後完成立法程序。
	11.公布	咨請總統公布。

法規生效 ↓

		社會法規

圖5-1　社會政策轉化為社會法規的過程

資料來源：修改自林勝義，2018，社會政策與社會立法，P.42。

由圖5-1顯示，將社會政策轉換爲社會立法的過程，有兩大階段：第一個階段是立法之規劃，第二個階段是立法之程序。其中，第一個階段有關立法之規劃，尤其是草擬法律制定案，常由社會福利行政人員負責起草工作，後文將深入探討。至於第二階段有關立法之程序，屬於立法委員的權責，而且在「社會政策與社會立法」的課程，會有更深入的討論，這裡只擇要略述，以免重複。

一、立法之規劃

立法之規劃，就是立法的前置作業。政府行政部門基於立法之需求，通常以任務編組方式，成立法案規劃小組或委員會，並依照下列四個步驟進行立法議案之規劃：

（一）提出規劃案

一個新法案的規劃，通常由政府行政部門提出。如果由立法委員提出，也常以委任立法的方式，交由行政部門進行規劃，或者要求行政部門提出相對法案（簡稱：對案）的規劃，以便相互對照或併案處理。

何以大部分的法律制定，係由行政機關提出並規劃？可能的原因有二：一是法律案的創制是由政策形成而開始作業的（羅傳賢，2016：115），而且行政機關對於解決問題的政策目標或政策變遷，比較「在行」（expert），適合由他們提出法律規劃案；二是行政機關最接近實際行動，最能看到現有法律的瑕疵或不足，而且立法機關也期待那些眞正接觸問題的人，能提出新法案或修正案，所以由行政機關提出，這並不奇怪（Starling 著，陳志瑋譯，2008：69）。

同時，當某一機關（立法機關、行政機關）決定制定法規時，必須透過公告（可在官網公告），說明所要制定的法規，載明何時進行該法規的制定，以及該法規的主要宗旨與內容爲何。

（二）諮詢專家學者

任何新法案的規劃，尤其社會福利法案，攸關人民的權利與義務，必須慎重爲之。通常，法規規劃小組或委員會在適當的時機，會邀請法案相關領域的專家、學者，針對法案規劃相關事宜，進行討論。

必要時，行政機關也可能另行籌組諮詢或顧問小組，以便法規規劃小組或委員會的成員，可隨時向諮詢或顧問小組請益，或擇期共同開會，廣泛進行討論，使法案規劃更臻於周延。

（三）舉辦公聽會

法案規劃案經過專家學者討論之後，大致上已具雛形。接著就是分區（北、中、南、東）舉辦公聽會（hearing），將規劃案的文件或綠皮書向社會大眾說明。公聽會的主要目的，在於集思廣益，博採周諮，徵詢有關機關、團體、利害關係人及更多專家學者的意見，以便對規劃案作進一步的修改，並符合民主的要求。至於公聽會的進行方式，將於第九章說明。

（四）草擬法律制定案

在公聽會之後，立法規劃案回到法案規劃小組或委員會進行修改及全盤檢視，並著手草擬法律制定案（其由立法委員提出者，由國會助理檢視及草擬）。通常，法案起草非一蹴可幾，必須循序漸進。在起草前，最好擬定一個起草工作計畫，必要時成立「起草小組」，並分四個階段進行起草工作（羅傳賢，2016：116-117）：

1. **先期作業階段**：其主要工作是邀請政府有關機關開會，協商起草工作的分工，指派人員蒐集資料，提出立法的原則、要點、架構及預定時程。

2. **起草作業階段**：將已經確定的立法原則、要點及架構，交由各有關機關、單位，分別草擬條文及說明，並依時程表所規定之時間，送交承辦人員彙整。

3. **草案彙整階段**：由起草小組或起草的單位，分別指派參與人員，針對

草案條文，進行綜合整理及編排，形成草案初稿。

4.**草案完成階段**：邀集學者、專家、相關機關及團體的代表，針對草案初稿進行研討及修正，形成法律草案。通常，法律草案的結構，除了總說明之外，係以表格方式，逐一陳列條文，並且在說明欄簡要說明該條文相關事項。

法律制定案草擬完成之後，一般都需經過審查，始能定案。以社會福利法規草案爲例，必須經過三個階段的審查。第一階段由衛生福利部法規委員就法規體系與法律術語進行審查，第二階段由衛生福利部部務會議進行確認，第三階段由行政院審議，經行政院院務會議通過後，函送立法院，進入立法程序。

二、立法之程序

立法院代表人民行使立法權，其立法之程序相當嚴謹及繁雜，至少包括下列七個步驟：

1.**提案**：由政府（主要爲行政院）提案、立法委員三十個人以上連署提案，或是依人民請願案形成議案，由立法院祕書處收受，提報程序委員會處理。

2.**列入議程**：程序委員會將提案排入議程。

3.**一讀**（first reading）：由立法院祕書長針對政府的提案，宣讀法案的名稱；針對立法委員的提案，摘要說明。一讀之後，可能的處理的方式：一是付委員會審查，二是不予審查，三是逕付二讀（羅傳賢，2016：529）。

4.**委員會審查**：法律案進入審議程序之後，由相關委員會進行審查（社會福利相關法案係由福利與衛生環境委員會進行審查），聽取提案機關或提案委員報告，進行討論、修正，完成審查紀錄。

5.**二讀**（second reading）：由祕書處朗讀議案，宣讀委員會之審查紀錄，然後逐條進行討論，仔細檢查及修正。出席的立法委員如有正反意見且

僵持不下時，則就相關條文或全部條文逐條進行表決。

6.三讀（third reading）：簡要討論，除非發現議案的內容相互牴觸之外，只得進行文字之修正，不得再為實質問題之辯論。最後，將議案全案交付表決，表決通過，即完成立法程序。

7.公布：由立法院行文，咨請總統公布。法律經由總統公布之後，始正式生效。

也許，有人認為法規完成立法程序之後，行政人員就可以據以執行。這樣的想法，與事實尚有一段距離。通常，法規出爐之後，行政部門還有更廣泛的事務必須處理，長期的工作是完成法規所賦予的使命（long on mission），短期的工作是訂定施行細則（short on detail），以便透過必要規範、個別程序、施行準則及其他細節，落實法規的執行。這些行政程序，有時被稱為「第二次立法」（secondary legislation）（Popple & Leighninger, 2008: 134）。對於這一點，傅雷恩（Flyn, 1992: 8）曾觀察行政部門相關法規施行細節的組成，發現它們包羅萬象，有：備忘錄、使用手冊、規則、言詞指令（法規解釋或發布行政命令）。而且，他認為這些才是社會立法最貼近社會福利行政實務的部分，這對於社會福利行政實務的運作，常有重要的影響力。

必須補充說明的是：除了中央政府層級之外，地方政府層級亦可依據地方制度法第25條之規定：「直轄市、縣（市）、鄉（鎮、市）得就其自治事項或依法律及上級法規之規定，制定自治法規」，進行相關法規之訂定。一旦地方政府決定將該政府的社會政策轉化為自治法規，則其轉化的過程（包括立法之規劃、立法之程序），與中央政府層級的情況沒有多大差異。另外，有關法規之修正案，通常亦須比照新法案的立法規劃及立法程序，依序辦理。

總的來說，無論中央政府層級或地方政府層級，在社會政策轉化為社會法規的過程中，社會福利行政人員都扮演重要的角色，他們可能需要做的工

作，包括：

(1) 承辦立法之規劃案的業務，公告所要制定的法規。

(2) 被指派為法規規劃小組或委員會的成員。

(3) 依據法規規劃小組或委員會的工作分配，蒐集或彙整規劃案的相關資料。

(4) 奉命擔任法案起草人（draft's man）。

(5) 辦理法案規劃案分區公聽會或說明會。

(6) 代表提案單位，出席立法院福利與衛生環境委員會審查會議，提出提案報告並接受詢問。

(7) 於法規公布後，負責或參與施行細則之訂定。

(8) 依權責訂定法規實務操作使用手冊、規則，並針對利害關係人所提法規疑義，進行解釋。

第三節 由政策轉化為服務的過程

政策必須轉化為行動（action），否則政策僅是停留在好主意（good intention）的階段（吳瓊恩，2016：483）。當今政府最大的問題，不在於決定出字面上合理的政策，而在於如何將政策目標轉化為具體的特定行動（Starling著，陳志瑋譯，2015：458）。因此，社會福利行政機關在形成社會政策之後，必須將社會政策及其相關法規，再轉化為可操作的社會服務，始能發揮社會政策的效用，進而達成增進社會福利的目的。

在探討社會政策轉化為社會服務之前，我們有必要先了解「社會服務」的意義，使轉化的行動更加聚焦。依據美國《社會工作詞典》（*The social work dictionary*）的解釋：

社會服務（social service）是從事人群服務的人，促進人們健康和福祉的活動（activities），以協助人們變得更能夠自我實現、預防依賴、強化家庭關係，並重新促使個人、家庭、團體或社區成功地發揮其社會功能。

社會服務的特定類別，包括：協助人們取得適當的財務資源以滿足他們的需求、評估人們有關於照顧兒童或其他依賴者的能力、提供諮商及心理治療服務、提供轉介與服務輸送管道、提供類似調停者（as a mediator）的服務，為社會事件而倡導；以及告知（人群服務）相關的組織，他們的義務是促進個人做好健康照顧的準備，並連結資源給個人（Barker, 2014: 401）。

這個定義有三個重點：一在性質上，社會服務是一系列的活動；二在服務類別上，社會服務有特定的工作，包括：協助人們取得財務資源、評估人們的照顧能力、提供諮商和治療服務、提供轉介和服務管道、調停、社會倡導、告知相關組織應盡的義務；三在功能上，社會服務在於促進人們的健康與福祉。

據此可知，社會服務是一系列的「活動」，所以也稱為社會服務活動（social service activity），這裡所說的「服務」或「活動」，是當作動詞來用，其所強調的是具體行動。即使有時候稱為社會服務方案（social service programs），但它與經過方案設計過程而產生的方案（program）或專案（project）仍有所不同，通常「方案」或「專案」是計畫之一種，當作名詞來用（方案與專案將在第六章討論）。

再者，這個定義所列舉的社會服務，有一般類別，也就是促進健康和福祉的活動，例如：兒童福利服務、青年就業服務、獨居老人送餐服務等；還有特定類別。尤其在特定類別之中，協助人們取得財務資源、調停（協調）、告知相關組織（溝通）、倡導（行銷）等項目，都是社會福利行政的

重要議題，也是社會福利行政人員的工作內容。

　　至於如何將社會政策轉化為社會服務？或者如何依據社會政策擬定社會服務活動計畫（或方案）？巴塔雀亞（Bhattachaya, 2006: 105-106）認為，當政策決定之後，社會服務方案（他也稱社會福利服務方案）的形成，變成一種相當重大而且複雜的任務，至少必須經過九個步驟：

一、服務方案形成的準備工作

　　步驟一，是服務方案形成的準備工作（preparation of program formulation）。由機關或機構指定一個團隊，負責服務方案的擬定。在工作期間必須準備：時間表、期待的結果、確認想要解決的問題及其所需資源、取得服務方案有關的必要資料。

二、分析本機關或本機構的情況

　　步驟二，是分析本機關或本機構的情況（analysis of original situation）。針對本機關或機構所處環境的實際情況，進行分析，而且能清楚地描繪本機關或機構的樣貌，包括：他們對於服務方案決定的過程，以及過去實施服務方案的經驗，有哪些是成功的？哪些是失敗的？

　　負責方案形成的團隊，對於這些經驗，必須聚焦在成功或失敗的原因，並且摘錄必要的資訊。

三、分析社會經濟情況與人口統計資料

　　步驟三，是分析社會－經濟情況與人口統計資料（analyzing the socio-economic and demographic situation）。針對那些可能影響本機關或機構的各

種背景因素，客觀地進行分析。

　　其分析的重點，放在社會－經濟的發展趨勢，以及人口統計資料的的分布狀況，以便於了解社會裡有哪些福利人口群需要優先為他們提供服務？依據目前經濟發展的情況，能夠提供何種水準的服務？

四、問題的分析及調節

　　步驟四，問題的分析及調節（analysis and projection of the problems）。我們必須面對的問題有哪些？服務所需要的資源有哪些？給它們一些假設：如果解決這些問題的相關政策及支持系統沒有改變，則既有的問題可能持續存在，甚至會有惡化的趨勢。

　　不管怎樣，我們必須立基於這些假設，來調節相關資源，以因應解決問題的需求。

五、設定想要達成的目的和目標

　　步驟五，是設定想要達成的目的和目標（achieving the objectives and targets）。經過前面機關機構情況、經社環境及人口、問題及資源的分析之後，隨之產生一個詳細的陳述：透過服務方案的提供，可減少哪些問題？未來必須再提供哪些不同的方案，才能轉變服務對象的處境而達成目標？

六、認清潛在的絆腳石

　　步驟六，是認清潛在的絆腳石（identification of potential obstacles）。事前預測在達成步驟五所設定目標的路途中，可能會出現哪些絆腳石？

七、策略的設計

步驟七，是策略的設計（design of strategies）。這是為了投入策略設計、彈性策略的選擇、有關於成本與必要條件的評估，以及在敏捷進行評估的考量之下，修正標的與策略，做成具有決定性的一個次級步驟（sub-steps）。

簡言之，負責服務方案擬定的團隊，在選擇規劃的策略時，其主要考慮因素，完全是為了讓服務方案能夠有效實施。

八、著手規劃服務方案

步驟八，是著手規劃服務方案（planning the programs）。這個步驟，是團隊確定有效完成設計的一種方式，團隊的思考方向，應該由發展什麼服務方案（what is to be develop），轉換為如何發展服務方案（how is it to be developed）。

九、撰寫服務方案計畫書

步驟九，是撰寫服務方案計畫書（writing the program）。依據機關或機構印製的服務方案計畫書格式，逐項填寫。如果服務對象在較早的步驟已實施「前測」（pre-examined），則相關資料必須合併列在計畫書之中，作為附件。

在服務方案尚未實施之前，掌握服務對象的情況，是非常重要的，它可以為服務方案的實施提供指引。

完成這些步驟之後，只要依據行政程序將所需經費編在預算裡、訂定一個時程表、建立控管系統，就可付諸實施，逐步達到預期的結果。

　　由上述九個步驟顯示，社會政策轉化為社會服務的過程，至少必須掌握三個重點：一是指定一個團隊，主司其事；二是舉凡組織的內部情況、外部環境、主要問題，都必須徹底分析；三是以有效達成目標，作為規劃社會服務方案的指引。

　　同時，社會福利行政人員在社會政策轉化為社會服務的過程中，可能是一個關鍵性人物，因為他們在社會福利機關或機構的任何職位，幾乎都與擬定、推動或辦理社會服務方案有關。例如：老人福利單位的行政人員，可能必須擬定及推動獨居老人送餐服務；兒少福利單位的行政人員，可能必須擬定或辦理社區保母諮詢服務。

　　此外，在擬定社會服務方案的過程，社會福利行政人員也常扮演重要角色，例如：擔任研擬服務方案團隊的成員、組織的內外環境之分析者、資源調節者、服務方案計畫書撰寫人。

第四節　主要決策類型的運用

　　本質上，社會政策的形成及其轉化的過程，就是一種決策（policy making）的過程，必須在許多可能的選擇之中，做出一個最佳的決定。

　　例如：在社會政策形成的過程中，有各式各樣的政策建議，必須有所抉擇；在轉化為社會法規的過程中，法規草案必須經過行政單位審查及確認，而在立法程序一讀會之後，必須決定是要付委員審查、不予審查或逕付二讀；在轉化為社會服務的過程中，要先決定發展何種服務方案，然後決定如何發展服務方案。這些關鍵性的選擇過程，就是決策的過程。

　　更重要的是，在整個決策過程（decision-making process）中，哪一個人或哪些人在做選擇或做決定？通常，以決策的人數來區分，有：個人決策（individual decision）、團體決策（group decision）、組織決策

（organizational decision）等三種決策類型（吳瓊恩，2016：489）。

我們回顧前面所述，在社會政策形成的過程中，其主要推手是行政部門的首長或政務官，但他們也可能徵詢部屬的意見，這可歸類為個人決策或團體決策。

在轉化為社會法規的過程中，法案規劃小組或委員會、法律草案起草小組或委員、立法院各程序委員會、院務會議，顯然是團體決策。

但是法律草案起草小組或委員會也可歸類為組織決策，因為在先期作業階段，必須邀請政府有關機關協商起草工作的分工，在起草作業階段也必須由各有關機關、單位，分別草擬條文及說明。

至於將政策或法規轉化為社會服務的過程中，由機關或機構指定一個團隊主司其事，當然是團體決策。不過，依據我國的慣例，係由相關科室的行政人員擬定社會服務活動或方案，這也可能有個人決策的情況。

無論如何，在社會政策的形成及其轉化為社會法規、社會服務的過程中，其所採用的決策類型，可能出現個人決策、團體決策或組織決策等不同類型，而且社會福利行政人員經常在其中扮演重要角色。

因此，我們有必要進一步探討這三種決策類型的運用時機及優缺點，一方面有助於了解社會政策的形成及轉化是如何被決策者拍板決定，以便在事前有所準備，在事後有所因應；另一方面可運用於其他相關決策，使決策過程具有正當性，也使決策結果更具可行性。

一、個人決策

組織中的個人，如同日常生活中的個人，經常要做出許多決定。在社會政策相關的決定方面，由決策者利用既有的資訊單獨做成決定，即為個人決策。

當決策者在解決問題時，其所面對的情境是習慣性的、本能性的、下意識的、重複的、自動的行為反應，就適合採用個人決策的類型（吳瓊恩，

2016：486）。

　　例如：對於低收入獨居老人送餐服務的社會政策或社會服務，是一種重複運作、有清楚的實施程序，就適合由相關單位的負責人個人決策。

　　這種個人決策的類型，由決策者自己獨立承擔決策成敗的一切責任，有其優點，亦有其缺點：

（一）個人決策的優點

　　「舉世皆濁我獨清，眾人皆醉我獨醒」，在這樣的情況下，一個人全權決策。可能有下列優點：

　　1. **節省時間**：面對問題，不需討論，決策者可逕行決定處理的對策或方案，既快速，又省力。

　　2. **易於保密**：涉及機密性的決策，只有決策者知道，對外容易保密。

　　3. **責任明確**：如果決策不夠周延，或者決策發生錯誤，決策者必須承擔全部責任，無法推卸給其他人。

（二）個人決策的缺點

　　「獨學而無友，則孤陋而寡聞」，或者「剛愎自用，自以為是」，這樣的個人決策，可能出現下列缺點：

　　1. **資訊較不完整**：決策者受限於個人的「有限理性」（bounded rationality），取得及處理資訊的能力有一定的限度（Simon, 1974: 241, 引自吳瓊恩，2016：489），因而對於決策所需資訊，往往較不完整。

　　2. **可能替代性方案較有限**：政策決定必須有一些替代性方案，以備選擇運用。但是個人決策常受限於他自己的價值觀，以及習慣性的反射作用（reflexes），對於解決方案的考量較難周延，所提出的可能替代方案也較有限。

　　3. **不利於組織士氣的提升**：個人決策不合民主程序，容易變成剛愎自用、獨斷獨行，而有專制獨裁之嫌，影響組織成員的士氣。甚至挑戰其決策

的正當性，因而降低對於政策的接受性（黃源協，2014：199）。

二、團體決策

透過團體、團隊或任務小組，甚至是社區居民共同參與的方式發展決策，即爲團體決策（黃源協，2014：197）。

使用團體決策的適當時機，有下列情況：(1)所要處理的問題，相對不確定或複雜，而有導致衝突的潛在性者。(2)所要處理的問題，需要跨部門或跨團隊的合作與協調者。(3)所要處理的問題及其解決方案，會對個人和團體造成嚴重的後果者。(4)有明確但非即時的期限壓力者（吳瓊恩，2016：491-492）。(5)廣爲接受與承諾，對成功執行而言，至關重要者。（Starling著，陳志瑋譯，2015：336）。

以社會政策的形成爲例，有關老人長期照顧的問題，涉及照顧的人力、經費、場所，需要衛生福利（照顧服務員培訓）、財政（增加贈遺稅、菸品稅）、內政（在村里辦公處設置「長照柑仔店」）等跨部門的合作與協調，適合於採用團體決策。這種團體決策的類型，其優缺點如下：

（一）團體決策的優點

「智者千慮必有一失，愚者千慮亦有一得」，集合眾人的智慧，共同完成決策。這種團體決策的類型，有下列優點：

1. **視野較寬廣**：團體的決策比個人決策有更寬廣的視野來界定問題，並且能共同評估問題背後的原因及其所產生的效應。

2. **可腦力激盪**：一個人常有其固定的思考模式，但不同風格的個人在團體中互動時，他們會彼此激盪，嘗試以新的方式來處理問題，並互補他人思考之不足。正如俗話所言：「三個臭皮匠，勝過一個諸葛亮」。

3. **資訊較豐富**：團體常可提供更多個人所未能掌握到的知識和資訊。

4. **較易有創意**：在團體中可呈現多樣性經驗與思考模式，以發展出解決

問題的方案，總比由一個「專家」閉門造車所能想出的方案，更有創意。

5. **有利於執行**：因爲有更多的人覺得他們參與其中，也比較了解所要處理的問題，以及到底需要做些什麼，進而降低執行時的阻力（Starling著，陳志瑋譯，2015：300）。

（二）團體決策的缺點

固然，「三個臭皮匠，勝過一個諸葛亮」，但是「一個和尙挑水喝，兩個和尙抬水喝，三個和尙沒水喝」。這種團體決策的類型，可能出現下列缺點：

1. **較費時間心力**：團體決策強調溝通協調的民主過程，往往爲了一個問題討論甚久，不但曠日廢時，而且所費不貲。

2. **易被少數壟斷**：團體決策可能碰到少數人在幕後把持及運作，如果這批人的才具平庸，會使決策的品質因而下降。

3. **責任模糊不清**：如果所決定的政策出差錯，責任歸屬並不清楚（吳瓊恩，2016：491-492）。

三、組織決策

以組織爲單位，討論決策的問題，是爲組織決策。組織決策的適用時機，常因決策者面對組織的不同情況，而使用相對應或相配合的決策模式（吳瓊恩，2016：492-496）。例如：

第一種情況，當組織的目標與達成目標的手段都很明確時，適合使用理性決策的模式（rational model）來解決問題。所謂「理性模式」，是決策者採取有系統的、邏輯的、分析的決策步驟，來解決所面對的問題。

第二種情況，當行政管理者對於組織的目標偏好不一致，但對於達成目標的手段有很明確的信念時，適合使用卡內基模式（Carnegie model）來解決問題。

所謂「卡內基模式」，是由各種專家參與決策，他們願意理性決定，但受限於「有限理性」，不得不採取談判或結盟（coalition）的方式來決定。

第三種情況，當行政管理者對於組織的目標偏好一致，只是達成目標的手段不明確時，適合使用漸進模式（incremental model）來解決問題。所謂「漸進模式」，就是依據密茲伯格（Henry Mintzberg）所提出的三個階段：認定問題階段（identification phase）、發展階段（development phase）、選擇階段（selection phase），以達成組織的決策。

第四種情況，當行政管理者面臨組織的目標偏好分歧，而達成目標的手段也不明確時，適合於使用垃圾桶模式（garbage can model）來解決問題。所謂「垃圾桶模式」，就是政策的決定像垃圾桶般，將問題、解決方案、個人不同的偏好及結盟等，都混合在一起，決策者只能見機行事，或經由試誤過程，來解決一部分問題，也可能問題未解決而繼續存在。

以社會政策的形成為例，為了維護居住正義、解決青年購屋問題，政府相關部門（內政部、衛福部、縣市政府）對於大量興建社會住宅的看法相當一致，但是對於社會住宅是採取出租或出售的方式，並不明確，故適合於使用漸進模式的決策，這就是一種組織決策。當然，不論決策單位以何種模式來做決策，只要是採用組織決策類型，也都難免有一些優點與缺點（吳瓊恩，2016：492-496；Starling著，陳志瑋譯，2015：300；黃源協，2014：182-193）：

（一）組織決策的優點

「聚沙成塔，集腋成裘」。這樣的組織決策，有下列優點：

1. **提供多元選擇**：可依據管理者對於組織目標的偏好，以及達成目標的手段，兩者之間的明確情況，而組合成多元的決策模式，以供選擇運用。

2. **重視問題分析**：組織的決策，重視問題情況的分析，也就是以「問題認定」先行，來確保「問題的解決」之有效性。

3. **參與人員廣泛**：除了組織的成員有參與決策的機會之外，必要時也可

邀請相關領域的專家或利害關係人參與，尤其卡內基模式是多元參與。

（二）組織決策的缺點

「人手一把號，各吹各的調。」這樣的組織決策，容易出現下列缺點：

1. **理性模式的缺點**：主要是決策所涉及的變數甚多，往往不是決策者的理性能力所能承擔。

2. **卡內基模式的缺點**：主要是決策的參與者眾多，難以形成共識，無法做出令所有成員滿意的決策，只能注意到直接問題和短期的解決方案。

3. **漸進模式的缺點**：主要是嘗試錯誤的過程相當費時費力，決策進度較為緩慢。

4. **垃圾桶模式的缺點**：主要是參與者有限，而且經常流動，只能解決少數問題；有時做出決定，並沒有真正解決問題。

綜觀上述個人決策、團體決策、組織決策，各有其適用的時機，也各有其優點和缺點。因此，在社會福利行政機關或機構體系，如果你是主要決策者，允宜依據不同的時機和問題的狀況，選取適當的決策類型來進行解決方案的決定。如果你是基層的社會福利行政人員，則可依據決策者所選定的決策模式，積極參與或提供意見，對社會政策形成及其轉化或其他決策，盡一分心力。另外一種情況，如果你是個人決策者，除了利用既有的資訊單獨決定（unilateral making）之外，可再向部屬尋求資訊或徵詢意見，然後再作決策，藉以彌補個人決策之缺點（吳瓊恩，2016：498）。

最後，歸結本章重點，我們以「社會政策」為主題，說明社會政策形成及其轉化為社會法規、社會服務的過程。大致上，社會福利行政在性質上，就是執行政策（社會政策）的行政；在原則上，必須依法（社會法規）行政；在內容上，經常實施一系列的社會服務方案或活動。因此，社會福利行政人員對於相關社會政策形成及轉化為社會服務或活動的過程，必須有所了

解，並且在其中扮演適當的角色。同時，我們也針對個人決策、團體決策、組織決策，分析其適用的時機及優缺點，以利社會福利行政人員未來進行相關決策之時，可斟酌實際情況，彈性運用。

第六章
社會福利計畫
之規劃

　　本質上，「計畫」與「政策」之間，焦不離孟，孟不離焦。政策（policy）是一種聲明，陳述一個組織所要達成的各種目的，以及每一個目的之相對重要性；而每一個政策通常包含一個或幾個計畫（plan）（Starling著，陳志瑋譯，2015：232）。

　　例如：臺北市政府於2015年提出住宅政策，陳述其目的在使弱勢者有房屋可住，並計劃在四年內興建社會住宅八萬戶。但是，這八萬戶社會住宅，是全部由政府直接興建？或者有一部分獎勵民間興建？預定何時完成？如何分配弱勢者入住？都必須進行具體規劃。

　　可見，一個政策之落實，有賴具體可行的規劃。因此，我們在社會政策形成及轉化為社會服務或活動之後，必須規劃出具體的行動計畫，以便據以執行，從而達成增進社會福利的目的。

　　然而，社會服務活動涉及的範圍非常廣泛，幾乎涵蓋所有社會福利的內容，如同我們在第四章討論組織設計時，中央政府衛生福利部與縣市政府社會局處所職掌的事項，相當龐雜。因此，這一章將聚焦於規劃的類型及其過程，但也會引用相關內容作為說明。這樣的考量，是立基於一種假設：「內容會變，形式不變」，了解規劃類型及其過程（形式）之後，就可靈活運用於各項社會福利措施（內容）之規劃。

　　即便如此，規劃的類型還是很多，礙於一章的篇幅有限，也難以一一細數，而必須忍痛割愛，有所取捨。在一般公共行政領域，主要的規劃類型，約有七種，如表6-1：

表6-1　規劃的類型

類型	說明
策略性規劃 （strategic planning）	依據組織總體概述的目標轉向，對於複雜和動態的環境情況加以回應。
長期性規劃 （long-range planning）	假如情況實質上能維持穩定不變，則對於目的和目標，緩慢地進行輕微的改變。

類型	說明
操作性規劃 （operational planning）	對於策略性計畫的執行，為每日必要的活動，提供明確的指引。
權變性規劃 （contingency planning）	假如某項預定實施的行動計畫遭到意外干擾時，則由另一個行動計畫取而代之。
方案性規劃 （program planning）	為案主或社區想要達到的成果，所設計的服務輸送方案。
專案性規劃 （project planning）	為新的或修正的，且無關於例行服務輸送的行政方案，提供執行的細節。
事務性規劃 （business planning）	依據年度收支預算，為方案和專案的相關事務，提供執行的細節。

資料來源：Lewis, et al., 2012, Management of human service programs. p.47.

　　表6-1是一般公共行政常見的規劃類型，社會福利行政雖然屬於公共行政的領域，但是它的服務對象以弱勢者居多，而且他們的福利需求既複雜又常變化，因此我們只能從表6-1，選擇其在規劃社會福利計畫時較常使用的類型——策略性規劃、權變性規劃（危機管理的規劃）、事務性規劃三者，進行探討，然後綜合說明行政規劃可能遇到的障礙及其因應方式。至於方案性規劃，有一部分已於前一章探討社會政策轉化為社會服務時提及，本章在事務性規劃中也會再討論方案改變的規劃；而操作性規劃著重於執行的策略，將在下一章社會福利計畫及業務之執行，再予探討。

第一節 策略性規劃的過程

　　策略性規劃（strategic planning）是起源較早、運用較廣泛的一種規劃類型。在1960年代，有些政府部門或非營利人群服務組織為了財務的控制，開始採用策略性規劃（Hughes著，呂苔偉等譯，2006：187）。

到了1970年代，發生世界性石油危機；1980年代，又有軍事壓力的衝擊，許多國家的經濟成長萎縮，社會福利預算減少，公私立社會福利部門也無法再比照過去穩定時期進行長期規劃，而改採策略性規劃，以因應外在競爭與內在壓力。

通常，策略性規劃的使用時機，是由於外在環境發生轉變，或者有強大的競爭對手出現，而長期規劃無法發揮作用時，就會考慮採用策略性規劃。布萊森（Bryson, 2004）指出，一個組織所處情境「不好」（bad）的時候，適合做策略性規劃，例如：社會福利服務的龐大資金緊縮，就適合透過策略性規劃來補救（cited in Lewis, Packard., & Lewis, 2012: 48）。

何謂「策略性規劃」（strategic planning）？依據美國《社會工作詞典》（*The Social Work Dictionary*）的解釋：

> 策略性規劃是一個組織對於長期目的及其實現目的之可能選項，進行適當抉擇的一種過程；這些目的是由社會系統中各種特定的處遇標的（target of intervention）、援助保護（auspices）、價值意涵（value implication）、可行性（feasibility）、互賴關係（interrelation）等組成要素所界定，以便能提供明確的指引去選擇適當的方式，達成想要的結果；這些結果通常是從現有的方案及服務，經過大幅度修正而來的（Barker, 2014: 413）。

這個定義有三個重點：一在出發點，是考慮組織未來可能發展的目的；二在過程上，是就現有計畫或服務，進行比較大幅度的調整；三在目的上，是經由多方考量，為組織找出一個明確的發展方向。簡言之，策略性規劃是從長遠的策略，不斷地評估組織存在的理由和方向。因為沒有策略，組織就缺乏方向（Hughes著，呂苔偉等譯，2006：187）。

然而，早期的策略性規劃，過於強調發展策略的選擇和決定，對於執行成果的分析較少著墨，時常未能獲得組織高層的支持，甚至遭到組織

的排斥。因此，在1990年代之後，由策略性規劃逐漸擴展爲策略性管理（strategic management），這個新名詞的出現，透露出一個訊號，表示策略性管理所關心的不僅是擬定策略性計畫，也要將這些計畫付諸執行，產出成果（Starling著，陳志瑋譯，2015：232）。

　　無論如何，策略性規劃是一種持續性的過程。布萊森（Bryson）曾於1988年爲策略性規劃提出八個步驟（Hughes著，呂苔偉等譯，2006：194），2004年又修正爲十一個步驟（Bryson, 2004, cited in Lewis, Packard., & Lewis, 2012: 49）。茲將這十一個步驟整理如圖6-1，並略加申言：

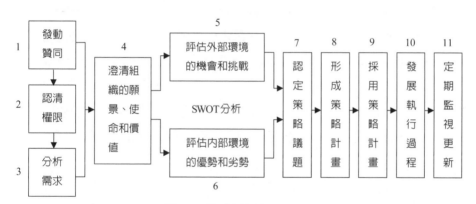

圖6-1　策略性規劃的過程

資料來源：構圖修改自黃源協，2014，p.98，圖3-4，文字係筆者所撰。

　　根據圖6-1所示策略性規劃的過程，我們綜合相關文獻的見解（Starling著，陳志瑋譯，2015：248-253；Lewis, Packard., & Lewis, 2012: 49 -57；Hughes著，呂苔偉等譯，2006：187-194；Lohmann & Lohmann, 2002: 175-176），略加申述：

一、發動及爭取贊同

　　步驟一，是發動並贊同策略性規劃的進行（initiate and agree on a

strategic planning process）。首先，組織必須有一個有能力的領導者，能夠針對組織較弱的議題，透過諮詢職員的過程，將組織較弱的情境轉化爲策略性規劃的議題。

另外一個關鍵，是爭取主要決策者的支持和承諾。最高層領導者必須是策略性議題的「贊同者」（sponsor），策略性規劃的進行才有成功的機會。因爲要發展一個策略性的計畫，意味著要求組織打破「往常做法」（business as usual），改用新取向和新作法來處理例行事務。決策者必須了解改變的必要，並同意工作計畫（work plan）的目的和進行步驟。這樣，可帶動更多人參與，也投入必要的資源，最後才能產生計畫，付諸實施。

當然，典型的作法是組成一個團隊，去發展策略性計畫。在公部門，團隊的成員必須包括：行政首長或執行長（CEO）、一部分或全體職員、第一線的工作者、其他相關組織的代表；在非營利組織，主要是董事會的成員或代表。團隊的每一個人，應有一個非正式的認知，作爲策略規劃的「捍衛者」（champions），必須爲整個策略性規劃的進行，負起全部責任。

二、認清權限

步驟二，是認清組織的權限（identify organizational mandates）。任何一個組織，通常有正式與非正式的指令或規定。其中，政府部門的正式指令，比較容易辨識，例如：兒童福利單位有責任保護兒童，社會救助單位有權力發給災害補助。策略性規劃團隊的成員，可以從社會福利法規、行政規則、行政指導手冊，或法院的判例，來釐清團隊的權限。

相對的，非正式的指令比較難以發現，但可以注意組織上層治理人員對於自己的角色期待，來找到一些蛛絲馬跡。例如：政府官員可能相信他們必須依照指令，爲政府完成更多的責信（accountability）；機構董事會成員可能覺得他們必須維持或改變組織的目的和焦點，包括：在物質濫用的處遇模式中，加入女性主義的理念；決定將服務提供給HIV／AIDS患者；接受其他

機構轉介貧困家庭臨時補助（TANF）的個案。

　　無論正式或非正式的指令，策略性規劃的團隊皆必須努力認清所有關鍵性的規定。必要時，也可以考慮是否或如何去改變或通融（accommodate）自己對於權限的界定。有時候，不妨轉移進入下一個步驟，從利害關係人對組織的期待，作為決定權限的權宜之計。

三、分析需求

　　步驟三，是確認組織的利害關係人，並分析他們的需求及關注（的議題）（identify the organization's stakeholders and analyze their needs and concerns）。一個組織的利害關係人，無論是個人、團體、社群，都是組織進行策略性規劃的重要支柱。通常，利害關係人對於組織的表現水準，有特定的期待，這至少隱含著他們對於組織表現如何，有一種判斷。

　　有些利害關係人對於組織非常有影響力，如資金來源的管制者。相對的，其他利害關係人可能很重要，但是缺乏正式的權力，如案主或社群。因此，策略性規劃團隊的成員必須確認誰是關鍵性的利害關係人，並針對他們可能的需求，以及他們所關注的利益，進行評估和分析。

　　至於評估的基準，應該立基於利害關係人的觀點，而不是站在組織的觀點。其中一個基準，是對於利害關係人的特定需求，組織能否即時地滿足他們？即使組織沒有做得很好，也可從策略上試著去改善組織與利害關係人的關係，讓他們相信組織將會努力做好。

四、澄清願景、使命和價值

　　步驟四，是澄清組織的願景、使命和價值（clarify organizational vision, mission and values）。策略性計畫的規劃者必須以有效的方法，去澄清並建構一個機關或機構的使命、核心價值、策略、目的、目標，為組織的未來發

展一個願景。

有關「使命」方面，彼得・聖吉（Peter Senge）在他的經典著作《第五項修練》（*The Fifth Discipline*），曾為一個組織推介一種「治理理念」（governing ideas），他指出，一個組織的使命，在於回應「我們存在的理由」（Why do we exist）（Senge, 2006: 208）。因此，策略性規劃團隊必須認清一個組織存在的理由，以及意圖要達成什麼目標。

有關「價值」方面，彼得聖吉（Peter Senge）提出一個「核心價值」（core values）的問題：「如何做出我們想要的行動」（How do we want to act）？在這個意識之下，策略性規劃團隊必須提出想要行動的原則，作為組織行為的指引，以及設計服務方案的基準，並且傳遞給組織成員，形成一種共識。價值的陳述，必須簡短，如遊民收容的價值陳述：「我們服務遊民，維護遊民尊嚴」。

有關「願景」方面，彼得聖吉（Peter Senge）提出的問題是：「我們想要組織去做些什麼」（What do we want the organization to be）？這是策略性規劃過程的基礎，必須為組織的未來理想，設定目的、目標和方案。依據布萊森（Bryson, 2004: 235）的見解，一種有激發作用的要素，可能包括：

1. 聚焦於一個更好的未來（a better future）。

2. 鼓舞希望（hopes）、夢想（dreams）和崇高抱負（noble ambitions）。

3. 重述一個的組織的歷史和文化，訴諸崇高理想（high ideals）與共同認可的價值（common values）。

4. 澄清組織的意圖（purpose）和方向（direction）。

5. 陳述正向的成果（positive outcomes）。

6. 強調組織的獨特性（uniqueness）和卓越能力（distinctive competence）。

7. 傳送熱情（communicate enthusiasm）、激發士氣（kindle excitement）、激勵承諾和奉獻（foster commitment and dedication）。

　　社會福利行政機關或機構，是一種人群服務組織，與生俱來已能接受組織使命的驅使，也時常強調組織的價值和願景。因此，在啓動策略性規劃的過程中，是一種再澄清和更新組織使命、價值和願景的良好時機。

五、評估外部環境的機會和挑戰

　　步驟五，是評估組織的外部環境以確認其機會和挑戰（assess the organization's external environment to identify opportunities and challenges）。環境是影響一個組織作決定的重要因素，我們在第三章已有一些描述。布萊森（Bryson, 2004）認爲有三個項目可由外部環境的分析來回應（cited in Lewis, Packard., & Lewis, 2012: 54）：

1. 環境的勢力（forces）和趨勢（trends）。
2. 組織所需主要資源的控制者（key resource controller）。
3. 競爭者（competitors）或協力合作者（collaborators）。

　　對於組織外部環境的分析，一種經常被使用的技術，是從「PEST」架構去進行有關政治的（political）、經濟的（economic）、社會的（social）、技術的（technological）勢力和趨勢的分析。因此，策略性規劃的團隊可透過腦力激盪，在每一項環境因素中，逐一檢視組織主要資源的控制者，包括贊助者、管制者和案主，以及組織的競爭者和協力合作者，無論眞正的或可能的，都被檢視。然後，團隊進一步討論，以確認這些項目對於組織來說，是機會，還是威脅。當然，這些環境掃描的過程，不是一蹴即至，而是需要持續進行的活動。

六、評估內部環境的優勢和劣勢

　　步驟六，是評估組織的內部環境以確認優勢和劣勢（assess the organization's internal environment to determine strengths and weaknesses）。

在外部環境掃描之後，規劃團隊的注意力必須轉而聚焦於組織內部環境的分析，以確認其優勢和劣勢。通常，評估分析的重點放在下列五方面：

1. **人力**：一個組織最重要的資源是人力資源，人力評估應該從現有的員工著手，分析他們的知識和技巧，對照當前服務方案的要求和角色期待，我們的員工具備當前職位應有的能力和品質嗎？需要調整或接受訓練嗎？什麼是員工能接納的工作生活品質？

2. **經費**：如果是政府的機關（構），必須檢視預算編列及使用的情況，以及下一個預算循環的預期。如果是私人非營利組織，必須檢視其接受政府委託方案的支出經費是否在預算控制範圍之內？當前收到贊助或捐助的情況如何？

3. **資訊**：檢視資訊系統提供機構所需資訊資源的情況，資訊管理對於當前服務方案改善的情況。

4. **組織文化**：透過員工態度調查，評估組織文化的狀況。假如組織從未做過策略性規劃，可運用策略，引導員工提出他們對於組織文化的看法。

5. **績效**：檢視組織正在執行的每一個方案，拿來與社區類似方案或競爭的方案做比較，就可看出它的績效。

經過上述五方面的評估分析之後，規劃的團隊可進一步討論，以確認每一方面（項目）對於組織來說，是優勢，還是劣勢。

七、認定策略性議題

步驟七，是認定組織所面對的策略性議題（identify the strategic issues facing the organization）。綜合前面兩個步驟所確認的機會、威脅、優勢、劣勢，進行SWOT分析，以形成策略性的議題。

策略性的議題，有長期的目標，作用於整個組織，至少涉及組織內部幾個部門，通常需要一個新的或修正的方案，而且必須隨時改變資源的配置。因此，很容易引起組織領導階層的關切，而以各種不同方式來回應，尤其以

財務有限為理由而被擱置。

　　然而，當外部環境有一個機會，被連結到機關（構）的優勢，就可能發展一個正向的策略或新方案。例如：發生嚴重的兒童虐待事件，形成社會共同關注的議題，兒童福利機構基於組織的使命，就可能發展出兒童保護的新方案，以作為因應的策略。至於外部環境的威脅或挑戰，也經常需要相關組織加強監視，或者設法改善威脅的情況，這也可能導引策略性設定的選擇。

八、形成策略性計畫

　　步驟八，是形成策略以管理這些議題（formulate strategies to manage these issues）。依據布萊森（Bryson, 2004）的界定，策略性計畫是一組：目的、政策、方案、行動、決策和資源配置的形態。大多數的機關（構），都有其策略，可能是：依據資源的配置，繼續成長（growth）、保持穩定（stability）的服務、縮減經營規模（retrenchment），或者是前面三者的組合（combination）（Robbins & Decenzo, 2004；引自黃源協，2014：101-102）。

　　策略性規劃為了付諸行動，必須從上述諸多策略之中，選擇一個或少數幾個比較適當的策略，擴展為行動計畫。規劃的團隊必須考慮：所選擇的策略是否彼此矛盾？策略是否能合併？或者將一連串的策略設定優先順序。能夠立即實施的策略，轉化為行動計畫，由規劃的負責人撰寫計畫書，作為執行的準備。策略性規劃的計畫書，必須包含下列要素：

1. 做此計畫的背景（background）和考量（rationale）。
2. 發展和採用此計畫的過程，包括參與者的清單。
3. 組織的權限。
4. 主要的利害關係人，以及他們的需求和關注（的議題）。
5. 組織的使命和核心價值。
6. 環境分析。

7. 組織的優勢和劣勢分析。

8. 行動策略議題的認定。

9. 管理每一個議題的策略。

10. 執行的計畫（the implementation plan）。

11. 監視（monitoring）和更新此計畫（updating the plan）的計畫。

九、採用策略計畫

步驟九，是檢視和採用策略性計畫（review and adopt strategic plan or plans）。將策略性規劃的計畫書，轉化為組織的一種行動方案，廣泛地被組織的成員共同分享。

一個理想的做法，是在相關會議中進行簡短的討論。有些組織是以計畫書草案的型式，讓組織的成員共同檢視，進行最後的回饋。在一般情況下，有些員工代表已經參與規劃的過程，對他們而言，這個計畫並不是「新聞」（news）。但是，透過會議的過程，告訴他們、聽他們的反應、維持他們的選擇權，對於往後計畫的監視、執行或更新，應該是有利的。

十、發展執行過程

步驟十，是發展一個有效的執行過程（develop an effective implementation process）。一個計畫能否成功地執行，關鍵在於內部所有重要關係人的投入。在某種情況，包括公部門的員工，或私部門董事會的成員，也必須一起投入。

一個詳細的行動計畫，必須讓所有投入於執行的人，都有所了解。同時，必須指定一個負責人，投入必要的資源（時間和資金），並將策略性計畫連結於日常業務的運作之中。如果是新機構的策略性規劃，可能涉及主要

組織的改變，需要營造一個有利於執行的組織氣候。如果員工已參加執行的過程，必須有一個催促者（reminder），去協助那些心不在焉的人。

可能的話，由機構指定一個策略執行團隊（strategy implementation team），包括來自策略性規劃團隊的一部分成員，以確保執行過程能得到必要的支持。

十一、定期監視與更新

步驟十一，是在有規律的基礎上進行監視與更新計畫（monitor and update the plan on a regular based）。布萊森（Bryson, 2004: 285-286）為監視策略性計畫的執行提供一個具體的建議，他提醒我們必須將焦點放在組織的重要使命和指令上，經常催促員工跟隨著既定的程序進行，直到計畫結束為止。當然，一個計畫成功或失敗的指標，必須早些選定，以便定期進行持續性監視。

再者，策略性執行團隊的工作，是一個「檢視團隊」（review group），必須及時確認可能必須修正或更新的策略或行動計畫。同時，這個檢視團隊與組織的正式和非正式領導者，必須強烈地支持行動計畫，並鼓勵執行團隊將策略性思考和策略性管理，當作日常工作的一部分。

綜觀上述十一個步驟，可再歸納為三大部分：步驟一至步驟三，是策略性規劃的前置作業，著重於策略性議題的探討；步驟四至步驟七，是策略性規劃的核心，著重於策略性計畫的形成；步驟八至步驟十一，是策略行動，著重於策略性計畫的執行；而且，每一個步驟都強調策略思考。可見，策略性規劃從1960年代發展至今，已經轉移重點，必須放在策略性管理（strategic management）的脈絡來探討，以確保策略性計畫能獲得高層的支持、成員的接納，且能執行，有成果，讓組織的未來有更美好的願景。

第二節　危機管理計畫之規劃

在一般公共行政領域，已有學者提出危機管理計畫（crisis management plan, CMP），作爲權變性規劃（contingency planning）的一種特殊模式（Starling著，陳志瑋譯，2015：244）。

所謂「權變性規劃」，是有關於未能預期的事情發生時，如何選擇一個最佳的腳本，並且考慮相關因素之後，決定去做什麼（Lohmann & Lohmann, 2002: 177）。

在社會福利行政領域，權變性規劃是針對偶發事件、不期待看到的後果或不期待看到的事件發生時，預先做一些準備之規劃工作。

即使，權變性規劃是希望那些不期待的事件，絕對不要發生。事實上，近年來世界各地不斷發生災變，臺灣也難以倖免。例如：地震、海嘯、颱風、龍捲風、洪水、火山爆發、恐怖攻擊（terrorist attacks）、戰爭、幅射外洩（radioactive leakage）、空難等等危險事故，好像每隔一段時間就會發生。這些事故發生之後，往往嚴重傷害許多人的生命及財產。

目前，臺灣社會工作專業教育已逐漸重視「災變管理與社會工作」（disaster management and social work），社會工作者也積極參與災變的救援及重建工作（林勝義，2013：369-376；馮燕，2011：7）。但是就行政觀點而言，社會福利行政機關或福利機構的行政人員，除了關心天然災變之外，也應該關心影響人民福利的其他危機事故，並且進行危機管理計畫之規劃。以下針對危機管理計畫之規劃，略述危機事故的類型、規劃前的訓練、規劃的要點：

一、危機事故的類型

依據美國南加州大學危機管理中心（Center for Crises Management,

CCM）的研究，一個組織在規劃危機管理計畫之前，應先認清三種不同的危機類型（引自Starling著，洪聖斐等譯，2008：264）：

1. **天然事故**（natural accidents）：這是由於自然因素所造成的災害或災變，例如：地震、水災。

2. **一般事故**（normal accidents）：這是由於社會、經濟等一般因素所造成的事故，又可區分為三類：

(1) 經濟危機：例如：經濟大蕭條、金融海嘯。

(2) 物質危機：例如：重要物資供應短缺。

(3) 人事危機：例如：罷工、技術人員的出走潮。

3. **異常事故**（abnormal accidents）：這是有人蓄意造成的事故，又可分為三類：

(1) 犯罪危機：例如：恐怖攻擊行動。

(2) 資訊危機：例如：個資被盜用、紀錄被毀壞。

(3) 信譽危機：例如：製造謠言、傳播假新聞、蓄意詆毀。

對於上述三種危機類型，我們大多數人比較了解的可能是天然事故。例如：臺灣在1999年發生「九二一大地震」，重創南投、臺中等地區；2009年發生莫拉克颱風，引發「八八水災」，重創高雄、屏東、臺東等縣市，造成「小林」滅村；2015年發生「八仙塵爆」，造成15人死亡，將近500人受到嚴重燒燙傷，必須長期治療及復健。至於其他兩種危險事故，除了受害者之外，一般人可能相當陌生，社會福利行政機關或福利機構的行政人員，對危險事故也不熟悉。因此，加強訓練也應該納入規劃之中，先行辦理。

二、危機管理計畫規劃前的訓練

美國南加州大學危機管理中心（CCM）的研究也發現：公共行政相關組織的管理者，大部分受到傳統的危機規劃模式所制約，他們不知道要如何開始想像他們不熟悉的危機事故，而不至於過分偏執（引自Starling著，陳志瑋

譯，2015：247）。

　　有鑑於此，該中心曾發展一種危機輪盤（wheel of crises），作為危機管理計畫職前訓練的工具。這種危機輪盤的設計，所涉及的危機類別相當廣泛，茲略加修正，納入社會福利有關的危機類別，如圖6-2：

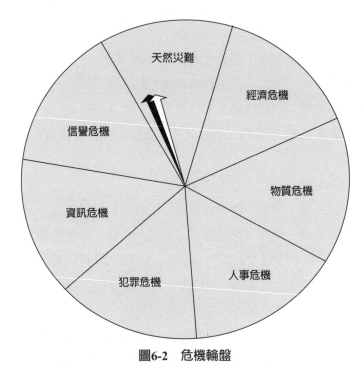

圖6-2　危機輪盤

資料來源：修改自Starling著，陳志瑋譯，2015：248。

　　圖6-2所呈現的危機輪盤，有點像兒童遊戲用的那種附著一根箭頭的轉盤。我們在轉盤上面列出社會福利行政機關或機構可能碰到的危機事故，在實施危機管理計畫之規劃的職前訓練時，由受訓的行政人員輪流轉動輪盤，當輪盤停止時，受訓人員針對箭頭所指的那個危機事故，共同思索及討論這個危機事故可能與本機關或機構的行政業務之關聯性，以及在行政上如何處理或因應。

　　依此類推，逐一思索及討論下一個箭頭所指的危機事故。到了第二個階段的訓練，也可組合兩個危機事故，例如：「水災」與「土石流」、「地震」與「海嘯」，讓受訓人員進一步討論這些危機組合事故，可能帶來更大規模的災害，需要規劃更大規模的危機管理計畫，甚至是規劃跨部門或跨組織的計畫。

三、危機管理計畫規劃之重點

　　危機管理計畫（CMP）應該是一份詳盡的書面資料，能明確規範在危機事故發生時誰應該採取什麼步驟，這是危機管理計畫之重點。

　　通常，危機管理計畫是為特定的危機而量身訂做。以社會福利行政機關或福利機構行政人員較常碰到的天然災難為例，有關於災難管理的步驟，一般可區分為：減災（mitigation）、整備（preparedness）、應變（response）、重建（recovery）等四步驟（馮燕，2011：7-9；王秀燕，2011：279-290；林萬億，2010b：53、2011：10）。馬斯伯與布瑞沙（Mathbor & Bourassa, 2012: 295）則將災難管理的架構分為：災前時期（pre-disaster period））與災後時期（pro-disaster period），前者強調：評估易受傷害地區、減少災難、防災準備；後者強調：災難救援、災後重建。我們將這兩者組合起來，區分為：評估（assessment）、減災（mitigation）、整備（preparedness）、救援（relief）、重建（recovery）等五個階段：

　　1. **評估階段**：在天然災難尚未發生之前，由災害防治相關部門（內政部消防署、縣市消防局）針對比較脆弱的區域或場所，進行全面性評估。例如：容易淹水、土石崩塌的區域，以及年久失修的建築物、橋梁等，事先逐一勘查，列為「紅色」警戒，並建立檔案，以便及早改善及追蹤管制。在這個階段，社會福利行政機關或福利機構的行政人員，可援引消防單位所建立的檔案資料，從行政立場再予評估，並納入防災的重要標的，進行規劃。

　　2. **減災階段**：有些天然災難的形成，無法預測其發生的時間及地點，例

如：龍捲風、洪水。但至少可預測在某種氣候條件之下最可能發生。因此，在減災階段強調認清經常發生災難的原因，並採取因應措施。例如：為減少洪水氾濫成災，優先建造堅固的堤防及水壩、疏濬河川，並發展一套維護系統（a system of maintenance），由非政府組織（如河川巡守志工隊）或營利機構（如養殖業）就近認養。即使地震、火山爆發，難以預測，也可事先防範。例如：要求建築物有防震設施、提早勸導居民搬到安全區域，藉以減少傷害。在這個階段，行政機關或福利機構的行政人員可將預警機制及通報系統，列入規劃。

3. **整備階段**：這個階段，著重在行動計畫，對於緊急警告系統、避難場所、疏散安排、救援資源維護、人員訓練等，都準備就緒。其中，行政機關或福利機構的行政人員在規劃時必須列入的準備方案，包括（Mathbor & Bourassa, 2012: 300）：

(1) 運用海報、戶外大型看版、大眾媒體，擴大宣導災難來臨應注意事項。

(2) 定時更新災難預測的資訊。

(3) 維護存放在社區中心的救援物資，以備後續分配使用。

(4) 進行災難因應的演習方案，例如：搜尋及防護（search and rescue）、疏散（evacuation）、即時救助（first aid）、後勤補給（logistics）。

4. **救援階段**：在這個階段，行政機關或福利機構的行政人員之規劃工作，必須結合所有以社區為基礎的組織（community-based organizations, CBOs），以及NGOs，形成一個聯盟，以便及時動員資源，救援遭受災難影響的社區及居民。首先，動員的是緊急應變人員（the first responders）：消防人員、警察、軍隊、醫療人員、工程人員、社會工作者、CBOs與NGOs的志工，協同在災難現場的助人者，加速進行下列工作：

(1) 進行搜尋及防護。

(2) 將災民撤到避難所（shelter houses）。

(3) 視需要動用衛生設備、飲用水、緊急救助物資、醫療服務、後勤補給（如帳篷）。必要時，設置一個行動醫院（mobile hospital）。

(4) 推舉協調機構（例如：紅十字會）或委員會，負責救援計畫的行政工作。

5. **重建階段**：這個階段，行政機關或福利機構的行政人員之規劃重點，可分為短期安置與長期重建。短期安置包括：安排臨時住所（中繼屋）、清理危險建物、恢復供水供電、小額創業貸款等；長期重建則包括：房屋的整建或永久安置（永久屋）、基礎工程的修建，社區生活的重建（例如：莫拉克災後社區重建服務，包含：心理、就學、就業、生活、福利、轉介等六項）。馬斯伯（Mathbor, 2007）則參考2005年美國紐奧爾良卡翠娜颶風（Hurricane Katrina）災後重建的經驗，運用模型組合，以建立社會資本（building social capital），做為災後重建的模式，包括三個步驟（cited in Mathbor & Bourassa, 2012: 300-301）：

(1) 與重建社區訂立契約，鼓勵社區成員參與重建工作。

(2) 在社區中或社區間建立溝通橋梁，與社區團體及有意願的公民，認清共同需求，聯合策劃及執行重建方案。

(3) 與財務及公共的機構（包括地方、國家及國際的組織）連結，動員資源，投入重建工作。

上述五個階段，環環相扣，相輔相成，都是政府社會福利機關（構）的行政人員在規劃危機管理計畫時不可忽視的環節。此外，在危機管理計畫之中，尚應列出危機管理團隊的人員，乃至於包括相關機關的救援人員、保險公司的聯絡資料，以及對外聯繫的通訊系統。當然，危機管理計畫是一個靈活的文件，必須定期檢視、演練，並視實際需要而加以更新。

第三節 事務性規劃的類型

在社會福利行政組織之中，有許多行政事務必須處理。其中，有些事務是為了因應組織行政運作的需要，不定期進行規劃及執行；其他有些事務是配合年度預算的編列，依行政程序提出計畫，經單位主管核定後，動支經費，付諸實施。這些有關行政事務的規劃，約有下列四種類型：

一、組織的規劃

組織的規劃（organizational planning），是有關於組織安排的細節，包括描繪組織內部分工的情況、各部門之間的權力關係，以釐清指揮、監督、督導及工作報告的責任。

組織的規劃，在政府社會福利機關（構）是必要工作，尤其是新設立的機關（構），或者基於行政業務的需要，以任務編組方式成立的單位，為了處理組織的問題，常須進行規劃。

由於這類機關（構）或單位，在性質上是一種正式的組織（formal organization），也是一種有計劃的組織（planned organization），其較常使用的規劃技術，是採用組織圖（organization chart）的方式，以長方圖及直線來連接權威行使的路線，並呈現工作報告的關係網絡。

通常，規劃一個正式的組織圖（參見第四章圖4-2至圖4-10），必須在外表上看起來，組織是一個整體，能清楚指出各部門的職務和責任，避免相互重疊或有所侵犯。

實際上，從組織圖本身來分析組織各部門的關係，可作為行政管理的一種工具。在重要行政人員的職務有所修正時，就必須有計畫地調整組織的安排，甚至重新規劃。例如：每逢總統大選或縣市長改選之後，新的首長上任，對於政府社會福利機關（構）的組織可能有一些調整。這是社會服務部

門光明正大的工作，也是行政管理的必要作為。

二、方案改變的規劃

　　方案改變的規劃（program change planning），是有關於一個組織對於相關方案形成之後，針對事實的需求、評估其可行性、而調整原有方案的一種規劃。

　　在政府社會福利機關（構），如果為了方案的改變而進行規劃，常須透過充分協調的過程，做出適當的決定，包括：發展新的方案、修正原有的方案，或者在原有的方案完成階段性任務之時，斷然加以廢止。

　　有時候，方案的改變是在實施過程發現必須投入的成本（人力、經費、時間）變得比原來的預算更加昂貴，或者考量其實施後果可能不如預期，因而改變方案。舉例言之，有關老人日間照顧方案，在實施一段時間之後，發現實際參加的老人超過預定人數，為了減輕照顧人員的負擔，並維持一定的服務品質，於是決定修正方案，降低每一個老人接受日間照顧的時數。

　　當然，並非所有方案改變的規劃，都是由提供服務的政府社會福利機關（構）自行發現而進行規劃的，有些是由於外在力量的催促使然。例如：民間社會服務機構接受政府委託辦理老人日間照顧方案，如果被政府督導人員發現其照顧人員不符合管理規則的要求，除非機構能快速回應或改變方案的規劃，否則就不再有資格繼續提供服務。同時，原來接受服務的老人，也必須有轉介或其他替代方案的規劃。

三、財務的規劃

　　財務的規劃（financial planning），是有關預算的編列，以及可用資源的規劃。有時候，它也包括發起募款活動的規劃，以及一系列其他財務相關的

議題。

　　在政府社會福利機關（構），財務規劃是每一個年度都要做的行政工作。通常，財務的規劃是短期的、逐年遞增的。傳統的財務規劃，是在前一個年度的基礎上，對於未來一年各式各樣財務需求，進行規劃。但是，這種傳統上穩定的年度預算循環，已逐漸被流動式的預算過程所取而代之。社會服務機構為了反映變遷環境的情況，對於預算的假設或推測，常須隨之因應調整。

　　不管怎樣，財政為庶政之母，巧婦難為無米之炊，財務規劃是機關（構）行政的重要工作。因此，政府社會福利機關（構）各部門的主管、督導和其他涉及預算編列過程的人員，都必須參與財務規劃的工作，至少有機會就自己的工作經驗提出意見，以供規劃者參考（預算編製將在第十一章詳述）。

四、設備的規劃

　　設備的規劃（facilities planning），是有關於「磚頭與泥沙」（bricks and mortar）的議題，經常涉及場所的設備、物品的購置、空間的修繕和維護，以及其他軟硬體設備，包括桌椅、電話、傳真機、電腦及網路的配置。

　　在政府社會福利機關（構），設備的規劃似乎未受到應有的重視，這對於教學上重視「人類行為與社會環境」，實務上強調「人在環境中」（person in environment, PIE）的社會工作專業而言，是一件令人百思不解的事。在現有的社會福利行政或社會工作的文獻中，有關於設備的規劃，幾乎空白。

　　時至今日，社會上已經出現教堂建築學、學校建築學、圖書館建築學，但是在社會福利行政或社會工作領域，好像還沒有建築學的概念。其實，在社會福利行政或社會工作的領域，無論是開會協調、民眾洽公、辦理業務、服務輸送，經常需要一定的空間及設備。

　　理想上，這些空間及相關設備的規劃，必須考慮是否符合人群服務的特質，至少也應該避免從其他用途轉換爲輸送社會服務之用。以「座椅」爲例，家庭使用躺椅或沙發、基督教堂使用長椅、清眞寺使用鋪毛毯的地板、小學教室使用小片木板的椅子。照道理，政府社會福利機關（構）也應依其不同的服務對象，規劃適當的座椅。目前，我們將家庭使用的沙發，充當個案會談室的座椅，以木製地板作爲團體動力教室之用，都有商榷餘地。

　　綜觀上述事務性規劃的四種類型，前面兩種：組織的規劃、方案改變的規劃，屬於政府社會福利機關（構）有關專業服務的規劃；後面兩種：財務的規劃、設備的規劃，則屬於政府社會福利機關（構）有關行政業務的規劃。但是，無論專業服務或行政業務的規劃，都必須依照一定程序進行，以確保其合理可行。至於事務性的規劃的程序，大致上亦可參考前述策略性規劃步驟的邏輯順序，來進行規劃。

第四節　規劃的可能障礙及排除

　　政府社會福利機關（構）相關計畫的規劃，其所需面對的內外部環境相當複雜，對於未來的預測也有許多變數，有時規劃人員的能力與經驗亦有所不足。這些，都可能造成規劃的障礙，必須加以排除，以使規劃進行得更加順暢。

　　斯塔林（Starling）曾經綜合密茲伯格（Mintzberg）、布吉曼（Bozeman）、史陶斯曼（Straussman）、洛克（Locke）、雀斯（Chase）等人的見解，提出公部門規劃時的八種障礙（Starling著，陳志瑋譯，2015：251-255）。因爲斯塔林（Starling）畢業於美國西點軍校（Military Academy, West Point），其相關說明充滿軍事行政的觀點，是可以理解的。爲了適用

於政府社會福利機關（構）的規劃，我們在說明時將之轉換為社會福利行政的觀點。這些可能的障礙及其排除方式，包括：

一、預期現況會持續

社會福利行政規劃經常採用的規劃類型中，第一個步驟幾乎都是找出有待處理的社會問題，以致於負責規劃的行政人員往往將許多時間和心力，放在他們當下所看到的問題，而且預期這些問題的現在情況會維持下去。

然而，問題的情況卻常隨著時空環境的變遷而發生變化。以長期照顧的財務規劃為例，行政院於規劃初期，計劃增加營業稅與遺贈稅來支應，旋因增加營業稅可能轉嫁給消費者而造成物價波動，乃改為增加菸品稅、提高遺贈稅，並修正長期照顧法有關稅源的規定。但是，遺贈稅與菸品稅都是機會稅，稅源不穩定，說不定現行的財源規劃，將來還會有變化。因此，政府社會福利機關（構）的規劃人員必須不斷思考初步的解決方案，努力去發覺可能出現的新問題，並將這樣的想法傳達給參與規劃的部屬。

二、嘗試做得太多

公共行政機關必須面對的問題，大多數都相當棘手，想要以一項規劃或一次行動方案就解決所有問題，那是不切實際的。負責規劃工作的團隊或行政人員不宜將寶貴的時間和資源，浪費在嘗試達成那些不可能的任務上。

以低收入戶脫貧計畫為例，提供創業輔導的方案，並不能符合各式各樣低收入戶的實際需求，有些低收入戶需要現金補助或以工代賑，以維持日常生活。即使創業輔導方案，也常需要一些配套措施，包括：創業前的職業訓練，以及創業貸款利息補助。

換言之，不是不可嘗試，但應適可而止。一個組織的團隊或行政人員在接手規劃的時候，必須從諸多問題之中，挑出一個比較重要而且能快速解決

的問題，或者展開另一個方案來修正原先規劃的方案，正如前述方案改變的規劃者然。

三、投入自己的情緒

一般人在為人處世方面，或多或少都有一些好惡，行政規劃者何獨不然？規劃人員如果將自己的情緒投入於規劃情境之中，就可能會拒絕改變自己的計畫，衍生許多不必要的爭議，不但延宕規劃的進度，也可能錯過計畫執行的時機。

以年金改革為例，參與規劃者包括：公教、勞工、軍人等領域的退休人員及現職人員的代表，他們為了捍衛自身的權益，可能認為減少他們的年金給付就是一種「清算鬥爭」，因而將自己的情緒投入規劃過程之中，每次參加規劃會議就爭吵不休，難以形成共識。行政規劃者應該盡量保持「價值中立」（value free），把參與規劃的工作看作是一件有生命的事，即使規劃已經開始進行，仍然可以，也應該加以改進（Starling著，陳志瑋譯，2015：251）。換言之，規劃者可以在規劃過程之中，放鬆心情，開放心靈，留下一些彈性選擇的空間。

四、過度規劃

負責規劃的團隊或個人，有時過分關心規劃的細節，想使計畫更加完美。但是這樣做，有時反而不符成本效益的概念。比較穩健的做法，是在規劃中保持必要的彈性，以便隨著局勢的走向而因應調整。

以改善無障礙環境計畫為例，為了使計畫更加完美，除了在大眾運輸工具及公共設施方面，規劃不得拒絕視覺功能障礙者由導盲犬陪同自由進出之外，也要連帶想到聽覺功能障礙者、肢體功能障礙者可能同樣有類似的需求，而一併將導聾犬、肢體輔助犬列入計畫之中。但是，這些額外的目標缺

乏配套措施，包括障礙者對於導聾犬、肢體輔助犬的需求是否迫切需要？受過合格訓練的犬隻是否足夠？都有待評估。簡言之，要付諸實施的計畫，應該簡單而切實際。

五、規劃不足

　　行政上的規劃，過與不及，都可能窒礙難行。有時由於政策已經宣布，或者法規已經修正，可用於規劃行動的時間相當短促，在臨時應急之下，考慮難免欠周，規劃因而不足。快快地決定，可能慢慢地後悔。規劃者碰到急迫的規劃案，更必須冷靜以對，理性規劃。

　　以兒童教育及照顧方案為例，這是將幼稚園與托兒所整合為幼兒園的具體方案，依行政權責由教育體系主導規劃，社政體系參與規劃，但是教育體系的規劃者可能有一種先入為主的觀念（a fixed idea），認為幼兒園的教保人員當然要受過幼教專業訓練，而未能考慮托兒所原有保育人員的轉任問題。這種規劃不足的方案公布後，引來抗議聲浪不斷，不得不重新將保育人員補修幼教學分及轉任的機制列入規劃之中，以平息眾怒。

六、低估組織結構的重要性

　　有些新的、大型的規劃案之所以失敗，是因為行政上缺乏一個專責的組織或單位，以提供必要的支持或支援、進行適當的監視或督導。這種情形曾經發生在美國低收入戶住屋的規劃案，規劃者將金錢分配給許多不同的社區團體與承包商，卻沒有先行在相關組織中建立會計制度與審計制度。

　　以我國的社會住宅方案為例，在中央政府層級，是由內政部營建署負責規劃；在地方政府層級，是由都市發展或建設部門負責規劃。然而，社會住宅興建之後，有關於低收入戶或其他弱勢者進住或租用的資格認定，以及後續的輔導工作，仍需中央衛生福利部、縣市社會局處的配合，否則社會住宅

規劃方案將難以落實。

七、對領導者打折扣

政府社會福利機關（構）在進行規劃的過程，比較容易受限於組織成立的宗旨，而顯得相當保守。不過，在不違背組織的規定之下，有時可以避免將心力過度集中於核心宗旨，而適度擴展規劃的範圍。

其中一個規劃策略，稱為「肩扛法」（piggybacking）。比方說，一個交響樂團在領導者的指示之下，成立熱門音樂團，但是交響團並不是每天都使用音樂廳，在空檔的時間，音樂廳可以暫時出租給其他團體使用，以增加交響樂團的額外收入（Starling著，洪聖斐等譯，2008：277）。不過，在規劃前必須依行政程序簽請單位主管核准，以免逾越權限而受到處罰。

以原住民婦女暨家庭服務中心的規劃為例，在臺灣55個原住民鄉之中，已設置278個原住民婦女暨家庭服務中心，但還有許多偏遠的部落尚未設置。推究其主要原因有二：一是縣市政府原住民處未積極爭取設置的補助經費，二是部落的婦女人口群沒有迫切需求。換言之，中央原住民族委員會對於中心的規劃，忽略了縣市原民處及部落領導人的影響力，也未考慮彈性擴大中心的服務範圍，以因應偏鄉部落的實際需求。

八、忽視意料之外的結果

社會福利的規劃不像一個菜園的規劃，每次都能種瓜得瓜，種豆得豆。因為社會福利的規劃通常有許多不同的利益、價值、具影響力的參與者，要預測這些參與者之間如何互動和表現，是相當困難的，因而規劃的結果可能與原先設定的目標有所出入。為了排除這項障礙，可在規劃的最佳方案之外，再準備一或二個次佳的備案，以防發生意外時，可以即時遞補。

　　以長期照顧的人力規劃為例，原本打算優先招募本國人，尤其是中高齡失業者，施予必要的訓練之後，擔任照顧服務員。然而，我們是否有足夠的中高齡失業者願意從事照顧服務工作，沒有調查數據，很難正確預測。也許，我們可以退而求其次，在規劃中增加外籍幫傭的人數，以補充長期照顧人力之不足，但是外籍幫傭的輸出國，在政策上也可能有轉向或叫停的情況。因此，未雨綢繆，有備無患，是任何規劃的不二法則。

　　上述規劃過程可能發生的障礙，可歸納為一句話：「過與不及，均非良策」。前面四種情況：預期現況會持續、嘗試做得太多、過度投入自己的情緒、過度進行規劃，屬於「過」的面向；後面四種情況：規劃不足、低估組織結構的重要性、對領導者打折扣、忽視意料之外的結果，是屬於「不及」的面向。至於因應的方式，一言以蔽之：「執兩用中，彈性處理」。政府社會福利機關（構）如果出現這些情況，可能是因為行政人員的規劃能力不足，規劃經驗有限。其實，規劃能力可以自我充實，規劃經驗也可以自我歷練。

　　最後，綜觀本章所言，其主要目的在於協助政府社會福利機關（構）的行政人員，充實社會福利計畫之規劃知能，並從實例中吸取經驗。我們選擇策略性規劃、危機管理計畫的規劃、事務性規劃等三種類型，進行討論。尤其，詳細說明策略性規劃過程的十一個步驟，期待能了解規劃的邏輯順序，引申運用於社會福利之規劃。同時，對於社會福利行政人員較少注意，但很重要的危機管理計畫之規劃、設備規劃，也有一些著墨。文末，針對規劃過程可能遇到的障礙，分別提出一些因應方式。並且，補充說明社會福利行政工作雖然千頭萬緒，經常忙於應付服務對象的各種需求，但是內外環境不斷變遷，規劃仍有其必要。對於忙碌的行政人員而言，「規劃」（planning），不應該再被視為一種「奢侈品」，而應該是一種「必需品」。

第七章
社會福利計畫及
業務之執行

　　執行（implementation），與先前討論的規劃（planning），經常相提並論，成為社會福利行政實務的核心（Lohmann & Lohmann, 2002: 182）。

　　俗話說：「坐而言，不如起而行」、「說一丈，不如行一尺」，就是強調一個計畫在規劃之後，必須劍及履及，立即著手執行。

　　有名的戴明圈（the Deming Circle）——「PDCA」，更是主張「計畫」（plan）擬定之後，接著就是「執行」（do），再經過檢視（chick），進而付諸行動（action），如此週而復始，循環運作（Patti, 2009: 183-184）。

　　在技術上（technology），執行（implementation）、方案實施（programming）、行動規劃（action planning）三者，可視為同義詞，因為不管被稱為什麼，都必須付諸行動，以回應下列五個相互關聯的問題：(1)什麼（特定要求的步驟或行動）？(2)誰（誰實施那計畫）？(3)何時（實施的時間表）？(4)如何（使計畫能實施）？(5)什麼回饋機制（監視特定行動的進展）（Lohmann & Lohmann, 2002: 184）？

　　依此類推，有關於社會福利的計畫、方案或活動規劃之執行，同樣必須回應上述相關問題。因此，在這一章，我們將針對：由各級政府依法執行、由政府依契約委外執行（以上回應第1、2個問題）、與執行有關的關鍵性議題（回應第4個問題）、與執行有關的操作技術（回應第3個問題）、與執行有關的一般原則（回應第5個問題）等五個面向，進行探討。

　　不過，必須補充說明的是，我們將社會福利計畫的操作性定義，擴大解釋，包括「社會福利業務」，因為行政單位在執行某項業務之前，必須檢附相關計畫或方案，依行政程序（特定要求的步驟或行動）簽奉主管核准，始能動支經費，開始執行。況且，社會福利行政組織的定位，是行政單位，除了社會福利計畫的執行之外，政策、法規、組織調整、預算、員工考績、行政倫理、績效考核等社會福利相關業務，也都必須執行，殆無疑義。因此，我們將「計畫」擴及到「業務」，在提及「業務」時，亦涵蓋「業務計畫」在內。

第一節 由各級政府依法執行

社會福利行政，在我國是指各級政府所提供的社會福利（林萬億，2015：1）。舉凡政府提供的任何社會福利計畫及業務，一般都有特定要求的步驟和行動，也就是必須「依法行政」。

在我國，依照均權制度的設計，全國性的社會福利工作，係由中央政府衛生福利部、衛生福利部社會及家庭署負責規劃、監督，並執行其中一部分業務。另外，基於因地制宜與地方自治原則而實施的社會福利工作，則由直轄市政府社會局、縣市政府社會處負責執行。有關衛生福利部、衛生福利部社會及家庭署、直轄市政府社會局、縣市政府社會處局的組織設計，已在第四章提及，不再重複。這裡，我們將針對各級政府依法執行的社會福利計畫及業務，進行探討。

一、由衛生福利部依法執行者

在我國，衛生福利部是社會福利的最高行政主管機關。依據衛生福利部組織法第2條之規定，衛生福利部（本部）掌理下列事項：

1. 衛生福利政策、法令、資源之規劃、管理、監督與相關事務之調查研究、管制考核、政策宣導、科技發展及國際合作。

2. 全民健康保險、國民年金、長期照顧（護）財務之政策規劃、管理及監督。

3. 社會救助、社會工作、社會資源運用與社區發展之政策規劃、管理及監督。

4. 家庭暴力、性侵害、性騷擾防治與其他保護服務業務之政策規劃、管理及監督。

5. 醫事人員、醫事機構、醫事團體與全國醫療網、緊急醫療業務之政策

規劃、管理及督導。

6.護理及長期照顧（護）服務、早期療育之政策規劃、管理及監督。

7.原住民族及離島居民醫療、健康照顧（護）、醫護人力培育、疾病防治之政策與法令規劃、管理、監督及研究。

8.心理健康及精神疾病防治相關政策與物質成癮防治之政策規劃、管理及監督。

9.中醫藥發展、傳統調理之政策規劃、管理、監督及研究。

10.所屬中醫藥研究、醫療機構與社會福利機構之督導、協調及推動。

11.口腔健康及醫療照護之政策規劃、管理、監督及研究。

12.其他有關衛生福利事項。

在這十二項職掌之中，與社會福利直接相關者，包括：社會救助、社會保險、社區發展（含社會資源運用）、社會工作（專業）、家庭暴力防治、性侵害防治、性騷擾防治及其他保護服務業務；間接有關者，包括：長期照顧（護）服務、早期療育服務。

就廣義的執行（相對於直接執行）而言，衛生福利部對於這些社會福利業務，著重於政策（法令）規劃、管理（管制）、監督（督導）、考核、研究（調查研究）、協調、宣導、推動、考核等工作。

至於由衛生福利部直接執行的業務，不是完全沒有，只是所占比率較少。例如：從社會救助及社工司官網所揭示的各科業務執掌中，我們可看到社區發展科的職掌包括：社區發展預、決算規劃執行事項（第7項）、公益勸募預、決算規劃執行事項（第19項）。另，社會工作科的職掌包括：社會工作、志願服務預決算規劃執行事項（第5項）、志願服務資訊管理系統規畫執行事項（第10項）。這些業務，都明確規定必須「執行」。

二、由社會及家庭署執行者

衛生福利部社會及家庭署，是衛生福利部所轄的次級機關，有獨立的

組織法、預算編製和人員編制。除了依據衛生福利部組織法第5條第5款，規定其掌理的項目爲：「規劃與執行老人、身心障礙者、婦女、兒童及少年福利及家庭支持事項」之外，在衛生福利部社會及家庭署組織法第1條，亦規定：衛生福利部爲辦理老人、身心障礙者、婦女、兒童、少年福利及家庭支持之業務，特設社會及家庭署（以下簡稱本署）。其第2條，則規定本署掌理下列事項：

1. 老人、身心障礙者、婦女、兒童、少年福利服務政策之規劃、推動與執行及相關法規之研訂。

2. 老人、身心障礙者、婦女、兒童、少年福利人力資源之規劃、推動與執行及相關法規之研訂。

3. 老人、身心障礙者、婦女、兒童、少年權益保障、社會參與之規劃、推動及執行。

4. 老人、身心障礙者、婦女、兒童、少年福利機構業務之監督及輔導。

5. 家庭支持制度與服務之規劃、推動及執行。

6. 其他有關社會及家庭福利服務事項。

據此可知，由衛生福利部社會及家庭署負責執行的業務，包括：老人、身心障礙者、婦女、兒童、少年等福利人口群之中，有關福利服務政策、人力資源、權益保障、社會參與之規劃、推動與執行，福利機構業務之監督及輔導，以及家庭支持制度與服務之規劃、推動及執行。從第1項到第6項，每一項都有「執行」之明確規定。

三、由直轄市政府社會局執行者

我國社會福利的主管機關，在直轄市爲直轄市政府，在縣市爲縣市政府。目前，臺北市、新北市、桃園市、臺中市、臺南市、高雄市爲直轄市。這些直轄市政府，都設置社會局，負責執行社會福利業務。茲以臺中市與桃園市爲例，依據2022年3月修正之臺中市政府社會局組織規程第三條各科室

掌理之事項、2020年9月修正之桃園市政府社會局組織規程第3條各科室掌理之事項，比較其執行的社會福利業務，如表7-1：

表7-1 臺中市與桃園市社會局執行的社會福利業務之比較

科室	臺中市政府社會局	桃園市政府社會局	備註
人民團體科	人民團體組織、社會團體、社會運動、工商業及自由職業團體、合作社、社區發展、公益勸募、電子憑證申報等事項。	人民團體輔導、辦理慶典活動、社區發展組織與輔導、志願服務、合作社輔導與籌組、財團法人社會福利基金會輔導及管理等事項。	
社會救助科	低收入戶生活扶助與照顧、急難救助、醫療補助、災害救助、遊民輔導收容安置、社會救助金專戶管理、社會救助機構輔導與管理及財團法人社會福利慈善事業基金會輔導與管理等事項。	低收入戶生活扶助與照顧、急難救助、醫療補助、災害救助、遊民輔導、社會救助金專戶管理、公益勸募輔導、公益信託基金輔導與管理、國民年金所得未達一定標準補助、以工代賑及平價住宅管理等事項。	
身心障礙福利科	身心障礙者生活扶助與照顧、機構輔導與管理、福利需求評估及個案管理、權益保障及公益彩券盈餘分配基金管理等事項。	身心障礙者生活、托育扶助與照顧、機構及團體輔導與管理、福利需求評估、個案管理及生活重建服務、權益保障及公益彩券盈餘分配基金管理等事項。	
長青福利科	老人有關之權益維護、福利服務及相關機構之監督與輔導等事項。	老人有關之權益維護、福利服務、文康休閒、長期照護、社區照顧、及相關機構之監督與輔導等事項。	桃市為老福科
婦女及性別平等科	婦女有關之權益維護、福利服務及相關機構之監督與輔導、性別平等之倡導與推動、特殊境遇家庭福利、新住民福利服務等事項。	外籍配偶家庭福利服務、特殊境遇家庭福利服務、婦女福利政策推動與權益倡導、性別平權倡導、社會福利政策、施政計畫之規劃整合與研究發展等事項。	桃市為婦女福利及綜企科
兒少福利科	兒少有關之權益維護、福利服務及相關機構之監督與輔導等事項。	兒童及少年福利政策推動及相關權益維護、福利服務、兒童及少年福利機構之輔導與管理、兒童托育業務、保母托育管理、兒童發展、早期療育服務及托育機構之輔導與管理等事項。	桃市另設兒童托育科
社會工作科	社會工作專業發展、弱勢家庭關懷輔導、高風險家庭危機調適、兒童及少年監護權之調查、單親家庭福利服務、志願服務、社會資源開發與整合及社會工作師執業管理等事項。	弱勢家庭關懷輔導、高風險家庭危機調適、社會資源開發與整合、福利服務諮詢、福利服務方案之推動、社會工作專業訓練及社會工作師執業管理等事項。	
綜合企劃科	社會福利政策、制度、施政計畫之規劃整合、研考、資通訊系統管理、替代役及短期人員管理等事項。	新住民福利規劃與執行、新住民事務會報、新住民多元培力發展及新住民綜合等事項。	桃市另設原住民事務科

科室	臺中市政府社會局	桃園市政府社會局	備註
祕書室	文書、檔案、印信、事務、採購、出納、法制、財產管理、工友及適用勞動基準法人員之管理、公共關係、新聞發布、營繕工程設計、規劃及監造等事項及不屬於其他科、室之事項。	文書、檔案、出納、公文管理、事務、財產管理、資訊、法制、公關、研考業務及不屬於其他各單位事項。	

資料來源：臺中市政府社會局組織規程、桃園市政府社會局組織規程，檢索日期：2020/8/17。

　　由表7-1顯示，臺中市社會局與桃園市社會局所執行的社會福利業務，大部分相同，小部分有異。其相同之處是：兩者都以人民團體、社會救助、兒童少年福利、老人（長青）福利、身心障礙者福利、社會工作（專業發展）等項為主要業務；其相異之處有三：一是臺中市社會局將婦女與性別平等合設為一科，桃園市社會局設婦女福利及綜合企劃科。二是桃園市社會局所執行的社會福利業務較多，可能是規定得較詳細之故，例如：辦理慶典、公益基金信託之輔導、平價住宅、障礙者托育扶助、老人文康、新住民等社會福利業務，其在臺中市社會局並未明確呈現。三是桃園市社會局在兒童及少福利科之外，另設有兒童托育科。此外，桃園市社會局設有原住民事務科，台中市社會局未設原住民福利單位，而是融入相關單位中執行之。

四、由縣市政府社會處執行者

　　我國社會福利的主管機關，在縣市為縣市政府。目前，有14個縣市政府設置社會處（另，南投縣設社會及勞動處、連江縣設衛生福利局），負責執行社會福利業務。茲以屏東縣與基隆市為例，依據屏東縣政府、基隆市政府之自治條例及其社會處官網所載各科室職掌，比較其執行的社會福利業務，如表7-2：

表7-2　屏東縣與基隆市社會處執行的福利業務之比較

科室	屏東縣政府社會處	基隆市政府社會處	備註
社會行政科	人民團體、社區發展、合作事業、公益勸募、志願服務等。	人民團體輔導、社會運動（紀念節日籌備）、社區發展業務、合作業務、志願服務等。	
婦幼福利科	保母托育費補助、弱勢家庭兒少生活補助、早療費用補助、兒少收出養、托嬰中心管理、新移民家庭服務中心等。	兒童福利、少年福利、婦女福利。	基隆市為婦幼及救助科
社會救助科	低收入戶審核及補助、低收入戶婦女生育補助、醫療補助、急難紓困專案、社會救助金專戶、物資銀行等。	社會救助：低收入戶調查列冊及各項扶助、以工代賑、中低收入戶傷病及醫療補助、急難救助、災害救助、遊民安置、諮詢輔導等。	
長青福利科	老人福利機構輔導、中低收入戶老人健保補助、看護補助、醫療補助、住宅修繕補助、長青學苑、社區照顧關懷據點等。	安置頤養、醫療保健、經濟扶助、社區照顧、餐食服務、文康休閒服務、長期照顧服務、敬老優代、期其他服務（敬老三節慰問金）等。	基隆市為老人福利科
社會工作科	家暴及性侵害防治、新住民人身安全、區域型家庭福利服務中心、兒少性剝削防制、社會工作制度等。	社會工作制度、區域型家庭福利服務中心業務、兒童少年保護業務、家庭暴力暨性侵害防治業務等。	
身心障礙福利科	ICF鑑定、障礙者證明、社會參與支持、庇護工場、復康巴士、輔具補助、手語翻譯暨同步聽打服務等。	中低收入障礙者：生活補助、托育養護、房屋租賃補助；一般身心障礙者：身心障礙者手冊核發、社會保險自付保險費補助、醫療及輔助器具費用補助、創業貸款利息補助、身心障礙轉銜服務等。	
勞工行政科		工會組織輔導、勞工福利、勞工安全衛生、外籍勞工管理等。	屏東縣另設勞工處
勞工關係科		勞資關係、身心障礙者就業促進、失業勞工就業訓練、就業促進等。	

資料來源：屏東縣政府社會處官網、基隆市政府社會處官網，檢索日期：2020/8/17。

　　由表7-2的顯示，屏東縣社會處與基隆市社會處所執行的社會福利業務，異同互見。其相同處是：兩者都以人民團體、社會救助、婦女及兒童少年福利、老人福利、身心障礙者福利、社會工作（專業發展）等項為主要業務；其相異之處有二：一是基隆市社會處所執行的業務之中，除了社會福利

之外，還包括勞工福利，在屏東縣則另設勞工處，以執行勞工福利。二是基隆市社會處以婦幼及救助科執行婦女及兒少福利與社會救助兩項業務；屏東縣社會處則分由婦幼福利科、社會救助科執行之。

復有進者，以地方政府社會局處所執行的業務，對照中央政府所執行的業務，有兩個明顯的差異：一是社會保險由中央政府執行，地方政府只針對特定的弱勢者提供保險費補助；二是人民團體與合作事業，已非衛生福利部主管之業務（係內政部執行的業務），但地方政府仍舊沿襲傳統，繼續執行這兩項業務，作為支援社會福利服務的重要措施。

無論如何，社會福利計畫及業務，由各級政府依法執行，具有明確性、簡單性、調適性、一致性等優點，然而公部門常因官僚化而導致創造力太低，同時也無法及時回應環境的變遷，是其最大缺點（Starling著，陳志瑋譯，2015：423）。因此，自1980年代社會福利民營化興起之後，由政府依契約委外執行者日漸增多。

第二節　由政府依契約委外執行

公共服務與社會福利的執行，除了由政府親自執行之外，有時也簽約委託民間團體代為執行（Starling著，陳志瑋譯，2015：425）。

這種情況，大約從1980年代起逐漸出現。其主要原因，一方面是由於政府直接辦理社會福利的方式，常被批評為政府介入太深，影響了市場的正常運作；另一方面是由於當時政府受到財務危機的壓力，為了能繼續提供社會福利，必須縮減政府規模，於是去科層化（debureaucratization）、民營化（privatization）、契約外包（contracting out）、商品化（commercialization）、市場化（marketization）、民間參與（private participation）等策略，紛紛被提出（Hill, 1997；引自鄭讚源，2005：2）。

這些策略被提出，有一個共同的特質，就是民間成爲政府執行社會福利業務的重要夥伴，而且常以合約作爲執行的規範。在這些策略之中，契約外包是最常使用的一種，而且涵蓋面較廣。不管是個案委託、方案委託、公辦民營，或是依據政府採購法辦理工程、物品、勞務的採購，都是政府部門與民間部門簽訂契約關係，政府提供經費或相關協助，由民間團體依契約中的規定項目執行，或針對契約所規定的標的對象提供各項福利服務。以下，我們針對契約外包，分三方面說明政府委託民間執行社會福利業務的情形：

一、契約外包的意涵

契約外包，也稱爲「購買服務契約」（purchase of service contracting）。依據美國《社會工作詞典》的解釋：

> 契約外包（contracting out）是一個組織僱用外界的個人或團體，在一個短暫時間内完成某項契約的任務。在契約中會有經費的設定，通常不包括臨時員工的給付（Barker, 2014: 93）。

這個定義有三個重點：一是執行業務者，是組織外部的個人或團體；二是執行業務時，有相關經費支應，但其目的是爲了順利執行，而不是爲了營利或增加員工報酬；三是簽約的雙方都必須依契約行事。質言之，契約外包並不包括「責任」外包，政府將業務外包給承辦單位之後，必須持續進行監督及輔導，並擔負執行成敗的責任。

二、契約外包的招標程序

當政府權責單位決定將某項社會福利計畫或業務，委託民間單位執行，且已編列相關預算時，即可展開契約外包的招標程序，選出最有資格的民間

單位來執行。

　　然而，招標必須依照政府採購法的規定，本著公開、公平、合理、良性競爭、有效率等原則，辦理相關程序。招標的程序相當繁複，茲依其實際運作情況歸納爲十個步驟，如圖7-1，並略作說明：

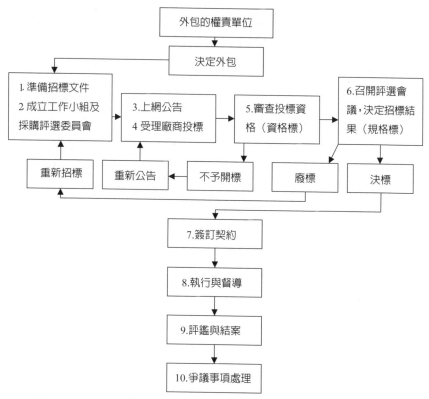

圖7-1　業務委外執行的招標程序

資料來源：參考Starling著，陳志瑋譯，2015，p.429；王繡蘭，2007，「社會福利方案委託—政府採購之檢討與改進」，p.3，彙整而成。

　　1.**準備招標文件**：由辦理契約外包的權責單位指定行政人員，預先準備招標相關文件，包括：委託辦理○○方案實施計畫、需求說明書、勞務採購契約、評選須知、評選評分表等。

2.**成立工作小組及採購評選委員會**：由權責單位指定相關人員組成工作小組，辦理招標作業相關事宜。同時，聘請專家學者及行政人員五至十七人，組成採購評選委員會，其中專家學者不得少於委員總人數的三分之一。

3.**上網公告**：將「委託辦理○○方案需求說明書」上傳「臺灣採購公告網」公告，是為公開招標。通常，需求說明書必須載明：計畫執行的工作內容、履約期限及地點、投標廠商資格及應檢附文件、預估經費、服務建議書撰寫格式、評選方式及原則、驗收及付款、罰則等事項。

4.**受理廠商投標**：在上網公告之後一定期限內，受理廠商投標。一般情況，採競爭性投標，不得指定廠商投標，但情況特殊者，例如身心障礙者福利服務方案，依規定可採限制性投標。

5.**審查投標資格（資格標）**：由工作小組針對投標廠商的資格、服務建議書（企劃書）進行審查，並記錄審查意見，提供評選委員參考。如果投標廠商的資格不符合規定或投標日期延誤，應不予投標。如果投標文件不齊（含未蓋關防、主管職章），可限期補件。如果符合投標資格的廠商家數不足（三家），必須廢標，依行程序簽核並重新公告。

6.**召開評選會議，決定招標結果（規格標）**：定期召開評選會議，先由符合資格標的廠商依抽籤順序，進行簡報、詢問及回答。再由委員按評審項目、標準及配分，評選優勝序位的廠商（最符合需要廠商）。評審項目一般包括：組織的健全性、財務的健全性、計畫內容的可行性、執行進度的合理性、工作人員的專業能力、過去辦理類似案件的績效、經費編列的合理性、簡報及詢答的表現等。如果評選結果沒有廠商得標，則視為廢標，應簽核重新招標。

7.**簽訂契約**：工作小組將評選結果簽報機關首長或其授權人員核定後，公布之，並與得標廠商依優勝順序個別進行協商（含修改計畫內容、減價），完成簽約手續。

8.**執行與督導**：得標廠商依契約規定的內容及進度，確實執行，並接受委託單位定期或不定期的督導。

9.**評鑑與結案**：得標廠商須於期末提出執行成果，經委託單位檢核、驗收，或聘請審查委員評鑑，通過後結案，契約終止。如果契約中有續約之規定者，得標廠商得於規定時間內申請續約評鑑。未於規定時間申請或續約評鑑未通過者，則不予續約，並得重新招標。

10.**爭議事項處理**：政府委託單位與廠商因履約而發生爭議者，應依法令及契約之約定，盡力協調解決。其未能達成協議者，則依政府採購法相關規定辦理。

三、契約外包的優缺點

政府將日常的、非核心的社會福利相關計畫、方案或業務，釋出一部分依契約規定外包給民間團體執行，其優缺點互見。以下各列舉三點（Starling著，陳志瑋譯，2015：426-427；Hughes著，呂苔偉等譯，2006：39）：

1. **優點**：
(1) 提高服務效率：經由公開競標及市場競爭，使服務更有效率。
(2) 減輕行政負荷：讓專業人員從繁瑣的工作負荷中解脫出來，可專心於評估需求，找出最大效益的人和事，思考長久弊病的解決方式。
(3) 增加工作彈性：政府機關因為法規和利益團體的壓力，經常阻礙新方案的規劃，而民間團體在工作上較具彈性，比政府更容易開創新方案。

2. **缺點**：
(1) 行政責任不明確：越來越多的外包，使公私部門的界線越來越難以定義，行政責任也越來越模糊。
(2) 實際成本可能增加：政府必須監督承包商的工作狀況，就監督本身而言，也是一種成本。
(3) 人民較難感覺到政府的美意：因為外包，政府減少接觸人民的機會，人民感受不到政府在為他們服務。

據此可知，由政府依契約委外執行，也有一定的侷限，並非任何業務都可適用。例如：高風險家庭的訪視、非志願性案主的會談，就不適於委外執行，因為這類社會福利業務常需公權力介入，而且訪視或會談，也不是依契約完成規定的次數就會產生績效。

再者，社會福利計畫、方案及業務的執行，除了由各級政府依法執行、由政府依契約委外執行之外，有時也可藉由補助（grant）、合夥（partnership）、抵用券（voucher）、志願服務組織（voluntary association）等途徑而執行（Starling著，陳志瑋譯，2015：428-432）。其中，抵用券是政府對於特定符合資格的消費者給予等同現金價值的代金券。例如：縣市政府社會局處於學校放寒暑假期間，針對低收入戶在學兒童，給予營養午餐代金券，讓兒童到政府特約的餐飲店領取等值的午餐，然後特約廠商再檢附消費過的代金券向社會局處請款。

第三節 與執行有關的關鍵議題

由政府依法執行，或由政府依契約委外執行，其執行過程中，除了依法行政之外，還有一些關鍵性問題，必須特別注意，並審慎考慮，以使社會福利的計畫和業務的執行，能夠順利達到預期的目標。

這些與執行有關的關鍵性議題，至少包括：行政裁量權（administration discretion）、無法預料的後果（unanticipated consequence）、自我實現的預言（self-fulfilling prophecies）等三項：

一、行政裁量權

在政府組織中，對於公共事務的處理，經常發生看起來令人膽戰心驚的

問題之一，就是行政裁量權的使用。通常，依法律規定賦予執行計畫的責任範圍，可能被忽視（ignoring）、顛倒（overturning），或者對計畫成功機會的看法不一致，甚至認為計畫不是很重要。這些情況，都可能傷害到計畫的執行結果（Lohmann & Lohmann, 2002: 185）。

以急難救助為例，依據我國社會救助法第21條第6款之規定，其他遭遇重大變故致生活陷於困境，經直轄市、縣市主管機關訪視評估，確定有救助需要，得申請急難救助。其中，「訪視評估」，係社會救助法賦予執行訪視評估人員有行政裁量權，讓他在訪視之後，依據自己的專業判斷去評估和決定申請者是否可以得到急難救助金。如果訪視人員忽視社會救助立法的原意，或者認為這個「例外」的規定不重要，而裁定駁回申請，那就可能傷害到急難救助業務的有效執行。

然而，現代新公共管理的趨向之一，是偏愛於減少「法規束縛」（rule-bound），而增加自由裁量權（discretion），歡迎公家機關對員工充分授權，解除管制。但是行政裁量權如果運用不當，可能會影響執行的結果，甚至引發利害關係人向法院提出申訴（Rosenbloom著，呂育誠等譯，2006：318）。

目前，即使目標管理（management by objective, MBO）的模式，已進行更多的努力，試圖處理行政裁量的問題，但其所規劃的模式，尚未能紓解這個問題。一個替代的方案，是就下列三個議題之間的組成要素，進行磋商，以得出較適當的裁量判斷（Lohmann & Lohmann, 2002: 185）：

1. 什麼是相關法律（law）、規定（rule）或政策（policy）擬定者的真正企圖？這是原始意圖（original intent）的議題。

2. 什麼是我們此時此地真正試圖去完成（accomplish）的？這是立即性意圖（immediate intent）的議題。

3. 什麼是在當前（present）或可預見的情勢（foreseeable circumstance）之下，可行和可能去達成的？這是自制（constraint）的議題。

簡言之，行政裁量的運用，必須循序漸進，首先解讀規範制定者的原始

意圖，其次是確認行政上立即性的意圖，然後評估情境的限制，克制自己的行動。

二、無法預料的後果

　　沒有一個計畫可以鉅細靡遺地進行規劃，也沒有一個計畫能因有了詳細的規劃就保證一定成功。在計畫的規劃和執行過程中，往往有一些我們預先沒有想到的事情發生，或是沒有按照原先的規劃去走，這是無法避免的。更重要的是無法預料後果的形態之一，也是本節下一段即將討論的自我應驗預言的部分，那就是，你對於執行的結果，事前有怎樣的預言，其可能就會成眞（predictions that come true）（Lohmann & Lohmann, 2002: 185）。

　　政府社會福利機關（構）的行政人員，對於其所執行的計畫及業務，必須時時自我警惕，避免發生這種無法預料的後果。如果組織上層的行政管理者公開說出實務工作者好像不喜歡政策的改變，這個預言可能就會對政策的執行結果產生明顯的影響。因此，負責執行社會福利計畫及業務的行政人員或社會工作者，必須搶先採取行動，回應上層行政管理的預言，以執行的成果，證明他們的錯誤。

　　當然，無法預料的後果，也可能是其他變數使然。例如：對於工作的領域不甚熟悉、必要的人力和財務資源不足、組織的制度尚未建立。儘管如此，作爲組織的基層員工，在官僚組織的社會福利行政情境之中，如果能按照組織所設定的政策和規則，單純地、眞心地去執行分內業務，自然而然就會得到一定成果。

三、自我應驗的預言

　　事實上，人們對於未來後果的預言，是有反應能力的。例如：事前預言高齡人口將逐年遞增，未來幾年將需增加多少長期照護機構，但是這個預言

也提醒高齡者更重視養生，最後結果，預言失真。

何謂「自我應驗的預言」？根據美國《社會工作辭典》（*The Social Work Dictionary*）的解釋：

> 自我應驗的預言（self-fulfilling prophecies）是其他個人或團體對一個人的一種期望（an expectation），或者社會現象影響個人、團體的方式，而這種現象隨後就會應驗。
>
> 例如：一個社會工作者可能將所有接受依賴家庭暫時救助（Temporary Assistance to Needy Families, TANF）的案主，都視為太懶於找工作，因此就可能無視於某一個依賴家庭暫時救助（TANF）的案主建議（社會工作者）幫他找工作的請求（Barker, 2014: 383）。

由這個解釋可知，多數依賴者懶於找工作的社會現象，可能影響社會工作者的想法，而預言所有的依賴者都是如此（懶於找工作），便無視於個別案主可能有其特定需求（想找工作）。

這種情況，也可能出現於社會福利行政人員身上。因此，自我應驗的預言，應該正向使用，預言是正向的，結果就可能是正向的。相對的情況，如果經常使用自我否定的預言（self-negating prophecies），失敗可能隨後就會應驗（Lohmann & Lohmann, 2002: 186）。

質言之，行政裁量權、無法預料的後果、自我應驗的預言，都是社會福利計畫及業務執行成敗的關鍵議題。論其因應之道，無他，正向思考，就會得到正向結果。

第四節 與執行有關的操作技術

無論是由政府依法執行，或者由政府依契約委外執行，其執行過程皆必須配合適當的操作技術，始能有效執行，達致預期的目標。

一般而言，與執行相關的操作技術，主要為：標準作業程序（standard operating procedure, SOP）、保存紀錄和報告（keeping records and reporting）、委員會和會議的運用（the use of committees and meeting）、時間管理（time management）等項（Lohmann & Lohmann, 2002: 202-218）。以下僅就標準作業程序、時間管理（甘特圖）、保存紀錄和報告等三項，略作說明，至於會議的運用，將在第九章討論。

一、標準作業程序（SOP）

行政新手或實習生剛到一個機關（構），可能發現計畫已規劃好，執行也已啓動，而爲了如何進入正在進行的作業而團團轉。標準作業程序（sop）就是將例行性工作加以制度化（institutionalized routines），讓新進人員按照步驟的指示去做，以避免失誤與疏忽（Lohmann & Lohmann, 2002: 202）。

在「標準作業程序」一詞之中，「程序」（procedure）二字的含意，可以解釋爲：一種規範（norms）、慣例（folkways）、習俗（mores）、協定（conventions）、傳統（traditions）或非正式規定（informal rules）（Lohmann & Lohmann, 2002: 202）。

例如：大學上課的第一天，教師依「慣例」會拿出課程大綱和教學進度表，「規定」學生閱讀第○章、繳交作業、考試、放假的時間，讓學生預先知道什麼時候要做什麼事，這就是一種標準作業程序。

目前，「標準作業程序」這種操作技術，已被政府社會福利機關（構）

廣泛運用，而且無論新手或資深人員、正式或非正式的方案執行，都可適用。例如：一個非正式個案會議的標準作業程序，是參與者約定於每週一午餐時間，進行個案討論；個案結案之後六個月，追蹤訪視案主。至於，標準作業程序正式運用於社會福利計畫及業務，我們以「某縣市政府核定低收入戶案件」為例，揭示其標準作業程序，如圖7-2：

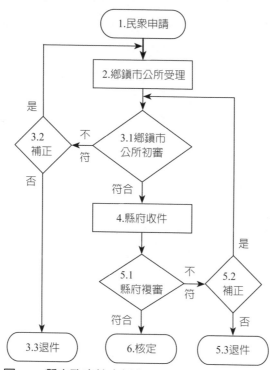

圖7-2　縣市政府核定低收入戶案件標準作業程序

資料來源：kimen.gov.tw/Layout/Sub-F/Download.Page.檢索日期：2017/4/5。

由圖7-2顯示，這個縣市政府處理民眾申請低收入戶案件的標準程序，包含六個連續性的步驟：

步驟一，由民眾向戶籍所在地鄉鎮市公所，提出低收入戶資格之申請；

步驟二，鄉鎮市公所受理低收入戶資格申請案；

步驟三，鄉鎮市公所對於受理的低收入戶資格申請案，進行初審；

步驟四，鄉鎮市公所將申請案及初審結果，送至縣市政府，由縣市政府收件；

步驟五，縣市政府針對鄉鎮市公所送來的申請案，進行複審；

步驟六，縣市政府核定申請案複審結果。

但是，在鄉鎮市公所受理申請、初審、縣市政府收件、複審等過程中，如有不符合規定者，限期補正或退件，亦按標準作業程序處理。

就行政的角度而言，運用標準作業程序的操作技術，其優點是可節省摸索的時間而提高行政效率，也可避免因為人事更迭而出現服務品質不穩定的現象。但是，標準作業程序也可能因為缺乏彈性，無法回應環境的變遷，因而必須定期評估及調整。

二、時間管理（甘特圖）

我們可能都有一種經驗，就是平常不急，總是拖到截止期限（deadlines）才開始著急。我們也常看到，國會或議會到了休會之前，才連夜趕工通過大部分的法案或行政部門的總預算案；有時候，單位主管要求祕書完成一份報告，即使最有責任感的祕書，也可能擱置下來，先去處理自己理念上認為必須完成的工作（Starling著，陳志瑋譯，2015：169）。其實，在校園裡也有這種情形，有些學生繳交作業，有些教師答應撰稿，也經常到了截止期限的前一、二天，才急著處理。顯然，許多人都沒有做好時間管理。

然而，社會福利計畫及業務的執行，常有迫切性，對於時間管理有獨特的要求，負責執行的行政人員必須有下列意識（Lohmann & Lohmann, 2002: 216），茲舉例說明：

1.事情經常在意想不到的時間發生：例如：兒童虐待、家庭暴力、天然災害造成人員傷亡。這類意外事故發生時，行政人員必須及時處理，否則可

能造成更大的傷害。

2. **任務的完成只有這麼多的時間**：例如：就業保險之失業給付、育嬰留職津貼，經保險人（勞保局）核定後，應在十五天內給付之（就業保險法第二十四條）。否則，承辦人員不僅違法失職，而且也損害人民的權益。

3. **確定的事情必須在特定時間著手或規定期限完成**：例如：社會救助之低收入戶查證，必須於每年四月著手調查，並於六月底核定，以便民眾根據低收入戶資格，申請子女教育補助。否則，事後無法彌補。

4. **有些活動只能在特定的時間之間（辦公時間）完成**：例如：暫時保護令只能在上班時間辦理聲請及核發，如果有事要與其他公務單位聯繫，也只能在上班時間進行。

由這些案例，我們意識到時間是稀少的、有價值的資源，不能被延誤或浪費，因而時間管理就成為行政操作的重要部分。許多機關（構）在社會福利相關計畫或方案中，都有起迄時間的規定。其中，甘特圖（Cantt Chart）是時間管理最常用的一種工具，如圖7-3：

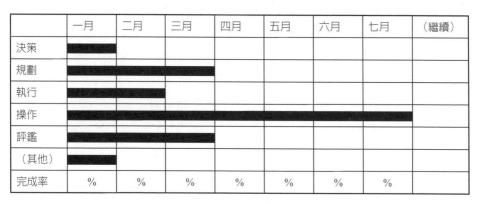

	一月	二月	三月	四月	五月	六月	七月	（繼續）
決策	■							
規劃	■■■							
執行	■■							
操作	■■■■■■■■■■■■■							
評鑑	■■■							
（其他）								
完成率	％	％	％	％	％	％	％	

圖7-3　甘特圖

資料來源：Lohmann & Lohmann, 2002: 216，圖11-2。

圖7-3，是1910年由甘特（Henry L. Gantt）所發明的一種計畫及控制技術。使用甘特圖，以圖表顯示在限定時間內，計畫中各項工作分配之預定進

度與實際進度之比率，藉以控制工作進度，是其優點。但是甘特圖無法有效表示各項作業間之關係，對於需要多項作業同時進行的計畫，較難運用；計畫內容想要作一些更動，就必須重新調整及繪製圖表，是其缺點。

三、保存紀錄和報告

社會福利相關計畫及業務之執行，以及標準作業程序及時間管理（甘特圖）的操作，都必須轉化為紀錄，妥為保存，以備不時之需。

一般而言，保存紀錄和報告，至少有三個理由（Lohmann & Lohmann, 2002: 216），茲申述如下：

1. **有制度地記錄事務**（institutional memory）：由於社會福利行政人員在一個單位任職的時間有限，人事和職務也經常更換，因而有必要將他們曾經辦理的活動、執行過程的描述、例行工作的細節，以及其他重要資訊，有系統地記錄下來，以避免職員離職之後，經驗的傳承中斷。通常，行政單位的首長必須指定專人，將紀錄彙編成工作手冊，為新進員工提供指引，讓他們了解並參考前輩在這裡做過的事，以及如何做。

2. **證明決策的正當性**（justification of decisions）：保存紀錄和報告，尤其是紙本原件（paper trails），可用以解釋或證明行政上的決策及執行是正當無誤的。通常，紀錄的影印本放久了可能模糊不清，電腦磁碟也可能遭到毀損或竄改，所以最好是原件保存。例如：補助款的申請文件、撥款的支票存根，都必須保存原件，一方面可指引新員工核撥補助款時，注意申請者過去的補助及核銷情況；另一方面在發生爭議，甚至訴訟時，這將是有力的證據，總比事後蒐集片斷的資料為佳。

3. **為工作報告留下必要的素材**（retaining the necessary raw materials）：在階層組織之中，個別的員工參加什麼活動、執行什麼計畫或業務，都必須留下紀錄，作為撰寫成果報告的素材，以證據來呈現工作成果，爭取良好的評價。再者，一個組織將所有社會福利服務的案例保存下來，不僅有助於經

驗智慧（practice wisdom）的傳承，而且也是對重要利害關係人的一種責信（accountability）。

　　無論如何，凡是走過，必留下痕跡；凡是做過，必留下成績。將執行的紀錄及報告保存起來，並篩選其中的重要資料，建立個人檔案與組織的資料庫，利用電子技術操作（檢索）及運用，直接或間接都有助於後續社會福利計畫及業務的執行。不過，紀錄的保存，仍應依法定期限整理及消除，並且配合環境變遷的需求，定期更新，以確保時效。

┌第五節┐ 與執行有關的一般原則

　　社會福利行政上的執行，必須有一些機制或原則，用以規範相關行動的進展（Lohmann & Lohmann, 2002: 184）。

　　在現有的文獻之中，有關於執行的原則，古典管理學派的代表性人物，泰勒（Taylor）、費堯（Fayol）、梅耶（Mayo），都曾經提出他們的看法。其中，費堯（Fayol）所提出的十四個原則，較常被引用。包括：(1)專業分工（division of work）、(2)權責對等（authority and responsibility）、(3)紀律嚴明（discipline）、(4)指揮統一（unity of command）、(5)目標一致（unity of direction）、(6)組織至上（subordination of individual interests to the common good）、(7)薪酬公平（remuneration）、(8)權力集中（centralization）、(9)層級鎖鏈（scalar chain）、(10)行事有序（order）、(11)公平公正（equity）、(12)人事安定（stability of tenure of personnel）、(13)積極進取（initiative）、(14)團隊精神（esprit de corps）（Weinbach, 2008: 51-52）。

　　然而，費堯的十四個原則過於複雜，而且僅少數原則直接影響在社會福利行政上，其他大部分只是間接有關（Lohmann & Lohmann, 2002: 184）。

因此，在公共行政及非營利組織，常將其整合爲五個指導原則（supervisory principle），作爲行政上的指導之用（林淑馨，2016：43；Lewis, Packard., & Lewis, 2012: 82），如表7-3：

表7-3　費堯的行政管理的主要原則

原則	要點
1.專業分工原則	工作專精能夠提升專業能力，也便於實施訓練。
2.權責相當原則	每一支援的權力與職責必須相依相稱。
3.指揮統一原則	一個部屬只能接受一個長官的命令（one man-one boss）。
4.酬勞合理原則	支付給雇主和員工的酬勞必須公平，令他們滿意。
5.團隊精神原則	當面有效溝通，以促進團體凝聚力。

資料來源：根據林淑馨，行政學，2016，p.43；Lewis, Packard., & Lewis, 2012, p.82彙整製表。

到了近代，公共行政學者歐思伯恩與蓋布勒（Osborne & Gaebler）兩人，認爲政府改造（reinventing government）在於建立企業型政府（entrepreneurial government），而企業型政府爲增進服務提供的績效，應遵守十個原則（Osborne & Gaebler, 1992；引自Denhardt & Grubbs著，黃朝盟等譯，2010：400-402）。這十個原則，對於社會福利計畫及業務之執行，有一些啓示作用，茲引用其標題、修改其內容，作爲與社會福利計畫及業務執行的一般原則：

一、發揮指導性：多掌舵，少划槳

中央政府衛生福利部對於地方政府社會局處、契約外包的執行單位，在實務運作上，必要時可超越既有法規或契約的基本規定，進一步發揮觸媒作用，促使夥伴單位產生更多的執行能量。

同時，負責社會福利計畫及業務的主管機關，必須多扮演掌舵（steering）的角色，察覺各種執行的可能性，並且在資源與需求之間力求平

衡，而不是只忙於划槳（rowing）或專注在單一的目標上。這些掌舵者必須界定執行的大方向，以及未來的發展願景，以與那些只沿襲傳統觀念的划槳者有所區別。

二、發揮社區自主性：充權而非服務

傳統上，政府社會福利機關（構），往往只著重於提供資源，去服務有需要的民眾，而較少協助他們在經濟上及社會方面逐步充權（empowering），藉以習得獨立自主的能力。

爾後，有關於社會福利計畫及業務之執行，不宜再沿襲這種單向提供服務的方式，而應改採雙管齊下的方式。各級政府在提供必要的服務（serving）之外，也將民眾有能力自己執行的工作，例如：照顧鄰里獨居老人、保護社區兒童安全、災後社區家園重建，以及其他志願服務工作，下放到社區，充權市民、鄰里團體及社區組織，讓他們有機會和能力解決自己的問題。

三、發揮競爭力：將競爭注入服務輸送中

政府的力量有限，民間的資源無窮。各級政府在執行社會福利計畫及業務的過程中，必須認知開發、連結及運用社會資源的必要性。適當地引進民間資源，參與社會福利計畫及業務之執行，藉由增進公營、民營及非政府等服務提供者之間的競爭（competition），以期改善社會福利服務的效率和品質。

不然的話，政府要以有限的資源，提供所有的福利服務，有時可能心有餘而力不足，甚至由於組織的過度擴張，反而降低服務的品質及效率。

四、任務導向：將照章辦事的組織轉型

政府社會福利機關（構）的存在，是爲了推動社會福利，增進人民生活福祉，必須以滿足人民的需求爲主要任務，而摒棄那些經常被詬病的官僚作風（red type of the official）。尤其，需要政府社會福利機關（構）提供服務的對象，大多數屬於弱勢者，他們對於申請或接受服務的行政程序可能不熟悉，政府社會福利機關（構）應盡量簡化行政程序，提供一種友善、便民的環境。

因此，在執行社會福利計畫或輸送福利服務的過程，如果發現某些單位呈現過多的繁文縟節，或者只是公事公辦，照章行事，而不能立基於任務導向（task oriented），彈性運作，則行政管理者應促其立即改善。必要時，由上層的領導者，運用組織變革的機制，引導它們適時轉型。

五、結果導向：注重產出而非投入

社會福利計畫及業務之執行，必須投入許多人力、經費和時間，當然期待能產出具體成果，突顯福利績效。否則，不僅浪費國家資源，也容易引發民怨。

在民主法治的國家，政府社會福利機關（構）一切計畫及業務之執行，固然不可忽略正當程序（due process），但更應致力於產出具體的成果，而不只是專注於管制（regulation）行政程序，陷入前述照章行事的窠臼。

簡言之，舉凡計畫的執行，業務的推展，投入（input）固屬必要，產出（output）更應受到重視。

六、顧客導向：符合顧客而非官僚的需求

社會福利行政是社會工作專業的一環，社會工作常稱其服務對象爲「案

主」（client），表示他們是個案、團體方案、社區方案的主人。有時候，社會工作者也使用「顧客」或「消費者（consumer）來稱呼服務對象，表示服務對象有權利選擇他們所需要的服務。事實上，無論稱爲案主、顧客或消費者，都表示他們有需求的時候，可以透過某些機制來滿足他們的需求。

就政府社會福利機關（構）而言，它的經費大部分來自人民納稅，民眾有福利需求，且符合政府規定的資格，社會福利機關（構）就有依法滿足其需求之義務。因此，社會福利組織在規劃及執行福利計畫與福利業務時，必須符合顧客的需求（consumer need），絕對不是爲了滿足官僚的需求（bureaucratic need）。

七、企業化政府：開源而非花費

自1990年代以來，電子化政府（electronic government）快速發展，許多國家紛紛實施政府組織再造，其範圍也包括社會福利行政組織的再造。

這種政府再造的目標，在於形成「企業化政府」（businesslike government），引進企業化精神，運用創新的方法來使用資源，促使生產力及效用的極大化。

雖然在性質上，社會福利組織不同於企業組織，其最大的差別，是企業組織追求利潤，而社會福利組織關切人民的福祉（Starling著，陳志瑋譯，2015：14）。但是，社會福利組織一旦融入企業精神之後，與企業組織同樣應該重視開源（earning），而非鼓勵消費（spending）以刺激生產。因此，有關社會福利的計畫或業務之規劃及執行，也應該引進企業組織不斷開發資源的精神。況且，現在政府社會福利機關（構）都面臨經費限縮的挑戰，更應師法企業組織的做法，致力於發展花費少而收益大的創新方案，俾以確保計畫執行能獲得最佳成果。

八、預見性政府：預防重於治療

　　企業型政府還有一種重要的精神，就是預見性（anticipatory），重視環境情勢的發展，以便洞燭機先，防患於未然。否則，救患於已然，反而要花費更多的成本。

　　事實上，現代社會福利計畫之規劃及執行，也注重組織內部環境的優勢、劣勢；外部環境的威脅、機會，再經過SWOT分析，進行策略性規劃（strategic planning），然後採取策略性行動、策略性管理。這些，我們在第六章已經述及。

　　其中，策略性行動，可視為策略性規劃之執行。因此，社會福利計畫及業務之執行，必須具有預見性，著重事前預防（preventing），更勝於事後治療（caring）。

九、權力分散：由層級節制到團隊工作

　　社會福利計畫，經常涉及兩個以上不同專業領域的業務。例如：身心障礙者福利服務，可能涉及社會福利、醫療復健、支持性就業、特殊教育等領域，常須組成多專業（multi-disciplinary）、專業間（inter-disciplinary）或跨專業（trans-disciplinary）的團隊，共同為服務對象提供服務。

　　在這種情況下，社會福利計畫及業務之執行，必須打破傳統以來層級節制（hierarchy）的界線，鼓勵相關專業者參與（participating），透過跨領域的團隊工作（team work），以及對角溝通（diagonal communication）的方式（詳見第九章），以提高執行的效率和效益。

十、市場導向：透過市場來操作（leverage）轉變

　　市場導向（market oriented）的理念，在企業界是指順應市場的變化，

採取不同的因應策略。將這種理念引進社會福利領域，是指政府不再以傳統的途徑，企圖去掌控全局，而是要以創新的策略，形塑良好的環境，透過市場運作的機能，來因應變局。

　　爲了因應這種市場導向的發展，政府對於社會福利計畫及業務之執行，必須了解到不能再由政府全盤操控，而應該盡量將那些日常的、非核心的社會福利計畫及業務，釋出一部分外包給民間機構來執行。這也就是說，社會福利計畫及業務之執行，必須順應市場（market）的發展趨勢，而非一直由政府嚴加管制（regulation）。

　　當然，我們也知道「計畫比不上變化，變化比不上長官一句話」，社會福利計畫及業務，常因時空環境變化，而必須改變它的計畫，因而在執行上也必須隨之調整。因此，上面這十個原則，也只是一些「原則」而已。「凡是原則，必有例外」，我們似乎不宜死抱原則，而不知配合時空環境的變遷，彈性運用這些原則。

　　最後，歸納本章的重點，我們強調計畫必須付諸執行，才不致淪爲畫餅充飢，光說不練。同時，我們將社會福利計畫之執行，擴及社會福利業務之執行，據以說明由我國各級政府（衛福部、衛福部社家署、直轄市社會局、縣市社會處）依法（組織法、處務規則、組織規程）執行的社會福利業務，以及由政府依契約委外執行的必要程序和優缺點。再者，與社會福利行政的執行有關的議題，包括：行政裁決權、自我應驗預言、無法預料後果等關鍵議題，以及SOP、甘特圖、紀錄保存等執行技術，也有所討論，以資運用。同時，我們也採借企業型政府提高執行績效的十個原則，作爲執行社會福利計畫及業務的一般原則，期待計畫之執行有原則可循，俾以確保執行之效率及效益。

第八章
社會福利行政
領導與激勵

一個組織想要成功地執行他們的計畫、方案或活動，行政人員必須有效地領導和激勵他們的部屬（Starling著，陳志瑋譯，2015：379）。

當然，除了執行計畫之外，中高階層的行政人員對於政策之形成、計畫之規劃、人員之任用、預算之編列、績效之評鑑，以及其他行政業務之執行，也必須領導及激勵他們部屬共同努力，始克有成。

在政府社會福利機關（構）之中，社會工作領導者通常也是社會福利行政人員，他們擔任組織和社區的領導者，實際從事於界定社會服務的願景、使命和目的，並且在政策、策略、方案和操作等事務上，確認（identify）並助長（facilitate）關鍵性的決定（decision marking）（Lohmann & Lohmann, 2002: 91-92）。為了有效領導及激勵部屬做好行政實務，以增進社會福利，我們將在這一章扼要說明行政領導的概念、傳統的領導取向、新型的領導取向、激勵的主要取向。

第一節 行政領導的概念

一個社會工作系所畢業生，進入政府社會福利機關（構）初期，通常先從事第一線的實務工作。然後，依據服務年資、工作表現或升等考試，逐步晉升為督導、單位主管、機關（構）首長，進入組織的領導階層，從事行政領導工作。

當實務工作者登上組織的領導階層之後，不但自己對於領導者的角色期待增加，也由於職位權力和能見度（positional power and visibility）提高，常引起部屬和其他人的注意，想知道他是不是稱職的領導者、他的領導風格為何（Lewis, Packard., & Lewis, 2012: 235）。事實上，無論領導者或部屬，對於領導的界定，以及行政與領導之間的區別及關係，都必須有所了解。

一、領導的界定

行政領導是領導的一種，專指行政上的領導行為而言。對於「領導」（leadership）這個術語，因為使用的範圍相當廣泛，常有不同的操作性定義。尤其，許多理論與實證的文獻，常在「領導」的標題之下，描述管理者或行政者在組織中的各種角色。他們常依其個人導向（individual orientation）或者觀察領導者行為焦點的樣態，來界定領導的定義。我們較常看到的領導定義，通常只是個人嘗試去界定的概念，並沒有一致同意的看法（Patti, 2009: 304）。

儘管如此，我們試圖從社會福利行政相關文獻中，找出有關領導的界定。茲列舉其中三者，以了解其梗概：

（一）賀綱等人（Hogan, et al）對領導的界定

賀綱、克爾菲、何綱（Hogan, Curphy, & Hogan, 1994）等人，在共同執筆的〈我們所知的領導：效能與人格〉（What we know about leadership: Effectiveness and personality）一文，認為：

> 領導涉及說服其他人，先將自己關切一段時間的事務擱置在一旁，而為了追求共同的目的（common goal）而努力。這個共同目的對於一個團體的責任和福利（responsibilities and welfare）是相當重要的。因此，領導者所關切的是建立具有凝聚力和目的導向的團隊（cohesive and gold-oriented teams）（cited in Patti, 2009: 304）。

這個定義著重於凝聚團隊的力量。領導者必須能說服其他人，優先考量團隊的共同目的，而將個人的事務放在其次。當團隊成員在人格上有公共利益大於個人利益的體認，團隊始能發揮效能，達成共同的目的。

（二）韋恩貝克（Weinbach）對領導的界定

韋恩貝克（Weinbach, 2008: 252）在《社會工作者即管理者：邁向成功的實務指引》（*The social worker as manager: A practical guide to success*）一書中，認爲：

> 領導是一個人以個人的能力去影響（ｉｎｆｌｕｅｎｃｅ）、激勵（motivate），使（enable）組織的成員能貢獻於提高組織的效能，進而成功地達到目的。

這個定義著重於領導者的個人能力。領導者在組織之中，必須運用他的能力去影響其他人，並激發他們的潛能和意願，俾以實際的行動，共同致力於組織目的的達成。

（三）諾斯奧斯（Northouse）對領導的界定

諾斯奧斯（Northouse, 2010: 3）在《領導的理論與實務》（*Leadership theory and practice*）一書中，界定領導爲：

> 領導是一種過程，憑藉著個人而影響一個個別的團體去達成共同的目的。通常，在一個組織的環境之中，適合於使用「部屬」（subordinates）一詞來描述領導的對象，而不使用「追隨者」（followers）。如果使用追隨者，表示領導者可在任何職位或角色進行領導，但是在一個官僚的階層體系（bureaucratic hierarchy），就不能這樣做。

這個定義著重於領導的過程。由領導者在組織的環境中，有效地影響一群特定的部屬，共同達成他們的目的。不過，諾斯奧斯（Northouse）並沒有明確指出領導者是憑藉他個人的什麼去影響其他人，這似乎意有所指，必須

視實際情況而定。再者，他特別將領導對象的區分爲「部屬」與「追隨者」兩種，並且主張在官僚組織使用「部屬」來稱呼領導對象。這樣的範定，對於社會福利行政頗具參考價值。因爲，社會福利行政組織體系高階層的領導者，其所領導的對象，主要是他們的部屬，必要時才會包括同事或其他利害關係人。

　　由上述有關領導的界定，可看出它們各有重點，但也可能顧此失彼。例如：賀綱（Hogan）等人的定義，重視團隊的凝聚力，但如何去說服一群人，並沒有提出答案；韋恩貝克（Weinbach）的定義，重視領導者的能力，但忽略了結合部屬及其他人的能力；諾斯奧斯（Northouse）的定義，重視領導的過程，也將官僚組織的領導對象範定爲「部屬」，但相對忽略領導者本身的必備條件（例如能力或其他）。

　　綜言之，領導至少要涵蓋三個面向：在起點上，以領導者的個人條件爲基礎；在過程中，強調領導者與部屬的相互影響；在最後結果，能達成組織或團隊的共同目的。

二、行政與領導的區別

　　「行政」（administration）與「領導」（leadership）兩者，有人認爲分屬不同的實體（quite different entities），一個人能成爲行政人員，不必然就能成爲領導者（Patti, 2009: 304）。另外，也有人認爲領導是行政的同義詞（synonymous）。例如：紐曼（Willian H. Newman, 1951）將領導視爲行政的一環，他認爲行政是一個團體朝向共同目標而努力的輔導（guidance）、領導（leadership）和控制（control）（Lohmann & Lohmann, 2002: 92）。簡單地說，領導與行政之間，不能劃上等號，但也不是各不相干。

　　賓尼思（Warren Bennis, 1989）曾經針對管理者（managers）與領導者（leaders）之間的行爲差異，提出十二個指標（Weinbach, 2008: 252）。我

們以這些指標為基礎，將管理者的行為轉換為行政人員的行為，並附加說明，以觀察行政與領導的區別，如表8-1：

表8-1　行政人員與領導者的行為比較

	行政者行為	說明	領導者行為	說明
1	執行	依法、依規定執行	革新	找更佳方法執行
2	常問如何和何時	關心如何執行、何時完成	常問是什麼和為何	關心做些什麼、為何要這樣做
3	聚焦於體系	在乎組織體系的要求	聚焦於團隊	在乎團隊的凝聚力
4	把事情做對（do thing right）	事情做對了，是應該；做錯了，依規定究辦	做對的事情（do the right thing）	對的事情，去做；事情不對，修正，再做
5	維持	依往例辦理	使發展	發展新措施
6	依靠控制	嚴加監視、管控。	激起信任	適當授權、互信。
7	短期觀點	要求期限內完成	長期觀點	追求持續性發展
8	接受現狀	保持現狀，明哲保身	挑戰現狀	打破現狀，力求進步
9	著眼於底線	起碼要符合規定	著眼於平行線	達平均水準以上
10	模仿	蕭規曹隨	首創	開創新局
11	積極仿效古典的指揮官	以將軍為典範，指揮若定	做自己	展現自己的風格
12	複製	有樣學樣	展現獨創性	無樣（本），自己想

資料來源：依據Weinbach, 2008, p.252，筆者製表並增加說明。

　　由表8-1顯示，行政人員的行為傾向於按照組織體系的規定，把事情做對，如期完成，顯得較為保守、缺乏創意。相對的，領導者的行為傾向於激發組織體系的部屬，找出更好的方法，去做對的事情，顯得較為開放，也較有創意。然而，這樣的二分法，一刀兩斷，非此即彼，好像兩者之間沒有任何關係。事實上，在某些情況下，兩者之間可能有一些關係。

　　不管怎樣，假如我們只看表8-1右邊描繪領導者行為的十二項特徵：革新（innovate）、常問是什麼和為何（ask what and why）、聚焦於團隊（focus on people）、做對的事情（do the right thing）、使

發展（develop）、激起信任（inspire trust）、長期觀點（long-term perspective）、挑戰現狀（challenge the status quo）、著眼於平行線（an eye on the horizon）、首創（originate）、做自己（their own person）、展現獨創性（show originality），應可加深我們對於領導意涵的印象。

三、行政與領導的關係

有關於行政與領導之間的關係，可從相關文獻、歷史事實、學理發展等三個面向，來加以探討：

1. **將行政與領導相提並論的文獻漸多**：有些管理科學的文獻，認為行政就是領導（administration is leadership）（Lohmann & Lohmann, 2002: 13）。例如：早期，達衛斯（Ralph C.Davis, 1951）在為管理下定義時，說到管理在專業表現上最好的部分，他直截了當地說：「那就是在行政領導方面的功能（the function of executive leadership）」。後來，達克特（Drucker, 1990）、彼得與瓦特曼（Peter & Waterman, 1997）等人也提出類似的概念，他們一致肯定行政領導在組織的使命和制度化方面，有其獨特的角色。尤其，在非營利組織裡，領導者是一個技術的高手，他熟悉預算和行程的安排、有睿智、能維持重要事務的運作，而不是一個無所事事的人（Lohmann & Lohmann, 2002: 92）。由此可知，「行政」一詞所包括的範圍較為寬廣，可將「領導」一詞涵蓋在內，甚至將兩者結合，稱之為「行政領導」。

2. **社會工作史上出名的領導者不乏其人**：就美國而言，我們在第一章開頭曾提及社會工作早期的知名人物，李奇孟（Mary Richmond）曾擔任費城慈善組織會社的祕書長，雅當斯（Jane Addams）曾擔任胡爾館（Hall House）的主席。這兩位社會工作前輩，都因為擔任行政職務，領導一個組織的營運，而有更傑出的表現（Lohmann & Lohmann, 2002: 9）。就臺灣而言，在內政部（2000）編印的《社會工作辭典》，收錄的許多名著名人（為免爭議，僅列辭世者）之中，也不乏社會福利行政知名的領導者。例如：前

臺灣師範大學社會教育系教授謝徵孚,曾參與起草憲法基本國策社會安全一節,來臺後出任臺灣省政府社會處長,領導籌設榮民之家、推展工礦檢查(pp.767-768);前聯合國中東社會發展辦事處主任張鴻鈞,曾來臺灣領導設置社區發展訓練中心(p.517)。時至今日,臺灣或美國知名的社會福利行政者兼領導者,其人數必然更多。

　　3. 行政與領導的重疊隨公共行政發展而遞增:自從1887年,威爾遜(Woodrow Wilson)在當選美國總統之前,發表〈行政研究〉(The study of administration)一文之後,一百多年來,公共行政歷經三個發展階段:第一個階段為傳統公共行政(1960年代),第二個階段為公共管理(1980-2000年),第三個階段為公共服務(2000年迄今),已由傳統以官僚、強制、節制為基礎,逐步轉換為以市場、選擇、協議為導向(Rosenbloom著,呂育誠等譯,2002:31;Hughes著,呂苔偉等譯,2006:3)。影響所及,行政人員的行為亦隨之有所改變,行政行為與領導行為重疊的現象,也逐漸增多。例如:兩者同樣重視團隊(行政團隊)、革新(行政變革)、發展(策略性發展)。

　　由上述分析,讓我們對於領導的界定有更深廣的認識,也讓我們初步了解行政領導的概念,它是指一個行政組織的領導者,能以熟練的技巧,去領導和激勵部屬共同處理行政實務,包括:政策之形成、計畫之規劃、計畫之執行及操作,以達成組織的共同目的。

第二節　傳統的領導取向

　　作為一個領導者,如果有熟練的技巧,能有效地領導部屬達成組織的目的,應該可以算是一個「好的領導者」(good leader)。怎樣才是一個好的

領導者、如何做一個好的領導者，這是許多社會科學家有興趣探討的議題。

　　大致上，領導的研究，始於管理學者試圖從領導者的行為，找出行政管理成功的要素。後來，社會心理學者對於小團體領導者的行為感到興趣，也開始研究領導。最近，人類學、政治科學、心理學及其他社會科學，也從各種不同的觀點投入於領導的研究。

　　奈何，社會工作專業（含社會福利行政）對於來自不同面向的領導研究，加以關注的程度相當有限（Lohmann & Lohmann, 2002: 94）。因為社會福利行政領域討論領導的文獻不足，我們引用一般傳統的領導取向，擇要說明，以利了解：

一、特質取向

　　領導的特質取向（trait approach）盛行於1930-1950年代，著重領導者的個人歸因，其基本假設，認為領導人物是先天生成（born）的成分居多，後天養成（made）的成分較少。例如：身材高大、外貌好看、智慧比其他人高，都是先天的成分。

　　但是，許多「高富帥」或「自認聰明」的人，並沒有成為領導人物。而且，有些個人特質也無法精確地反映在領導的行為表現上，例如：有些領導者是內向、害羞、沉著，且優柔寡斷；另外有些領導者是好大喜功、生性古怪，卻具決斷力（Rosenbloom著，呂育誠等譯，2006：116）。

　　也許是這個原因，有關領導者人格特質的討論，曾經沉寂了一段時間。直到1970年代中葉，由於人格研究有進階發展，為了了解人格特質對於領導及管理行為的貢獻，特質取向才又被重新提出討論。此時的特質取向研究，強調下列三點（Patti, 2009: 306）：

　　1. 一個領導者不同於其他領導者的構成要素，涉及相當多的特質表現，包括：身體的活動力、比部屬高的智慧、具有前瞻性動機（prosocial influence motivation），以及適應性、彈性、自信（self-confidence）和成就

動機。

2.個人特質對於領導效能的衝擊,端視領導者所處情境需要的特質而定。例如:一項具有挑戰性的任務,需要高層次的開創力和個人責任時,從成就動機就可預測領導是否成功,或有無效能。

3.當領導者所處的情境,允許個人有選擇做或不做的意願時,個人特質通常會比較強烈地衝擊到領導者的行為。

最近特質取向的探討,已將領導的有效性與「真實有據」(authentic)相互連結,扎根於正向心理學(positive psychology),認為真實可靠的領導者是:充滿自信、充滿希望、樂觀進取、有復原力(resilient)、有道德/倫理、有未來導向,而其實際展現出來的行為,是將這些特質正向轉化於領導者本身(Lewis, Packard., & Lewis, 2012: 236)。

二、行為取向

在1940年代末期至1950年代初期,領導的研究焦點,從特質取向轉移到行為取向(behavior approach),形成不同的領導風格(leadership styles)。彙整起來,可歸納為任務導向行為(task-oriented behavior)與關係導向行為(task-oriented behavior)兩個對照組,如表8-2:

表8-2 行為取向對領導的相關主張

任務導向行為	關係導向行為	代表性人物
體制面向(initiating structure)	體恤面向(consideration structure)	Bowers & Seashore, 1966
任務導向領導(task orientation of leader)	行為導向領導(behavior orientation of leader)	Fiedler, 1967
α型領導(alpha leadership)	β型領導(beta leadership)	Bombyk & Chernesky, 1985
工具型領導(instrument leadership)	表現型領導(expressive leadership)	Follett, 1967, 1971

任務導向行為	關係導向行為	代表性人物
以老闆為中心的領導（boss-centered leadership）	以部屬為中心的領導（subordinate-entered leadership）	Tannenbaum & Schmidt, 1958, 1973
權威式領導（an authoritarian leadership style）	民主式領導（an democratic leadership style）	
生產導向（concern for production）	員工導向（concern for people）	Blake & Mouton, 1964

資料來源：根據Lohmann & Lohmann, 2002, pp.95-100，整理及製表。

從表8-2之中，我們選取鮑爾斯與希秀爾（Bowers & Seashore, 1966）所提出的體制面向與體恤面向，略加說明：

鮑爾斯與希秀爾（Bowers & Seashore）在一項問卷調查，發現在各種不同組織之中，部屬對其領導者領導行為的反應，有兩種主要形態（Patti, 2009: 306）：

1. **體制面向**（consideration structure）：這是一種以老闆（主要領導者）為中心的領導行為，其主要特徵是由領導者賦予部屬任務，並以各種方式監視部屬的工作績效。

2. **體恤面向**（initiating structure）：這是一種以員工（部屬）為中心的領導行為，其主要特徵是領導者關心他們的員工（部屬），將他們視為獨立的個體。這類的領導者被他們的部屬所信任，且能促成兩者在組織裡有良好的人際關係。

這種行為取向，認為領導者必然歸屬於體恤或體制這兩個面向，被批評較少考慮到領導者特定角色的要求、領導功能的脈絡、領導者與部屬的不同配置（House & Aditya, 1997: 421; Patti, 2009: 306）。

事實上，從體制面向到體恤面向之間，還有一些程度不同的領導行為。例如在表8-2的代表人物之中，泰能鮑與史密特（Tannenbaum & Schmidt, 1958, 1973）就曾強調領導者與部屬之間有一定勢力的轉變，從以老闆為中心的領導（類似體制向向）到以部屬為中心的領導（類似體恤面向），可排列成一個連續的光譜，而不是非此即彼（Rosenbloom著，呂育誠等譯，

2006：122；吳瓊恩，2016：471-472），如圖8-1：

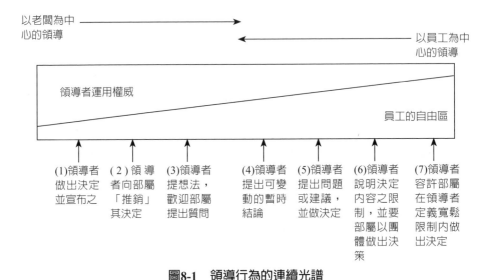

圖8-1 領導行為的連續光譜

資料來源：吳瓊恩，2016，p.464。

三、權變取向

權變取向（contingency approach）發生於1960年代，認爲領導沒有一個最佳方法（no one best way to lead），不同的領導方式，適合於不同的情境，領導者必須權衡情境的變動而因地制宜，因此有時也稱之爲情境取向（situation approach）。

權變取向重視不同情境對於有效領導的影響，其主要理論有：(1)領導的權變理論（the contingency of leadership）（Fiedler, 1967, 1971）。(2)有效領導的路徑－目的理論（path-goal theory of leadership effectiveness）（House, 1971; House & Mitchell, 1982）。(3)生命週期的領導理論（life-cycle theory of leadership）（Hersey & Blanchard, 1982）。(4)認知的領導理論（cognitive theory of leadership）（Fiedler & Garcia, 1987）。(5)決策過程理論（decision process theory）（Vroom & Yetton, 1973, cited in Patti, 2009: 306）。

這些權變理論，通常使用幾個面向的圖表，進行分析，其理論多於實務。爲了社會福利行政可實際運用，我們在諸多理論之中，以霍史（Robert J. House）的路徑－目的領導理論爲例，略加說明。

霍史（House）於1971年發表領導效能的路徑－目的理論（A path-gold theory of leader effectiveness），提出領導行爲的四種基本類型，並說明如何配合部屬的特定情境，採用最有效的領導行爲（吳瓊恩，2016：474）：

1. **指導型的領導行爲**（directive leadership）：在曖昧不明的情境中，須化解角色的曖昧，澄清達成目標的路徑，且需要對部屬的績效提供獎勵，以增加其滿足感時，採用指導型的領導行爲，較爲有效。

2. **成就導向的領導行爲**（achievement-oriented leadership）：在工作情境屬於非結構性，部屬需要以成就的目標來挑戰，或者部屬爲外控的人格時，採用成就導向的領導行爲，較爲有效。

3. **支持的領導行爲**（supportive leadership）：在部屬感到乏味與焦慮、缺少自信時，採用支持型的領導行爲，較爲有效。

4. **參與的領導行爲**（participative leadership）：在部屬對於自主與成效有高度需求時，也就是屬於內控的人格或無結構的工作情境中，採用參與型的領導行爲，較爲有效。

質言之，路徑－目的領導理論，是領導者針對部屬所處的情境，採用比較有效的領導行爲，以提高部屬的滿足感，促進部屬個人目標與組織共同目標的達成。

不過，路徑－目的領導取向如果遇到外控人格的部屬，必須祭出監督的手段，就可能不是那些外控型部屬心目中「好的領導者」。

第三節 新型的領導取向

1980年代中葉，布蘭斯（Burns, 1978）在闡釋領導的概念時，認為當時的領導者已逐漸將其對領導的「看法」（see）及「行動」（act）放在他們與追隨者的動機上（Patti, 2009: 307）。這種強調領導者與部屬之間的互動關係，與傳統取向有所不同，被稱為新型的領導取向（new leadership approach）。

自從布蘭斯（Burns）提出新的領導概念之後，迄今已出現的領導取向（Lewis, Packard., & Lewis, 2012: 239-243），約有下列五種：

一、魅力型領導

新型的領導取向，係由魅力型領導（charismatic leadership）展開序幕。論及魅力型領導，我們很快聯想到它可能與德國社會學家韋伯（Marx Weber）的魅力型權威（charismatic authority）有關。根據韋伯的說法，有些人擁有不平凡的天賦，足以誘導他人跟隨著他，如眾所知的例子，是被認為能與超自然力量接觸的宗教領袖（Rosenbloom著，呂育誠等譯，2006：116）。當然，能誘導他人追隨的領導者，並不侷限於宗教領袖，各行各業都可能出現魅力型領導者。

通常，一個有魅力的領導者，具有鮮明的角色模式，能以事實證明他擁有特定的能力、值得信賴，讓他人寄以高度的期待。同時，魅力型領導者也能助長他人發展對他（領導者）的信任，有時為了符應追隨者的期待，領導者寧願自我犧牲（self-sacrifice）、承擔風險（risk taking），且不時對他人表達關切，以激發追隨者邁向一個新的願景。不過，我們必須牢記在心，魅力型領導也有其「危險性」（risky），權力可能被「誤用」（misuse），而追隨者也可能對魅力領導者有不適當的依賴（Yukl, 2010: 81）。

這種情況，在公共行政領域，時有所聞；在政治界，更是屢見不鮮。例如：不久之前，臺灣北部某一外科醫師出身的市長，就任初期「誤用」他的高人氣（魅力），打擊所謂「五大弊案」，且動輒揚言要換掉某某局處長，導致有些局處長噤若寒蟬，凡事「仰賴」市長做決定，以免惹禍上身。

事實上，有效的領導，不一定要靠強勢的魅力。這也就是為什麼韋伯提出魅力型權威（charismatic authority）之外，還要提出傳統型權威（traditional authority）與理性型／法定型權威（rational/legal authority）的原因。可見，即使是魅力型領導者，也需要理性／法定權力作為領導的基礎，而且很難完全拋棄傳統上部屬對其權力正當運用的期待。

有些學者的研究發現，在領導的諸多歸因中，還包括一種由謙卑（humility）與大膽（fearless）的「不合理混搭」（paradoxical blend），而形成成功領導的決定要素（Lewis, Packard., & Lewis, 2012: 239）。也許，我們可下一個簡單的結論：魅力如流水，瞬息萬變；水能載舟，亦能覆舟；與其強調領導者的個人魅力，不如強調組織及部屬對於領導者的期待。

二、交換型－轉換型領導

近年來，普遍被討論的領導模式，是兩個相對且相關的取向：交易型領導（transactional leadership）與轉換型領導（transformational leadership）。巴斯與阿博里歐（Bass & Avolio, 2006）對於這個議題有一些討論，有助於我們了解其中梗概。

就交易型領導而言，這是比較常見的一種領導取向，它好比一種交換過程（exchange process），領導者與追隨者同意去做某件事，或提供某項物品，以因應彼此的需求。相對的，轉換型領導，是領導者以分擔目的（share goals）為焦點，激勵（motivates）追隨者投入更多的努力（Lewis, Packard., & Lewis, 2012: 239）。

據此申言，交易型領導是知後同意，彼此「交易」，銀（酬賞）貨（任

務）兩訖；而轉換型領導則是鼓勵追隨者「轉念」為更高層次的願景，先達成共同的目的，再分享共同的成果。這是兩者相互對照之下，在理念上呈現的一些差異。

經過這樣的對照，交易型領導比較具體，也比較常被運用。因此，我們有必要進一步了解交易型領導的兩個必要條件（Bass, 1998: 7；Lewis, Packard., & Lewis, 2012: 239）：

第一個條件，是為了完成想要的行為，必須有權變性酬賞（contingent rewards），因而交易型領導者必先確認激勵員工的要素，並視情境之不同，而提供適切的酬賞；

第二個條件，是依情境之不同，提供必要的監督，也就是在正常的情境下，稍微監督即可；如果發生特殊情況（變動例行的活動），就必須安排積極性監督，以免偏離了標準作業程序（SOP）、做錯、延誤，必要時亦須加以糾正。

然而，交易型領導的主要對象，如果屬於專業程度較高的職員，可能就較難達成顯著的領導效果。如果遇到這種情況（部屬是專業人員），交易型領導者可融合運用轉換型領導取向，並增加下列四方面的作為（簡稱「4Is」）（Lewis, Packard., & Lewis, 2012: 240）：

1. **理念的影響**（idealized influence）：領導者展現高道德和高倫理的標準，讓部屬相信他是在做一件對的事情（do the right thing），稱讚他是一種角色模式，而積極地仿效他，且以實際表現來落實他的理念。

2. **動機的激發**（inspirational motivation）：激發部屬動機的關鍵性策略，是預先設定一個願景（vision）。雖然這個理念已被過度使用，有時也被部屬視為一種犬儒主義（cynicism）而遭到冷嘲熱諷。不管怎樣，適當地執行，對於協助部屬凝聚焦點和充沛活力，是一種有用的工具。另外一個做法，是為工作的單元或方案，設定一個較高的期待。然後，領導者以激起熱情（enthusiasm）的鼓勵方式，拉著團隊朝向設定的願景和期待達成的結果努力去做。

3.**智慧的啟迪**（intellectual stimulation）：鼓勵部屬革故鼎新（innovation）、創造發明（creativity）、質疑假設、嘗試新的做事方法，並刺激部屬的聰明睿智。這個原則，在早期評估變革需求的階段特別重要，允宜及早實施。

4.**個別化的考量**（individualized consideration）：將每一個部屬視為一個獨立的個體，並且持續與部屬進行個別化互動。這種個別化互動的考量，也包括協助部屬確認其成長的目的，並為他們提供機會去達成目的。這些考量，可採取專家與部屬一對一討論的方式，簡單地詢問什麼事情對他們最重要、這些事情如何在工作場所完成。

當然，最佳的領導者，運用轉換型領導的次數，要比運用交易型領導多一些。但是，巴斯與阿博里歐（Bass & Avolio, 2006: 5）認為這兩種領導取向合在一起運用最為有效，並且提醒領導者注意在運用轉換型領導時，不要與「偽轉換型領導」（pseudo-transformational leadership）混為一談，因為後者只聚焦於領導者個人權力、不當操弄、威脅利誘、動輒懲處。

三、典範型領導

典範型領導（exemplary leadership）是立基於經驗論（with an empirical base）的一種領導取向，由領導者透過行動與價值的結合，協助部屬確認他們的個人價值，並且設定一個範例（setting an example），去激發部屬積極地與他人協力合作，以達成共同的願景。在這個過程中，領導者以身作則，身先士卒，以實際行動激勵部屬尋找機會去創新、去改變，並且在體驗和冒險之中，不斷地成長。最後，領導者針對部屬個人的卓越表現給予肯定，並且為社群合作精神的價值給予慶賀，也為獲得勝利而給予歡呼，藉此激勵人心士氣（encourage the heart）（Lewis, Packard., & Lewis, 2012: 241）。

依據柯茲斯與波斯納（Kouzes & Posner, 2002）的研究，發現人們夢寐以求的典範領導者，至少具有四個特徵：

1. **實事求是**（honest）：說眞話、講倫理、有原則、值得信任。

2. **有先見之明**（forward-looking）：能爲組織清楚地描繪出一個願景和發展方向；能運用策略性規劃，並且預測未來。

3. **稱職**（competent）：過去的紀錄上軌道；有能力使事情完成；對組織瞭若指掌；有相關經驗。

4. **能鼓舞人心**（inspiring）：熱情洋溢、充滿活力、對未來有正向的看法。

柯茲斯與波斯納（Kouzes & Posner, 2002）曾使用一個英文字首的縮寫，爲這四個特徵下了一個簡潔有力的結論：DWYSYWD——「說了什麼，就要做什麼」（Do what you say you will do），要求領導者實踐自己的諾言，「說到做到」（walks the talk）、「貫徹到底」（follow through）（Lewis, Packard., & Lewis, 2012: 241）。

四、遠見型領導

前述魅力型、交易型－轉換型、典範型的領導取向，都曾提到願景（vision）的重要性，唯獨藍納思與竇布斯（Nunus & Dobbs, 1999）主張將願景抽離出來，而且認爲一個有遠見的領導者，除了重視組織的願景之外，也要重視組織內部員工的個別願景。這種領導取向，被稱爲遠見型領導（visionary leadership）。

首先，藍納思與竇布斯（Nunus & Dobbs, 1999: 78）將願景界定爲：對於一個組織的未來，提出一種寫實的（realistic）、可信的（credible）、引人注目的（attractive）、鼓舞人心（inspiring）的圖像；並且認爲願景（vision）與使命（mission）不同，願景是一個組織想要往何處去（它理想中的未來）：使命是一個組織爲何存在（它的目的）、必須做什麼（它的特定方案或活動）。

其次，他們兩人指出，個別的員工也有他們自己的願景，他們也想在有

生之年完成些什麼。這些員工帶著他們的願景來到組織，期待他們本身的願景能被組織的領導階層重視。因此，一個有遠見的領導者，必須了解部屬渴望的願景是什麼，並且盡可能將這些個人願景納入組織的願景之中，形成共同的願景。同時，在協力合作朝向共同願景而努力的過程中，也能同步協助員工完成他們心目中的願景（Lewis, Packard., & Lewis, 2012: 242）。

　　雖然，藍納思與竇布斯（Nunus & Dobbs）未能具體說明領導者如何協助部屬完成他們心目中的願景，但是提醒領導者必須兼顧組織與員工的願景，已是言人所未言，見人所未見，這也是一種遠見，值得肯定。

五、公僕型領導

　　公僕型的領導（servant-leadership），是格林里夫（Robert Greenleaf）於2002年所發展出來的概念，類似我們民間所言：「公務人員是人民的公僕」的觀念，可將之轉換為：「領導者是部屬的公僕」。

　　很明顯，公僕型領導是一種非傳統的領導取向，無論領導者與部屬的關係、領導者的行為表現，都有了一些轉變。依據斯皮亞斯（Spears, 2005: 33-36）的觀察，公僕型領導有下列十個特徵：

1. 聆聽（listening）。
2. 同理（empathy）。
3. 傾聽（healing），聽出低盪的心聲和心理的創痕。
4. 概括化（general）與自我覺察（self-awareness）。
5. 運用說服（persuasion）而非利用職位上的權威（positional authority）。
6. 寬宏的概念性思考（conceptual thinking）和遠見（visioning）。
7. 依據過往經驗而預測未來結果。
8. 擔任總管的職位（stewardship），為了組織更加美好，而相信組織的制度。

9. 承諾（commitment）願意協助人們成長。

10.建立社群關係（building community）。

　　上述傳統領導取向與新型領導取向，及其所涵蓋的各個次級取向，無非都是想要為領導找出一個最好的模式。然而，行政領導很難說是好或不好，也許只有適用或不適用的問題。通常，領導的過程，至少涉及「領導者」與「部屬」兩造，必須部屬願意配合，領導才有可行，領導者總不能一廂情願，不顧部屬的反應。因此，社會福利行政人員對於各種領導取向，必須適當地選擇，靈活地運用，並且激勵部屬積極參與，領導才可望成功。

　　必須補充說明的是，領導的概念，通常否認「單獨」（solo）的意向，或單方面的領導（unilateral leadership），而是主張「共同擁有領導」（shared leadership），強調互動的品質，更勝於階層的制度；與其使用「教導」（instruction），不如透過「交談」（conversation），分享彼此的價值和信念，「真心誠意」（honesty），以團隊方式來解決問題，達成共同想要的公共之善（common good）（Gill, 2006: 30）。也因此，任何有關於領導的討論，還需要有關激勵的討論，來加以補強。

第四節 激勵的主要取向

　　美國第一本社會福利行政專書的作者，芙莉特（Mary Parker Follett），在描述能夠激勵她的領導人物時，特別提到（Business Quarterly, Spring, 1992: 55，引自Starling著，陳志瑋譯，2015：373）：

　　一個有技巧的領導者，不會依賴人事部門。他之所以能夠掌握一個團隊，靠的不是支配，而是表達。他將我們之間最好的一面激發出

來，他將我們感覺上有待摸索與拼湊的問題統一且集中起來，但從來沒有在我們與他所構成的整體中置身事外。他是幫助每個人將自己剛起步的能量匯聚成形的領導者。影響我最深的人，不是他自己做了什麼大事的人，而是讓我覺得我可以做大事的人。

這一段話顯示：領導的基本精神，在於激勵團隊的工作士氣。正如卡茲維斯基（Wski, 2000: 211-212）所言：「一個教練，最主要的工作，就是鼓舞；一個領導者，最主要的工作，就是激勵。」

另外，美國卓越的心理學家與哲學家傑梅斯（William James）在激勵的研究中，發現員工只要發揮20%-30%的能力，就能夠維持他們的工作，而免於被辭退，但在受到高度的激勵時，員工將可以發揮其80%-90%的能力（Starling著，陳志瑋譯，2015：379）。

所謂「激勵」（motivation），依據美國《社會工作辭典》（*The social work dictionary*）的解釋為：

將身體的驅力（drives）、想望（desires）、態度和價值，組合起來，去引發（arouse）及導引（direct）人們邁向某些目的之達成（Barker, 2014: 275）。

這個解釋有兩個重點：一是將焦點（focus）放在內在動機之激發，二是將方向（locus）放在特定目的之達成。

至於激勵的研究取向，一般可區分為內容觀點（content perspectives）與過程觀點（process perspectives）兩大類。

內容觀點方面，在於了解員工需求的「內容」，然後給予適當的激勵。持此觀點者有：馬斯洛（Abraham Maslow）的需求層次理論（hierarchy need theory）、賀茲伯格（Frederick Herzberg）的激勵－保健理論（motivation-hygiene theory）、歐德華（Clayton Alderfer）的ERG理論（ERG theory）、

麥克蘭德（David McCleland）的三需求理論（three needs theory）。

過程觀點方面，在於了解員工選擇某些行為以滿足其需求的「過程」。持此觀點者有：亞當斯（Stacey Adams）的平衡理論（equity theory）、伍姆（Victor Vroom）的期望理論（expectancy theory）、洛克與雷森（Locke & Latham）的目標設定理論（gold-setting theory）。

在這些理論之中，需求層次理論是最基本的激勵理論；激勵－保健理論所指涉的因素（例如：工作條件、個人成長、責任、上司）與行政領導直接相關；目標設定理論則聚焦於目標的設定及達成，亦適合於社會福利行政運用。因此，我們選擇這三個激勵取向，進行探討：

一、需求層次取向

馬斯洛（Maslow, 1954）認為，人類是不斷追尋需求的動物，當某種需求滿足之後，另一種需求即代之而起，而且人類的需求是有層次性的，可分為五個階層。後來，有許多學者踵事增華，加以調整及運用。例如：美國史丹佛研究所的研究人員發現，一個人在特定時刻的行為，通常由他當時最強烈的需求所決定，因此他們在馬斯洛的五個層次上，訂出一定的比率，以便行政人員理解哪些是人們最重要的需求（Starling著，陳志瑋譯，2015：385），如圖8-2：

1. **生理的需求**（physiological needs）：這是人類的基本需求。例如：食物、衣著、遮風避雨的住所。這些基本需求，通常與物質或金錢有關。

2. **安全的需求**（safety needs）：這是有關經濟安全與心理安全的需求。例如：工作場所的安全性、工作的穩定性、免除天然災害、獲得公平待遇。

3. **社會的需求**（social needs）：這是有關歸屬、愛與被愛、合作的需求。例如：期待被同儕接納、獲得他人友誼、有社會互動機會、有良好人際關係。

4. **自尊的需求**（esteem needs）：這是有關自尊、自信、受尊重、被認

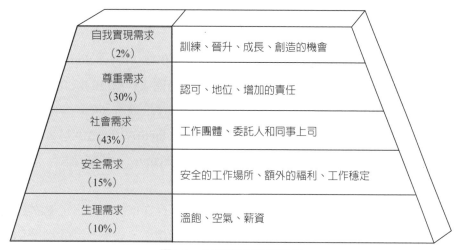

圖8-2　馬斯洛的需求層次

資料來源：Starling著，陳志瑋譯，2015，p.385。

可的需求。例如：所作所爲能夠獲得他人的重視、肯定、讚賞，而得到好的名聲。

5. **自我實現的需求**（self-actualization needs）：這是有關自我成就、自我發展的需求。例如：有機會發揮自己的潛能和秉賦，使自己成爲別人心目中最好的人，而且隨時積極向上努力，最後能使自己成爲自己心目中最好的人。

這種激勵取向，將人類的需求分爲五個高低不同的層次，每當較低層次的需求得到一定程度的滿足之後，就會產生較高一層的需求。這種需求層次的取向，有助於社會福利行政領導者在運用時，依其部屬的需求層次，提供適當的激勵，使領導變得更加有效。然而，各有所好（different strokes for different folks），同一個人在不同的時間點，也可能有不同的需求，社會福利行政領導者必須敏感地覺察，不同部屬在不同時間點的需求層次，適時提供適切的激勵，才會有效。

二、激勵－保健因素取向

賀茲伯格（Herzberg）與美國匹茲堡心理服務社（Psychological Service of Pittsburgh）的研究人員，於1959年進行一項有關工作滿足的研究。他們發現有些因素會影響工作不滿足，屬於保健因素（hygiene factors）；另外有些因素會影響工作滿足，屬於激勵因素（motivate factors）。這就是有名的保健－激勵理論，也稱為雙因子理論（two factors theory）。這種理論，有兩個要點：

1. **保健因素**：分為十個因素，這些因素若不存在或消極作為，便會影響員工的「工作不滿足」。但這些因素存在或積極作為，並不一定引起「工作滿足」。這些因素包括：.

(1) 組織與行政（company and administration）：組織的政策、人事制度等。

(2) 管理方式（supervision-technical）：上級領導方式、對部屬的協助等。

(3) 薪資（salary）：薪資合理、預期加薪等。

(4) 上級關係（interpersonal relations-supervision）：上級的態度、支持等。

(5) 工作條件（working conditions）：工作環境、工作負擔、組織文化等。

(6) 同事關係（interpersonal relations-peers）：同事合作、同事間的接納等。

(7) 部屬關係（interpersonal relations-subordinates）：工作關係、私誼關係等。

(8) 地位（status）：所任工作的地位象徵等。

(9) 工作保障（job security）：工作穩定、任期有保障等。

(10) 個人生活（personal life）：工作對家庭的影響，工作與家人的期

待等。

2. **激勵因素**：分為六個因素，這些因素若存在或積極作為，便會影響員工的「工作滿足」。但是這些因素不存在或消極作為，並不一定引起「工作不滿足」。這些因素包括：.

(1) 成就感（achievement）：成功完成了一件事、看到自己的工作成果等。

(2) 受賞識感（recognition）：工作表現得到賞識、意見被接納等。

(3) 工作本身（work itself）：工作的整體性、創造性、挑戰性等。

(4) 責任感（responsibility）：工作的自主性、獲得授權等。

(5) 升遷（advancement）：獲得預期或未預期的升遷機會等。

(6) 成長的可能性（possibility of growth）：增進專業知能的機會等。

這種激勵取向，將影響「工作滿足」的因素，與影響「工作不滿足」的因素，區別為兩個不同的面向，可提供行政管理者因應不同的影響因素，給予適當的激勵措施。但是，保健因素與激勵因素的區別並非絕對性的，其影響也不是單一面向的。例如：「薪資」的因素，如果組織在政策上因應「一例一休」而取消加班費，不僅對「工作不滿足」會有影響，對於「工作滿足」也會產生一些影響。尤其，對於個人經濟上比較拮据的員工，其影響程度更大。這些情形，社會福利行政領導者在運用時，必須列入考慮因素。

三、目標設定取向

洛克與雷森（Locke & Latham）認為目標（gold）是一個人企圖了解某件事的欲望之陳述，而目標設定（gold-setting）可提高完成該件事的可能性，如果目標設定能具備至少八個特點，則該目標比較容易產生最大化的激勵效果（Denhardt & Grubbs著，黃朝盟等譯，2010：494-495）：

1. **共同設定目標**：要求部屬參與目標的設定，否則他們可能會排斥該項目標。

2.**將目標寫下來**：寫下目標，冠上動詞，藉以提高完成該項目標的承諾感。

3.**詳細陳述目標**：詳細陳述達成該目標的方法和行動，越詳盡越好。

4.**目標有可行性**：目標必須被意識到可以達成，以降低潛在的挫折感。

5.**目標具挑戰性**：目標必須具有一些挑戰性，以激發部屬達成目標的決心。

6.**確認部屬了解目標**：確認該項目標已經被部屬充分了解，否則要如何達成？

7.**訂定目標達成的時間**：截止時間的訂定，可強化激勵作用，促使行動加快。這好比在籃球賽最後讀秒時間，落後的球隊，會急於投籃；又好比股市收盤的前幾分鐘，交易量會放大。

8.**確認目標是否達成**：檢視該目標是否完全達成，如果是，以讚美作為激勵；如果否，則改善或改變激勵的方式。

這種激勵取向，為行政領導者提供另一種激勵方式的思考空間，可以單獨使用，也可以與其他激勵取向共同使用。例如：與需求層次取向共同使用，以滿足員工自我實現的需求；與保健激勵取向共同使用，以增加員工的成就感、受賞識。

然而，有些領導者對於讓部屬參與目標的設定，卻感到憂心忡忡，不知道應該如何決定目標的層次，因為部屬通常會自己設定困難度較高的目標（Denhardt & Grubbs著，黃朝盟等譯，2010：494-497）。

最後，歸納本章的要旨，我們認為社會福利行政過去對於領導及激勵的關切，相當有限，因而特別對此議題深入探討。就領導的定義而言，它是領導者影響部屬以達成組織與部屬共同目的的一種過程，而且領導與行政的關聯性多於差異性，可稱之為行政領導。就領導的取向而言，傳統的特質取向，曾經衰微，今又復甦；行為取向則由老闆為中心到員工為中心，可排成連續光譜；權變取向必須視領導情境而彈性運用。新型的領導取向，無論魅

力型、交換－轉換型、典範型、遠見型、公僕型，都著重在領導者與部屬之間的互動。再者，適當的激勵，可以補強領導的效果。尤其，需求層次取向、激勵－保健取向、目標設定取向，都與行政議題息息相關，頗適合於社會福利行政領導者參採運用。

第九章
社會福利行政
溝通與協調

　　一個組織中的領導階層想要以激勵方式影響他人，甚至控制或修正他們的行爲，有時也要借助於溝通的技巧。溝通不是孤立的現象，它與組織的領導和決策問題息息相關（吳瓊恩，2016：512）。

　　同時，很少計畫或方案只涉及一個單位，而且其所涉及的單位又有很多行動者，每一個行動者都有可能造成摩擦、事情延宕，甚至讓事情出錯（Starling著，陳志瑋譯，2015：392）。

　　這些情況，在很多單位或組織都曾經出現過，社會福利行政也不例外。爲了避免或減少社會福利行政組織內部單位、相關組織之間、相關人員之間的摩擦，並確保社會福利行政上有關決策、規劃、執行、領導、預算、人事等實務工作，不致於被延誤，且能有效地達成社會福利的目標，這一章將針對溝通協調的議題進行探討，並將重點放在：溝通與協調的意涵、組織內部的溝通協調、組織之間的溝通協調、組織對外在利害關係人的溝通協調、有效溝通協調的技術。

第一節　溝通與協調的意涵

　　組織理論學家凱德爾（Robert W. Keidel）曾以球隊作爲比喻，描述某些特定組織的互動、溝通及其化學變化（Starling著，陳志瑋譯，2015：341）。現在，我們也以這些比喻來了解溝通與協調的一般概念。

　　例如：(1)棒球隊，每個球員的角色是固定的，上場後，補手以各種暗號跟投手「溝通」投球的落點。(2)足球隊，每個球員有自己負責的區塊，但是進攻或退守的時候，都會自動與其他球員「協調」，及時補位或讓位。(3)籃球隊，每個上場的球員都有自己的偏好，但在傳球時，他們會自行溝通，而且在中場休息或叫暫停時間，教練也可能「協調」某些球員改變攻守位置或移位速度。

　　對於溝通與協調有了一些概念之後，接下來，我們根據相關文獻，略述溝通的定義、協調的定義、溝通與協調的關係：

一、溝通的定義

　　「溝通」（communication）一詞，在心理學、社會學、大眾傳播學、公共行政，常有不同的解釋。根據美國《社會工作辭典》（*The social work dictionary*）的解釋，「溝通」（communication）是指：

> 透過口語（verbal）或非口語（nonverbal）交換訊息的過程，也包括所有知識被傳遞（transmitted）和接收（received）的各種方式（Barker, 2014: 81）。

　　這個定義有兩個重點：一就溝通的媒介而言，可透過當面對談或打電話的方式進行溝通，一般稱為口語溝通（verbal communication）；也可透過書面文件、電子郵件、身體語言（例如：手勢、眨眼、微笑、皺眉）進行溝通，一般稱為非口語溝通（nonverbal communication）。二就溝通的過程而言，包括：傳遞（transmit）、訊息（information）、接收（receive）三個部分，也就是發訊者（sender）透過適當的管道（口語或非口語），將重要訊息或知識，傳遞給收訊者（receiver），並得到有效回饋（表示同意、不同意或其他意見）的過程。

　　這種溝通過程，最簡單的一種模型是：傳訊者過濾（filtering）干擾的因素（例如：情緒、期望）之後，將訊息發送出去，而受訊者也同時過濾干擾的因素（例如：情緒、期望）之後接收訊息，再依其所理解的意義對傳訊者作一回饋，如圖9-1：

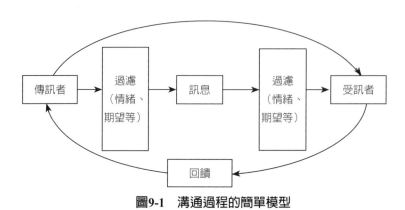

圖9-1 溝通過程的簡單模型

資料來源：吳瓊恩，2016，p.514。

二、協調的定義

單獨為「協調」（coordination）一詞下定義，在社會工作的相關文獻中並不常見。在相當有限的文獻裡，蒙尼與雷利（Money & Railey）界定「協調」為（cited in Bhattacharya, 2006: 118）：

指引一個團體或其成員，同時提供適當的時間和努力，以聯合的行動，去追求共同目標的一種過程。

這個定義有三個重點：一是有特定的人物（多半是主管人員）介入指揮或給予團體或其成員適當的指引；二是經過指揮或指引之後，達致團體或其成員的同心協力，聯合行動；三是團體或其成員共同努力的結果，能夠達成共同想望的目標。

如果將這個定義與前述「溝通」的定義相互對照，兩者的運作過程似乎也有一些相近之處。例如：在協調的過程中，也有一個發動者（特定人物）、重要訊息（共同目標）、接受者（團體或其成員）、回饋（同意共同

努力）。換言之，協調的結果必須對共同目標的達成有所幫助，才算是有效
的協調。

　　進而言之，「協調」這個術語，在社會工作實務或社會福利行政實務，
都較少單獨使用，而是與其他術語連結著使用。例如：協調一致、服務協調
（service coordination，即個案管理）、協調合作、溝通協調等。

三、溝通與協調的關係

　　「溝通」與「協調」兩者，其運作過程類似，且常被相提並論，意味著
彼此之間可能有某些關係存在著。

　　綜合公共行政相關文獻的見解（吳瓊恩，2016：512；Denhardt &
Grubbs著，黃朝盟等譯，2010：477；張潤書，1998：476），溝通與協調的
關係，可得而言者有：

　　1. **溝通是進行協調的手段**：在協調的過程，經常使用的方法包括：設
置專人負責協調連繫、召開協調會議、當面進行協調、公文會簽。前面三種
方法，主要是透過口語溝通，進行協調。至於公文會簽，在送出書面公文之
前，通常會先以口語進行意見溝通，如需退件、修改或補件，也常以口語或
書面的方式，進行意見溝通，達成協議。簡言之，溝通是達成協調的手段，
協調則是溝通的結果。

　　2. **協調與溝通常交互使用**：兩個人以上共同執行一項計畫或業務，可能
出現兩種情形：第一種情形是遇到問題，進行協調；協調不成，開始溝通；
溝通不成，各說各話。第二種情形是遇到問題，各自表達意見，進行溝通；
產生共識之後，進行工作分配之協調；再經過確認後，開始工作。簡言之，
溝通在求觀念之一致，協調在求行動之一致，兩者交互使用，可相得益彰。

　　3. **溝通與協調有共同的功能**：就行政的觀點而言，溝通與協調的主要功
能大致相同：

　　(1) 增加成員的共識：溝通不同意見，協調各讓一步，可增加員工的

共識。

(2) 團結成員的力量：以溝通化解衝突，以協調適當分工，可極大化員工的力量。

(3) 避免工作發生重複：協調工作分配，溝通責任分擔，可避免工作重複。

(4) 避免事權發生衝突：依協調各安其位，依溝通各盡其職，可避免事權之爭。

(5) 提高行政的效率：溝通使意見一致，協調使行動一致，效率因而提高。

由上述溝通的定義、協調的定義，以及兩者之間的關係，顯示溝通與協調經常而且必須連在一起使用，始能展現完整的功能。因此，我們對於後文的相關議題，將不區分為「溝通」或「協調」，而以「溝通協調」進行探討，並且著重行政上的溝溝協調。

第二節 組織內部的溝通協調

我國社會福利行政組織的設計，有垂直的層級，也有水平的分工。例如：中央政府衛生福利部，在部長之下，有司長、科長、科員；地方政府社會局處，在局處長之下，有科長、科員，形成上下隸屬的關係。同時，在同一個組織內部，層級相等的科長、科員，則形成平行的工作夥伴關係。這些情況，在第四章、第七章已述及。

根據行政組織內部結構而進行溝通協調的型態，以正式的溝通協調（formal communication and coordination）為主，可分為三種方式：

一、上行的溝通協調

上行的溝通協調（upward communication and coordination），是指下級人員對上級人員進行溝通協調。這種溝通協調的方式，以溝通的成分居多，協調的成分很少。

通常，下級人員對上級人員傳遞工作進度、事件處理、改善意見等訊息，可能有「揣摩上意」、「報喜不報憂」的傾向，只選取他們認為「老闆喜歡聽的」，向上報告，而保留負面的部分。至於上級給予下級的回饋，往往也只是單方面表示「知道了」，或者指示如何去做，很少留給下級人員進行協調或協商的空間。

即使上級採取門戶開放政策、提供「與○長有約」的機會，或者設置「○長信箱」，歡迎下級提供意見，但是效果往往不是很好。根據相關研究，上級即使認為下級與他討論問題時可以自由自在，但是下級卻沒有這樣的感覺。而且，上級認為下級所重視的問題，與下級本身所重視的問題，在認知上也常有落差（吳瓊恩，2016：519）。因此，上級對於來自上行的溝通協調，不要自以為是。

當然，下級對於上行溝通協調，也要有積極性的作為。例如：熟練溝通協調的技巧，能夠正確地閱讀傳訊者的身體語言、傾聽、觀察訊息背後（meta-messages）的真正意思和潛在內容（subtext），且能過濾不必要的干擾因素，避免因為一時粗心大意，而扭曲了溝通協調的訊息（Lohmann & Lohmann, 2002: 261）。

二、下行的溝通協調

下行的溝通協調（downward communication and coordination），是指上級人員對下級人員的溝通協調。這種溝通協調的方式，除非上級（行政主管）採用以員工為中心的領導取向，否則溝通協調的成分不多，反而是指示

的成分居多。

在傳統的官僚組織體系之中，下行的溝通協調，大約有五種（吳瓊恩，2016：519-520）：

1. 特定工作的指示。
2. 這個特定工作為何要做？它與其他工作的關係如何？
3. 有關於組織的程序與實務的訊息。
4. 有關於員工績效的回饋。
5. 促進員工效命於組織目標的訊息。

這些指示或相關訊息，往往保留彈性，顯得含糊不清。例如：上級只交代：「依規定辦理」、「照往例處理」，這對於下級而言，是一大挑戰，除了要揣摩上意之外，還要確認自己的處理方式是否符合「規定」或「往例」。論其補救之道，有一種作法，是深思熟慮之後，再度與上級溝通協調，以確認所收到的指示或訊息無誤；另一種作法，是請教你的督導或資深同事，請他們提供建議或指點迷津，以便選擇適當的因應措施。

三、平行的溝通協調

平行的溝通協調（lateral communication and coordination），是指組織中同一層級的人員或部門之間的溝通協調，例如：社會救助業務承辦人與老人福利業務承辦人之間，為了某一低收入獨居老人補助案，進行溝通協調。如果是組織中不同層級的人員或部門之間的溝通協調，例如：承辦兒童托育業務的科員，與社會行政科科長為了社區保母系統的建置事宜，進行溝通協調，則稱為對角的溝通協調（diagonal communication and coordination），而不是上行的溝通協調。這種平行或對角的溝通協調，有溝通的成分，也有協調的成分。

一般而言，在官僚組織體系裡，平行溝通協調的特徵是發訊者與收訊者的階層地位平等、發出與收受的訊息平行、有共同的指揮鏈（scalar chain），其溝通協調的障礙較少。至於對角的溝通協調，因為各有其指揮鏈，可能有較多的障礙，必須加強連結上一層級指揮鏈的協調工作（Lohmann & Lohmann, 2002: 262）。

上述有關上行、下行、平行（對角）的溝通協調方式，可提供社會福利行政人員在與上司、部屬、同儕進行溝通協調時，有較為明確的指引。然而，除了這三種正式溝通協調的管道之外，必要時，尚可搭配隨機溝通（probability chain）、閒話家常（gossip chain）、單線溝通（single stand）、內圈溝通（cluster chain）等非正式的溝通管道（吳瓊恩，2016：520），並將正式與非正式的溝通方式，互補運用，藉以增進溝通協調的效果。

尤有進者，在政府社會福利機關（構）基層或中層的行政人員，亦可運用上行的溝通協調，爭取上級老闆的支持，對你／妳的工作績效與升遷機會，必有助益。具體地說，你可以透過以下七個途徑爭取老闆的支持（Starling著，陳志瑋譯，2015：76）：

1. **了解老闆的作風**：盡力了解老闆的施政目標為何？有何問題？面臨哪些壓力？並且機靈地找機會與老闆接觸，提出符合老闆所需要的建議。但是，老闆施政的優先順序及關注的重點，可能經常改變，必須經常聯繫。

2. **讓老闆了解你**：找機會自我行銷，讓老闆充分了解你的才能，以及你所專注的工作重點，並確實了解老闆對你到底有多少信賴。

3. **讓老闆關心你的計畫**：設法讓老闆注意你所負責的計畫，並誠心誠意歡迎老闆針對你所負責的計畫提供更好的方法。

4. **投老闆之所好**：適時調整自己的工作型態，呼應老闆所喜歡的作業方式。例如：工作隨時記錄、問題立即回應。

5. **勤於送上報告**：無論老闆是否要求你定期將工作報告交給他看，你都必須勤於送上例行的工作報告，讓老闆適時掌握及了解你的工作進度，也讓老闆知道工作上可能會發生的問題。因為，老闆不會喜歡突然被告知不愉快的訊息。

6.**增加溝通機會**：除了保持有效的老闆與部屬關係之外，最好努力經營「友誼關係」，在現有的工作接觸之外，再增加其他非正式的溝通管道。如果老闆喜歡你，他會信任你，將你看成他團隊的一分子。絕對不要公然批評老闆，應該分享、肯定老闆的努力與成就。

7.**與老闆幕僚保持良好關係**：最好與老闆的首席幕僚（或機要祕書）保持良好的關係，如果他是一位很能幹的人，那便是最好的盟友；即便不是，他仍然掌握老闆的重要資源，並清楚老闆的動向和想法。因此，最好不要與老闆身邊的人作對。

第三節　組織之間的溝通協調

在我國，與社會福利有關的行政單位，不是只有社政單位。在中央政府方面，除了衛生福利部是社會福利的主管機關之外，勞動部（勞工福利）、農委會（農民福利）、教育部（公教人員保險及退撫）、內政部（人民團體）、國防部（軍人保險及退伍軍人給養）、原住民族委員會（原住民福利），以及財政部、經濟部、銓敘部等相關單位，也編列部分社會福利預算，在業務上與社政單位有密切關係。至於地方政府，亦有類似情形。

因此，在社會福利行政組織（單位）與相關組織（單位）之間，對於政策決定、計畫的規劃及執行、預算分配、人事調整或其他行政實務，經常需要透過適當的管道，進行溝通協調，以獲得共識，並採取共同行動或相互配合，使社會福利行政實務得以順利推展。

通常，組織之間進行溝通協調的管道，以會話、會談、聚會、會議等四種方式爲主，然後再輔以其他非正式的溝通協調方式（Lohmann & Lohmann, 2002: 266）。

然而，有時候組織之間爲了爭取有限的資源，彼此會互不相讓，或者

在其他方面發生嚴重衝突，不是溝通協調就能解決，必須進行比較冗長的談判。因此，在探討會話、會談、聚會、會議等常見的溝通協調方式之外，也不能忽略談判的運用。

一、會話（conversations）

在社會福利行政組織與相關組織之間，對於比較單純的事務，可採取面對面（face to face）、一對一（one on one）、意見對意見（voice to voice）的方式，當面對談，進行溝通協調。例如：社會局要向勞工局借用會議室開會，由社會局科員到勞工局，與管理會議室的科員當面溝通，取得對方的同意。如果會議室已有他人捷足先登，也可當面協調。

這種溝通協調的方式，採取當面互動，表示尊重對方，「見面三分情」，符合社會心理學所強調的互動原則，其成功的機率比較大。但是，也可能有距離上、經驗上或語言上的限制，如果對方間雜使用不同的語言或方言，沒有經驗的人可能難以理解其真意或話語背後的含意。

時至今日，由於資訊科技的發達，多半可透過電話（telephone）、行動電話（mobile）、skype、whats-app等，直接進行會話或對話。只要態度誠懇、語帶感情、口語清晰，同樣可達到溝通協調的效果。

二、會談（interviews）

本來，專業社會工作者與案主之間的會話（conversation），有特定的形式，才稱為會談（interview）。但是，在社會福利行政組織中，為了蒐集訊息的基本目的，也經常將會談的對象，由案主擴及其他人。

通常，會談可運用於一個必須區隔安排溝通協調的事件，例如：跨局處的親師會談、契約書審查、補助案審計查帳，可在書面報告之外，再透過雙

方會談或多方會談的方式，進行溝通協調。

三、聚會（meetings）

這是一種非正式溝通協調的管道，有時也是公共關係的一部分。通常，針對某件比較重要或預期不易溝通協調的事務，會由組織的高階主管出面，邀請相關組織的關鍵性人物，透過非正式聚會，建立初步關係，為正式溝通協調進行暖場。例如：一起喝茶、喝咖啡、餐敘、球敘。事後，再進行正式的溝通協調。

當然，在溝通協調之前或之後的聚會，必須視實際情況而定。有時候，由部屬先與相關組織的同階人員進行溝通，達成初步協議，再由組織的高階主管出面邀請相關組織的人員來聚會，更可發揮「推進」或「確認」溝通協調結果的作用。例如：2017年初，美國第45任總統川普（Donald John Trump）就任不久，當時的日本首相安倍晉三（Abe Shinzo）隨即訪問美國，兩人先舉行兩國高峰會談，然後一起打高爾夫球，不僅促進國家之間的關係，也增進個人之間的私誼，可以說這兩位國家領導人是當前世界上少見的溝通協調高手。

四、會議（conferences）

在組織之間溝通協調的管道之中，最具結構性的一個管道，是在特定的時間及地點召開會議，當面進行溝通協調，並作成紀錄，據以執行。

雖然，每個社會福利行政人員都有參加會議的經驗，但是要透過會議進行某些事件的溝通協調，涉及的層面相當廣泛，有必要多加了解，以便運用。茲就會議的類別、特質、主席、議程、紀錄等要點，略述之：

1. **會議的類別**：會議、會議、會議，社會福利行政人員，尤其是單位主

管，幾乎天天都要參加許多會議，不是參加組織內部的會議，就是參加組織外部的會議。有關於組織間溝通協調的會議，除了特別召開跨組織的協調會議之外，通常可彈性運用組織內部的下列五類會議（Lohmann & Lohmann, 2002: 210）：

(1) 業務會議（business meetings）：依組織辦法之規定，定期舉行。這類會議有多種目的，包括：檢視上次會議執行情形、最新訊息的傳達、相關單位工作報告、規劃、決策、單位業績認可等等。

(2) 規劃會議（planning meetings）：專注於各種規劃活動。這類會議討論的重點，可能是有關於組織的願景、使命及策略之規劃，也可能是操作面最微小的細節。例如：辦公室的設計、椅子的顏色、辦公人員鑰匙分配的政策。

(3) 退修會（retreats）：由特殊文化所發展出來的規劃會議，一般稱為「共識營」，但是宗教團體習慣上稱之為「退修會」。這類會議，通常每年一次，在旅遊勝地、會展中心或其他適當場所開會，企圖走出原有的框架，共同思考組織發展或策略性規劃。

(4) 決策會議（decision meetings）：這類會議的焦點，放在有待決定的事務或議題，而會議的目的，是做出明確的決定。例如：新方案的開創、重量級員工的任免、爭議性問題的處理，或危機處理的實務，以決定採取行動或不行動。

(5) 檢討會（call to account）：這是行政會議的次級形式，由行政主管召集員工，檢視績效，追究責任，給予必要的提醒、告誡或是獎勵。

除了這五類會議之外，隨著資訊科技的發展，有些組織也開始運用視訊會議（internet conferencing），進行遠距的溝通協調。至於組織間的溝通協調如何運用這五類會議？一般有兩種方式：一種是召開擴大會議，邀請相關組織選派代表參加；另外一種是召開專案會議，邀請組織間的相關人員，針對單一的行政議題，進行溝通協調。

2. **會議的特質**：會議不同於任何小團體的聚會，會議（含溝通協調會議）至少有四個特質（Lohmann & Lohmann, 2002: 267）：

　(1) 參加會議的人，對於特定角色有所認知，是主管、主席、出席或列席。

　(2) 有一個主題清單或議程，用以引導會議的進行。

　(3) 參加會議的人，必須遵守正式的或非正式的會議規範。

　(4) 主題的討論和決議，都要做成紀錄或備忘錄，並加以保存。

3. **會議的主席**：一個有效能的主席，必須能讓會議平順地展開，按照議程規劃的順序，次第進行，並注意發言的公平性。如有壟斷發言或離題發言，提醒他精簡並轉回主題；如遇語意不清，請他澄清或確認；如有沉默未發言者，亦可適時引導他表達意見。最後，做成結論。

4. **會議的議程**：一般議程包含書面和口頭的資訊，詳細列出開會的目的、時間、地點、預先設定的主題、議案討論的順序和時間分配。通常，議程的規劃必須依行政程序送給組織的主管人員核定，作為會議進行的指引，但是正式會議時也可能視情況而調整部分議程。

5. **會議的紀錄**：通常，會議有錄音和書面紀錄，紀錄必須據實記載，並經會議主席核定後，連同相關附件，建檔保存，以備發生爭議或訴訟時，可作為有力的證據。慎重的話，可將會議紀錄提到下次會議議程中，進行確認。

五、談判

爭權奪利，推諉塞責的現象，可能發生於員工與員工之間，也可能發生於不同的組織之間。當兩個不同的組織（單位）之間，為了爭取權利或利益而僵持不下，或者為了推卸過失或責任而互踢皮球，可能就需要透過談判的過程，來化解紛爭，達成和解。

所謂「談判」（Negotiations），是一種程序，由兩個或多個當事人參

與，大家各有偏好，但必須共同做出一個決定，並且有一致的協議（Starling著，陳志瑋譯，2015：153）。

這個定義，強調談判是一種程序，而不是一個事件。經過談判的程序，共同協調出一個彼此同意的決議，而不是討價還價或互相交易。簡言之，談判在於協議，不在於交易。交易是銀貨兩訖，各取所需，而談判是達成協議，共同遵守。

基本上，談判的程序，包括：準備（preparing）、調查（probing）、提議（proposing）等三個主要程序：

1. **談判準備**：很多人都知道在談判人員見面之前，必須要有充分的準備，但卻常常不知道要準備些什麼。談判的變數很多，防不勝防。以下是比較重要的思考問題（Starling著，陳志瑋譯，2015：154-157）。

(1) 有哪些先例？了解曾經發生過類似情況的案例，有助於學習別人攻防的策略，但是不要只注意有利於自己立場的先例，也必須多了解幾個對方可能會採用的先例。

(2) 有哪些議題或方案選項？人們通常會把複雜的情況簡化為單純的議題，談判則反其道而行，要將單一的談判議題，設法切割成幾個議題，以攪亂對手理性的思維。例如：買房子，不只談價錢一個議題，頭期款（多付）、不貸款（有付款力）、尾款（縮短），都是談判（殺價）議題。議題如籌碼，籌碼越多，談判越有利。

(3) 有哪些利益？應注意利多的因素，而不是立場。能兼顧雙方各自關心的利益，比較容易談下去。談判要的是裡子（利益），不是面子（立場）。

(4) 何時是截止期限？了解自己的截止期限，知道還有多少時間可跟對手慢慢地談；了解對手的截止期限，知道他的壓力點（pressure points），時間到了，他可能會讓步。例如：買房子，知道賣方有貸款償還期限的壓力，較易殺價。

(5) 參與談判者有何優點和弱點？既不高估自己的弱點，也不高估對手的優點，誠實列出自己和對手各自的優點與弱點。知己知彼，百戰百勝。

(6) 你的最佳選項是什麼？談出協議的最佳選項（best alternative to a negotiated agreement, BATNA），可設定一個臨界點，比你的BATNA更差的條件，拒絕；在你的BATNA之上的優越條件，則可接受。

(7) 對手的選項是什麼？了解對手的BATNA是什麼，有助於談判攻防策略的運用。如果對手的BATNA乏善可陳，他可能只是想透過談判來看能否爭取到什麼。

2. **深入調查**：想要了解對手的BATNA到底是什麼？一個熟練的談判者會直截了當地問對手很多問題：你究竟想要什麼？你為什麼採取這樣的立場？你的目標是什麼？甚至問一些好像跟談判不相關的問題，例如：你住在哪裡？你不上班的時候都做些什麼？從對手的回答當中，可能看出一些蛛絲馬跡，揣知對手的一些想法、行為、感覺。但是，發問的時候，注意用字遣詞，避免刺激對手，以期營造一種可信任的氣氛，達成雙贏的和解方案。

3. **提出建議**：提出比較多的選擇方案，比較有機會達成較佳的協議。在提出建議時，建議的內容和品質，必須盡量與你在準備階段和調查階段相同。通常，「你怎樣對待我，我就怎樣對待你」，有一方提出較多的選項，對方也會跟著這樣做，最後的協議就比較容易達成。

無論如何，組織之間的溝通協調，可運用各種不同的方式，包括：會話、會談、聚會、會議，甚至談判，另外還有書面及其他非正式的溝通協調。只要有效，這些方式都是同等重要。也許，負責溝通協調的個人或團體，可參考前輩（predecessor）的溝通經驗，再斟酌當前的情況，加以靈活運用。

第四節 組織對外的溝通協調

社會福利行政實務，往往涉及許多利害關係人，包括：納稅人、贊助者、法規單位、立法院或議會、組織的行政首長、督導人員、相關的利益團體、資源競爭者、自願性案主、非自願性案主、特定的案主團體等十一種。這些，我們在第三章探討背景考量時已經提及。其中，納稅人、贊助者、相關的利益團體、資源競爭者、特定的案主團體等外在的利害關係人（external stakeholders），比較關心社會福利行政實務的運作情形，以便作為他們是否持續支持、贊助的重要依據。另外，民意代表基於「為民喉舌」、新聞記者基於「第四權」（監督政府），對於政府社會福利的施政措施，也常特別關切或提出批評。因此，政府社會福利機關（構）對於比較重要的政策決定、計畫或方案、施政績效及相關福利措施，必須定期或視實際需要，對外進行溝通協調。

至於政府對外溝通協調的管道，除了在官方網站、臉書（FB）、刊物，發布最新訊息之外，經常採用的溝通協調方式（側重於溝通面），約有下列四種：

一、召開公聽會

公聽會（hearing），是政府機關公開說明重要政策或措施，以聽取特定參與者意見的一種會議，也是政府組織與外在利害關係人溝通的一種方式。

茲參考臺北市政府2016年修正公布之「臺北市政府所屬各機關辦理公聽會應行注意事項」，略述召開公聽會的要點：

1.**目的**：為擬定重大公共政策或規章，使利害關係人意見能納入決策考量，並廣納各方意見，作為制定政策之參考，以達成施政之整體目標。

2.**公告事項**：執行機關應於召開公聽會十日前，在官方網站或以其他適

當方式公告之。公告的內容包括：(1)開會事由，(2)主題內容要點，(3)開會日期、進行時間及地點，(4)議程，(5)參與人員。如果公聽會的時間或場所有所變更，亦應再行公告。

3. **參加人員**：執行機關得視實際需要邀請並通知下列人員參加公聽會：(1)專家學者，(2)相關權益團體，(3)意見領袖，(4)有關機關（含民意機關）代表，(5)其他非政府組織或已知之利害關係人。

4. **會前準備**：安排工作人員、預借場地、布置會場、準備相關器材。必要時，執行機關得召開預備會議（會前會），與組織內部相關單位及人員針對議題進行初步溝通，針對可能發生的爭議事項，彙整共同意見，研擬因應對策。

5. **公聽會進行之原則**：公聽會由執行機關的首長或其指定之人員主持，並得邀請民間公正人士擔任共同主持人，依下列原則進行：

(1) 會議開始時，由主持人或其指定人員說明公聽會的主題及相關內容。

(2) 參與人員得以書面或言詞陳述意見，主持人得請其表明身分。

(3) 主持人應讓各方意見均衡表達，並有言詞辯論機會。

(4) 如遇天災或其他事故致公聽會無法繼續進行時，主持人得中止公聽會。

(5) 公聽會結束前，主持人如認為有必要，得決定擇日繼續舉行。

6. **會議紀錄**：公聽會應有專人負責記錄。公聽會紀錄得以錄音、錄影輔助之。會議紀錄由執行機關於公聽會結束後二星期內完成，同時刊載於執行機關網站。

7. **製作報告書**：執行機關應於會後三十日內作成報告書，納入參與人員的意見及機關處理情形。

這些實施要點，是公聽會承辦人員必備的基本知識，也是運用公聽會對外溝通時，應行注意的事項。事實上，除了公聽會之外，有些機關也以說明會或座談會的方式對外溝通，其實施要點可參考公聽會的方式辦理之。

二、召開記者會

政府社會福利機關（構）推出重要政策前，或者發生重大案件時，一方面為了因應記者採訪的需要，另一方面期待透過媒體對大眾公開說明、澄清或回應，可定期舉行記者招待會（例如年終記者會），或者臨時召開記者會。一般而言，主辦單位及承辦人員在召開記者會之前、中、後，都有一些重要行政工作：

1. **記者會前**：著重於準備工作，包括：
   (1) 簽請核定召開記者會的主題、時間、地點。
   (2) 規劃記者會進行的程序表。
   (3) 撰寫新聞稿，以備現場發給記者，或送中央通訊社發布。
   (4) 確定記者邀請名單，由公關或祕書處致電或具函邀請。
   (5) 必要時，事先安排受訪人員1至2人，並準備受訪者簡歷。
   (6) 布置會場：桌、椅、記者會紅布條、電腦、麥克風、錄音設備等等。
   (7) 準備資料袋：內含記者會程序表、新聞稿、便條紙、筆、紀念品等等。

2. **記者會中**：著重於現場的協助工作，包括：
   (1) 協助工作人員懸掛記者會紅布條，確認麥克風等設備均可正常使用。
   (2) 請單位主管或其指定人員主持記者會，並作政策說明。
   (3) 如有偶發事件或爭議性問題，設一位發言人，報告事件經過及處理方式。
   (4) 政策說明，可開放記者發問。偶發或爭議問題，原則上不開放記者發問。
   (5) 依記者會進行時程表，管控時間，準時結束。
   (6) 必要時，協助記者採訪事先安排之受訪人員、拍攝所需畫面。

3. 記者會之後：著重於彙整工作，包括：

(1) 依據現場記錄及錄音資料，整理記者會發言及發問之要點。

(2) 彙整記錄要點，連同本單位專業見解或補充意見，撰寫會後新聞稿。

(3) 新聞稿簽核後，傳送與會記者、送中央通訊社發布，並在官網公告。

三、發布新聞稿

政府社會福利機關（構）發布新聞稿的時機，除了前述公聽會、記者會之外，為使社會大眾了解重要政策，或者對相關批評提出聲明，也經常透過新聞稿作為對外溝通的一種方式。

新聞稿的撰寫，與一般文章寫作不同，必須模擬記者以第三者的立場，客觀地報導最「新」所見所「聞」，而不作評論（或另闢專欄評論）。並且，為了因應閱聽人往往先看大標題再看內容的閱讀習慣，採用「倒寶塔式」寫作方式，先寫結論，再陳述事實。茲摘錄衛生福利部發布的一則新聞稿「高溫熱浪來襲　衛福部關懷弱勢並呼籲加強通報」（https://sasw.mohw.gov.tw/app39，2021/03/30發布），以供撰寫新聞稿時參考：

因應近日高溫炎熱，臺北市盆地有38度極端高溫出現的機率，臺東等6縣市也將連續出現36度高溫，衛生福利部於109年6月24日函請各縣（市）政府加強遊民高溫關懷服務措施，自行或結合民間社會福利團體，辦理遊民關懷訪視，提供飲水或帽子、扇子等物品，並提供預防熱傷害的資訊，減少高溫對遊民朋友之衝擊。

衛生福利部表示，政府對遊民的關懷輔導措施，除寒冬時之禦寒措施（如提供熱食、保暖衣物、暖暖包等），也補助民間團體提供盥洗、餐食等服務。另方面，也請民眾避免非必要的戶外活動、勞動

及運動，注意防曬、多補充水分、慎防熱傷害，並讓室內保持通風及涼爽。

衛生福利部社會救助及社工司呼籲，民眾如在街頭發現遊民朋友，特別是年老或體弱的遊民，希望能發揮鄰里守望相助的精神，協助通報各縣市政府社會局處，或撥打衛福部1957福利諮詢專線，讓政府及民間的資源能夠儘早介入提供協助。

這一則新聞稿，開頭提及「因應近日高溫炎熱」，可吸引閱聽人的注意，想知道衛生福利部對於高溫炎熱有何「法寶」可以因應？接著，提出加強遊民關懷服務措施，提供飲水、帽子、扇子、預防熱傷害的資訊，相當具體，也容易做到，已可達到對外溝通的目的。

然而，一則新聞，通常只報導一件事。這一則新聞稿的第二段，提到寒冬時的禦寒措施，保暖衣物、暖暖包，反而混淆視聽，模糊焦點。至於第二段開頭是衛生福利部表示，第三段開頭是衛生福利部社會救助與社工司呼籲，容易被誤為不同部門，而且應由位階較高者「登高一呼」，較有影響力。這兩段的開頭，允宜使用「衛生福利部」，讓全文一以貫之。

四、發布「說帖」

政府社會福利機關（構）在推出重大政策之前，為了說服特定或一般利害關係人，也經常發布「說帖」，作為溝通的一種方式。

說帖的撰寫方式，與新聞稿大同小異，但更強調以證據為基礎，具體提出為何必須這樣做的理由。茲摘錄衛生福利部發布的「媒體報導精神疾病『六要』與『四不要』原則說帖」（https://sasw.mohw.gov.tw/app39/2019.1.30發布），藉觀一斑：

1. 「六要」係指六項應該遵守的準則，包括：

(1)要與當事人或精神醫療專家密切討論。

(2)要慎選資訊來源，報導與事實相符的資訊。

(3)要刊登於內頁而非頭版。

(4)要兼顧客觀及平衡性之報導。

(5)要尊重當事人與家屬的隱私權。

(6)要提供精神衛生相關之服務專線、社區資源或衛生教育。

2. 「四不要」係指四項應該避免的報導方式，包括：

(1)不要以戲劇化或聳動化方式呈現報導內容，只聚焦當次事件報導。

(2)不以暗示的口吻指稱當事人罹患精神疾病。

(3)不用歧視性或汙名化之稱呼與描述精神病人。

(4)不要報導容易引人斷章取義或以偏概全的細節。

這一則說帖，針對媒體報導精神疾病的期待，從「六要」與「四不要」兩方面，分別提出媒體報導有關精神疾病新聞時，應該遵守的原則與應該避免的報導方式，其行文簡潔，且條理分明，亦能符合新聞眼「觀四方」、新聞耳「聽八面」、新聞鼻「嗅出原汁原味」的要求，頗具說服力，應可達到說帖訴求的目的。如果，能在「六要」與「四不要」之前，各加一、二行有「故事性」的報導，則更具人情味，也更有可讀性。

進而言之，政府社會福利（構）機關對外的溝通協調，應讓「收訊者」聽得懂，聽得進去，才會發生效用。相對的，該避免使用「官僚語言」。

行政學者賀梅爾（Ralph P. Hummel）說過：「官僚語言是一種虛擬的言詞，官僚是在影響和提出訊息，並不在溝通」；「只要你走進官僚機構，你的頭腦和雙手就宛如套上了枷鎖。」賀梅爾以一段民眾與官僚打交道的真實經驗說明如下：

蓓雷西亞（Pasquale Plescia）老遠從加州搭乘巴士到華盛頓，為的

是想要了解有關社會福利支票延期的原因，卻發生一些意想不到的官僚經驗。那些政府官員根本就不理睬你，每個人都忙著自己的文書作業。後來，他又到衛生福利部，居然找不到半個可供他抱怨的對象（史美強譯，1997：242，引自林鍾沂，2018：310-311）。

簡言之，官僚機構的語言是獨白的告知（monological telling），而不徵詢意見（asking），難怪有人形容官僚機構「門難進，臉難看，話難說」，好像是隱姓埋名的機器人。這樣的溝通協調是無效的，既浪費時間，又浪費力氣。我們在下一個節次將探討有效溝通協調的技術。

第五節　有效溝通協調的技術

社會福利行政溝通協調的方式，無論是組織內部、組織之間、組織對外在利害關係人，其溝通協調的過程，或多或少都會受到官僚體制的影響。尤其，組織對外（其他組織、外在利害關係人）的溝通協調，依規定必須經過簽核或授權，限制較多。即使上行或下行的溝通協調，也難免有上級與下級關係的考量。因此，官方的溝通協調，包括協調會議、公聽會、記者會，經常被批評為官樣文章（red type of the official）。

行政人員為何老是想用一些官樣文章？有兩個因素：一是避免不愉快，例如：我們沒有刪減預算，只是「向下修正」；二是將俗不可耐的想法包裝起來，例如：我們不是將沒有能力的員工開革，我們只是沒有留住他們（Starling著，陳志瑋譯，2015：394）。

這些官樣文章，經常令人難以理解，因而造成溝通協調的障礙。尤其，庫恩茲與歐丹尼爾（Koontz & O'Donnell, 1974; cited in Lohmann & Lohmann, 2002: 259-260）在他們的著作中，具體列出溝通障礙的清單，包

括：(1)不良的傳遞管道（badly expressed messages）、(2)錯誤的解讀（faulty translations）、(3)傳送和記憶的漏失（loss by transmission and retention）、(4)疏於注意（inattention）、(5)不明確的臆測（unclear assumptions）、(6)缺乏充分的適應時間（insufficient adjustment period）、(7)溝通者的不可信任（distrust of the communicator）、(8)過早評斷（premature evaluation）、(9)關鍵性事實被遺漏或扭曲（omission of key facts, or other distortions）、(10)溝通不足（failure to communicate）。

　　針對溝通障礙的排除方式，許多學者也相繼提出一些有效溝通的技術（吳瓊恩，2016：524-527；Starling著，陳志瑋譯，2015：394；Hodgetts,1982: 299 -305）。茲歸納為下列五種：

一、敏於認識對方的需求與情緒

　　行政上的溝通協調，是發訊者與收訊者雙方互動的過程。社會福利行政人員是主要的發訊者，對於收訊者的需求與情緒，必須敏於認識，並適當地因應。

　　以組織內部下行的溝通協調為例，上級必須敏感地認識部屬的心態，尤其對於非口語的暗示，例如：部屬皺眉頭、看手錶或望著窗外，可能表示他聽得不耐煩，或者對你的意見不以為然，應該當機立斷，轉變話題或調整溝通方式，甚至暫停溝通協調。

　　此外，上行的溝通協調，部屬可能選擇報喜不報憂。上級作為收訊者，必須敏於覺察部屬是否語帶保留，並且鼓勵他們不論好壞，都要據實報告。至於其他溝通協調的對象，同樣也需要了解對方，唯有知己知彼，始能百戰百勝。

二、確保自己的可信度

　　有鑑於溝通者的不可信任是阻礙溝通的主要因素之一，社會福利行政人員在溝通協調的過程，必須先讓自己成為對方心目中有高可信度的溝通者。例如：在約定溝通協調的時間，準時到達現場；凡事不輕易承諾，一經承諾，必定設法兌現，絕不失信於人。

　　否則，口是心非、光說不練、言不及義、虛應故事，一旦信用破產，溝通協調的效果會是如何，可想而知。而且，缺乏誠信，不只影響於一時，也可能波及後續的溝通協調，不可不慎。

三、採用適當的溝通管道

　　書面、口語是溝通協調的主要管道，各有其優勢，也各有其劣勢，社會福利行政人員必須視溝通協調的對象或議題，適當地選擇運用。例如：

　　1. **書面溝通**：白紙黑字的親筆信函，比電子郵件或傳真更有影響力，有誰會把列印或輸出的書信裝框保存？而且書面文件可以永久保存，作為組織之間協調合作的行動方針，以及法律上的有力證據。因此，組織對外在利害關係人的溝通協調，尤其是發布新聞稿、說帖，適合於採用書面的方式。但是，書面溝通協調之後，必須保存大量的資料，而且溝通協調的記錄工作，也相當耗時費力，這是缺點，有待改善。

　　2. **口語溝通**：溝通是雙向的，口語溝通，簡單易行，可當面講清楚，說明白。即使雙方對於傳遞訊息的解讀出現歧義，也可馬上澄清或確認。因此，組織內部上行、下行、平行或對角的溝通協調，組織之間的會話、會談、聚會、會議，以及組織對外的聽證會、記者會，都適合於採用口語溝通分式。但是，口語溝通，有「口說無憑」或「越描越黑」的劣勢，必須借助錄音、錄影的同步使用，並於事後加以整理及保存。

　　同時，依據研究結果顯示，雙方面對面進行溝通協調時，語言的份量約

占7%、聲音（含音色、音調）的份量約占38%、臉部表情的份量約占55%（Starling著，陳志瑋譯，2015：395）。因此，口語溝通必須與非口語溝通交互使用，始能提高溝通協調的效果。

四、使用容易理解的語言

由於溝通協調常須跨團體（cross group）與跨文化（cross culture）進行，發訊者所使用的語言必須是收訊者能夠理解者，溝通協調才有效果（Lohmann & Lohmann, 2002: 259）。而且，溝通協調不只是想法和感覺的交換，訊息也要能被記住。一般而言，能夠牢記的訊息，用語必須簡短。

也許，有的溝通協調者雙方默契良好，即使跳躍式對話也能理解，但是大多數的溝通協調者必須重複說明，對方始能理解你所說的意思。再者，說話的腔調怪異、說話的速度太快，也可能讓收訊者無法掌握訊息的要點，發訊者必須時時提醒自己，說話的目的，是要讓人「聽得懂，記得住」。

五、改善不良的聽訊習慣

大多數人，尤其行政主管人員，都不是善於聽訊者。李斯與布蘭德（Reece & Brabdt, 1981: 49-50，引自吳瓊恩，2016：524-525）提出六項改善不良聽訊的技術：

1. 聽訊時要有反應，或點頭，或說「我了解」，表示你認真在聽。

2. 採取開放式提問的方法，而非封閉式提問，以避免對方只用「是」或「不是」作爲回答。

3. 避免價值判斷，而且要創造互信，營造相互尊重與溫暖氛圍，重視設身處地與感同身受的聽訊價值。

4. 避免聽了發訊者一部分的話，就預測他的結論。這種猜測，通常會失

誤，應該等發訊者把話講完，才下判斷。

5.不要太早假設已了解對方的意思，必要時可要求對方澄清，或重複地說明。

6.隨時準備給予具體的回應。

簡言之，溝通協調是訊息或想法從A傳到B，而被B所了解的過程，並非單方面發出訊息而已，必須由A與B一起進行，才能達成有效的溝通協調。

最後，總結本章內容，我們將焦點放在行政溝通協調的議題，界定溝通（communication）與協調（coordination）都含有發動者（特定人物）、重要訊息（共同目標）、接受者（團體或其成員）、回饋（同意共同努力）等要素，因而將兩者相提並論，稱之為溝通協調。並且，將行政溝通協調的實務，從組織內部、組織之間、組織對外在利害關係人等三個面向，分別提出適合於採用的溝通協調方式。其中，有關組織之間如何舉行會議及如何進行談判、組織對外如何召開公聽會及記者會及如何發布新聞稿和說帖，都有比較具體的說明，以利實務操作。同時，我們也提出五種有效溝通協調的技術。這些，在行政實務上，都可視實際需要，參採運用。

第十章
社會福利人力
資源管理

　　中興以人才為本，得人者昌，失人者亡。社會福利行政溝通協調能否成功，端賴行政人員的有效運作。至於政策之形成、計畫之規劃、執行、評量，以及其他社會福利行政實務的運作，也都需要許多專業人力的投入。

　　一般而言，在社會福利行政組織體系中，最龐大的預算是人事成本，因而對人事的運用必須妥善管理，以發揮人力資源最大的效用。

　　雖然，人事單位或人力資源部門在人事業務的處理上，扮演正式的角色，但是很少有成功的管理者將其員工的招募、遴選、訓練和發展，完全交給人資部門負責（Starling著，陳志瑋譯，2015：516）。況且，社會福利行政部門是用人單位，且其員工職位大多數是專業職位，必須進用專業人員，因而社會福利行政人員對於人事相關事項，不僅無法完全置身度外，而且必須積極參與運作或配合實施，以確保能找到對的人（right people），來從事對的工作（right job）。

　　通常，人力資源管理有三個主要目標：一是找到對的人，二是績效的極大化，三是維持有效的人力（Starling著，陳志瑋譯，2015：493）。本章將以這三個主要目標為核心，略述社會福利行政員工進用的實務（找到對的人）、員工訓練及發展（使績效極大化）、員工維繫及退場（維持有效人力），並在行文前後補充說明人力資源管理的意涵與志工人力的運用。

第一節　人力資源管理的意涵

　　社會福利行政組織是一種勞力密集（labor-intensive）的組織（Lewis, Packard., & Lewis, 2012: 117）。尤其，政府社會福利機關（構），不但任用員工的人數眾多，而且員工的類別或職稱相當複雜，已經不是傳統的人事行政或人事管理所能因應，而需透過策略性的人力資源管理，始能充分發揮效用。以下略述社會福利行政人員的類別、社會福利行政人員的角色；人力資

源管理的定義、人力資源管理與人事行政（及人事管理）的區別。

一、社會福利行政人員的類別

社會福利組織的人力資源，以社會福利行政人員為主。依據我國勞動部編印的《中華民國職業分類典》之描述，社會福利行政人員（職業代碼2606.01）是「運用社會工作專業知識，在各級行政機關及公私立社會福利機構內從事規劃與管理工作人員屬之」。茲以臺北市政府社會局為例，將其所任用的社會福利行政人員，歸納為下列層級與職稱，如表10-1：

表10-1　臺北市社會局行政人員的層級與職稱

行政層級	編制內人員的職稱	約聘僱人員的職稱
高階管理人員	局長、副局長	
中階管理人員	專門委員、主任、科長、組長	
基層管理人員	專員、股長、社工督導、管理員、輔導員	臨編專員、聘用社工督導、臨僱督導、聘用輔導員、聘用管理員
基層／作業人員	組員、科員、高級社工師、社會工作師、社會工作員、辦事員、書記、助理員、服務員	聘用組員、約僱科員、聘用社會工作員、約僱辦事員、約僱書記、臨僱服務員、約僱助理員、按時計酬服務員

資料來源：整理自臺北市政府社會局組織職掌。

由表10-1顯示，臺北市政府社會局的社會福利行政人員，在層級方面，由下而上可分為：基層／作業人員（first-line workers）、基層管理人員（front-line managers）、中階管理人員（middle-level managers）、高階管理人員（top-level managers）。其中，基層／作業人員為第一線工作者，直接負責社會福利行政工作或業務，沒有管理其他人員的責任；另外三個層級的行政人員，除了從事自己應有的工作或任務之外，也是其屬下較低階層人員的管理者。

在類別方面，依納編與否，可分為：編制內人員（也稱正式人員）、約

聘僱人員（也稱為編制外人員或臨時人員）。其中，編制內人員的任用、訓練、督導、考績、報酬、離職等程序，都必須依照公務人員相關法令之規定辦理，而約聘僱人員的人事業務，則按照約聘僱相關辦法辦理之。我們後續的討論，將以編制內人員為主。

再者，中央政府社會福利行政人員的層級與類別，大致與臺北市政府社會局的情況相近，只是中央政府衛生福利部有些不同的職稱，例如：部長、次長、司長、署長（以上為高階管理者）、簡任視察、視察（以上為中階管理者）。至於其他縣市政府社會局處及連江縣衛生福利局，其社會福利行政人員的層級、類別，也與臺北市政府社會局的情況大同小異。

二、社會福利行政人員的角色

對於在社會福利機關（構）的行政人員，他們做了些什麼？何以這麼做？早期是從時間管理的觀點，計算社會福利行政的時間花在哪些工作上。例如：卡斯曼（Cashman, 1978, cited in Patti, 2009: 250）發現社會福利機構的行政人員，大部分時間花在行政溝通、規劃和執行，相對花很少時間在諮商、評估之類的活動，另外也充滿臨時交辦的事項。懷梨絲（Files, 1981, cited in Patti, 2009: 250）根據50個行政管理者專心致力於14項典型管理任務上的時間比例，排列優先順序，她歸納8個主要任務為：督導、規劃、協調、談判（negotiating）、評估、調查、員工任用、說明（representing）。

經過二十幾年之後，佩提（Patti, 2009: 251-257）綜合其他學者的意見，對於社會福利行政人員的角色，提出下列十一種：

1. **組織者**（organizer）：在動盪的環境中，社會福利機關（構）需要調整內部結構，以適應外在變化，於是賦予行政管理者組織（organizing）、任命代表（delegating）、任用員工（staffing）的任務，以便及時調整組織的結構。為了掌握員工，組織者必須有能力招募、任用、訓練及維持員工紀律。

2. **團隊建立者及領導者**（team-builder-leader）：社會福利機關（構）的

行政管理者必須廣泛地運用行政和臨床團體（clinical groups），去完成機關（構）的工作。聯盟（coalition）和團隊（team）的建立，是由行政管理者去組織、配合及支持並領導團隊工作，以確保機關（構）的運作是有效的、服務是有用的。

3. **政策實施者**（policy practitioner）：對於政策的實施，行政管理者經常扮演政策解釋者（policy interpreter），爲員工說明政府及機關（構）相關政策之含義，以確保員工能遵循這些政策。基於這種需要，行政管理也常以他們處理社會問題的知識和經驗，提供意見，積極參與政策的形成。

4. **工作領域操盤者**（boundary spanner）：建立機關（構）之間的關係、發展夥伴關係、整合服務輸送系統，都是機關（構）生存發展的實際活動。行政管理者必須了解機關（構）的協力服務者、資源贊助者及其他有影響力的人物，並運用一些「操盤手」（spanner）的技巧，與員工去參與他們的活動，改變他們對機關（構）提供支持的優先順序。

5. **督導者**（supervisor）：行政督導是以卡督遜（Kadushin, 2014）個案督導有關行政的（administrative）、教育的（educational）、支持的（supportive）功能爲基礎，由行政管理者對員工日常操作的實務，提供必要的指導或引導。同時，他們也注意員工在工作情境的需求，例如：工作負荷的協調、工作的諮詢、勸導、改善，並且強調以自我指導工作團隊（self-directed work team），來處理員工的危機。

6. **促成者**（facilitator）：行政管理者運用策略性管理，積極引導員工努力完成機關（構）的願景、使命和目的。這種促成的工作，不同於領導，而是從預防的觀念，進行充權（empowering）、發展（developing）、形塑（modeling）的工作。也就是透過充權過程，協助員工創新作爲；透過訓練方案，發展員工潛能；透過典範學習，協助員工在工作場所建立適當的信念、價值、倫理和行爲。

7. **溝通者**（communicator）：在機關（構）的內部、機關（構）之間、機關（構）與外在利害關係人，進行有效的溝通，是行政管理者的責任。他

們常用的溝通技巧，包括交換書面資料與口語資訊（詳見第九章）。

8. 資源管理者（resource administrator）：機關（構）的運作及服務輸送，都需要許多資源的投入。這些資源包括：人力、財力、資訊和其他自然資源，而且必須有效率、有效益地被管理。行政管理者即使不直接涉入資源管理的工作，至少也要了解資源管理的概念和技術，以便選擇適當的資源，去完成工作。

9. 評量者（evaluator）：評量（evaluating）的工作，是由行政管理者去查明機關（構）提供服務是否符合需求，並確定服務是否有效。方案實施結果的評量，與方案實施前的需求評估，都是行政管理的工具。需求評估已廣泛使用於人群服務組織，以利於設計社區預防方案、規劃員工訓練、改善服務輸送系統、發展文化敏感性訓練等等。而方案執行成果的評量，則用於探究方案的成本效益、方案的穩定性及其他成果等等。

10. 倡導者（advocator）：倡導（advocating）是行政管理者實際工作的一項，他實施倡導的工作，以確保服務對象能在經濟和政治系統中，有機會對不同的人，表現適合、準確的權利。行政管理者可透過遊說、作證、與立法者簽約等技巧，協助個人、團體、階級去維護他們應有的權益。

11. 未來創新者（futurist-innovator）：現代社會，越來越強調行政管理者必須有能力去預測趨勢，發展另類的創新策略，以回應這些趨勢。當外在的勢力衝擊到他們機關（構），行政管理者為了確保機關（構）的穩定運作，必須適當地調整它的結構、願景、使命和策略性目的，而不是單純地靜觀其變，沒有任何作為。

如果將這十一種角色，對照我們在第一章表1-1所列社會福利行政人員的工作內容，可以看到兩者之間相同之處頗多。大致上，除了團隊建立者（team builder）、促成者（facilitator）、操盤手（spanner）等三種角色，與前述工作內容沒有直接關聯之外，其餘八種角色與工作內容都有對應關係。可見，社會福利行政人員的主要角色，就在於執行社會福利行政的內容。

三、人力資源管理的定義

　　我們在上一段討論社會福利行政人員的層級和類別時，已涉及人事管理的議題；在討論社會福利行政人員的角色時，更直接提及組織者（organizer）必須有能力招募、任用、訓練及維持員工紀律，這就是人力資源管理的工作。

　　人力資源管理是現代管理理論的重點之一，然而學者之間對其所下定義略有差異。依據美國《社會工作辭典》（*The social work dictionary*）的定義：

　　人力資源管理（human resource management, HRM）是在組織裡，與「人事管理」（personnel management）有關的活動，包括員工的招募（recruitment）、訓練（training）、安置（assigning）、報酬（compensating）、促進（promoting）、退休（retiring）或解僱（discharging），並尋求達成組織人力資源之最大效用的方法（Barker, 2014: 201）。

　　這個定義有三個重點：一在性質上，與員工的「人事」息息相關；二在過程上，從招募員工、實施訓練、分派工作、給予薪資、促進發展，到退場機制，是一系列互相關聯的過程；三在目的上，是想要尋找策略性的方法，藉以極大化人力資源的效用。

　　再者，人力資源管理（HRM）、人力資源發展（human resource development, HRD）、人力資源規劃（human resource planning, HRP）三者之間，不僅意涵相近，且有密切關係。其中，人力資源發展（HRD），特別強調員工的教育訓練，以期有效地執行目前的工作，並能承擔組織中未來各種相關的工作（吳瓊恩，2016：582）；人力資源規劃（HRP），過去稱為人力規劃（manpower planning），是一個組織有系統地界定人事問題和

需求的一種過程，並建立解決這些問題和需求的目標、決定達成目標所需的活動、分析和確認應有的任務、開創工作和生涯的途徑，以及設計在職訓練（in-service training）（Barker, 2014: 201）。

　　比較言之，人力資源管理（HRM）是有關員工人事的管理活動之概括性概念，如果專注於員工訓練以促進發展的部分，可視為人力資源發展（HRD）；如果專注於員工的工作生涯的規劃部分，則視為人力資源規劃（HRP）。

四、人力資源管理與人事行政的區別

　　在十九世紀之前，各種組織有關員工人力的運用和管理，一般稱為人事行政（或人事管理）。進入二十世紀之後，在公共組織或企業組織，逐漸以人力資源管理取代人事行政（或人事管理）。以下是人力資源管理與人事行政（或人事管理）之間的主要區別（江明修，2004：1-4；張火燦，1997：7）：

　　1.**基本概念**：人事行政（或人事管理）受限於法規與制度的約束，被動接受一般員工的問題，並依規定處理；人力資源管理係將人力資源當作組織運作的要素之一，主動發覺員工的潛在問題，並協助員工解決問題。

　　2.**指涉範圍**：人事行政（或人事管理）只有組織控制員工行為的功能，較為消極；人力資源管理不只是組織的一項管理功能而已，還必須配合組織的目標、策略，發展出一套策略性人力資源管理的制度和方法。

　　3.**實務取向**：人事行政（或人事管理）側重作業取向，強調人事行政本身功能的發揮；人力資源管理側重策略取向，強調人力資源管理在組織整體經營中應有的配合。

　　4.**管理重點**：人事行政（或人事管理）側重於規章管理，依據人事行政（或人事管理）有關規定，依法行事；人力資源管理側重於變革管理與人性管理，依據組織的利益與員工的需求，作彈性處理。

5. **管理模式**：人事行政（或人事管理）屬於反應式的管理模式，重視目前問題的解決，或交辦事項的執行；人力資源管理屬於預告式的管理模式，重視防患問題於未然，並協助組織健全體質，以確保長期經營目標之達成。

　　簡言之，人力資源管理是以人事行政（或人事管理）爲基礎，但更加強調：前瞻性、兼顧組織與員工的利益、採取策略取向、彈性管理，以期達成組織的長期目標。

┌第二節┐ 員工進用的實務

　　依據前述人力資源管理定義，其爲有關員工招募、訓練、安置、報酬、促進、退休或解僱的一系列活動。這些人力資源管理的相關活動，在社會服務（social service）、公共福利（public welfare）、社會福利（social welfare）、人群服務（human service）等部門，都可適用（Barker, 2014: 201）。其中，社會福利行政機關或機構進用員工的實務，主要爲：發展工作說明書、招募、面談與遴選等程序：

一、發展工作說明書

　　理想上，政府社會福利機關（構）進用員工，必須同時滿足組織需求與員工需求。站在組織的立場，是因事擇人，不是因人設事。也就是組織有員額出缺或創新業務而必須進用新員工時，能夠依據該職位的工作需要，招募到適當的員工來辦理該項工作。因此，招募實務的第一個步驟，是事先爲預期進用的員工準備一份工作說明書。

　　所謂「工作說明書」（job description），是陳述一個員工就業情境的責任和特定任務。有些工作描述也陳述所需教育條件和經驗，並期待任職時能

具備所需技術（Barker, 2014: 230）。

就人力資源管理的觀點而言，即使組織的規模很小，工作說明書也必須以書寫的方式為之，並且包含下列三個重點（Lohmann & Lohmann, 2002: 236）：

1. 確認主要任務或與相關工作連結的職責：這些任務或職責的描述，盡可能具體明確，並依其重要性排列順序。這樣做，將有助於估計員工每週必須花費在指定任務上的平均時間。

2. 確認完成某項特定任務的方式：工作說明書必須聚焦於既定工作或指派工作的特定過程。以個案工作為例，一天內處遇每一個案的紀錄、機構文件傳遞給員工的過程（例如機構與員工對於回覆來電的確認）。

3. 確認執行此項工作必要的技術和教育：必要時，工作說明書也描述員工所需的進階技術和教育或其他要求。例如：可能需要工作到晚間、有時要加班、領有駕照、以個人車輛去做家訪的可能性。這些樣態的描述，在員工招募過程格外重要，必須列為工作說明書的一部分。

在臺灣，大多數政府社會福利機關（構）並沒有使用書寫的工作說明書，而是以「辦事細則」說明員工的任務或工作。為了因應人力資源管理的需要，允宜儘速發展工作說明書，至少在招募員工之前，為想要進用的員工類別，量身打造，發展一份工作說明書，以便招募工作有所依循。

二、招募

政府機關編制內的社會福利行政人員，大部分是通過國家考試及格後，分發任用，但也有現職人員轉換工作的情形。至於編制外的社會福利人員，以及不必具備公務人員任用資格的人員，則視用人需求而開放申請或應徵。因此，政府社會福利機關或機構仍有定期或不定期招募員工的情況。必要時，亦可依據人力資源管理的觀點，透過策略性規劃，主動對外尋覓所需人才，或者商請其他單位同意「借將」（借調），甚至直接將人才「挖」（挖

角）過來。

　　無論如何，在招募員工的過程，必先廣泛發布招募訊息，讓更多符合任用資格的人員，有公平的機會申請／應徵，也讓用人單位可從較多的「人力資源庫」之中，遴選出最符合用人單位想要的員工。

　　通常，招募員工的訊息，必須包含預定進用員工的工作說明書之要點，以及招募的開始日期、截止日期、申請／應徵的方式及其他相關事項。至於招募訊息的傳播，除了簽請人事單位或人資部門統一公布之外，用人的單位也可以或必須盡量透過各種管道，加強行銷。例如：透過官方網站、專業期刊、專業協會的新聞通訊（news letter）、海報、地方報紙、就業機構、相關大學系所、就業資訊中心（1111人力銀行），加強宣傳，或者透過現職員工引介。

三、面談

　　如果招募的工作進行順利，在截止日期就會有幾位合格的申請者／應徵者，用人單位的承辦人員即可依據申請者／應徵者的資料，篩選出符合資格或條件的名單，交由負責遴選的任務小組或委員會，依據進用員工的基準，進行面談與遴選，或者舉辦筆試、口試，以決定錄取人選。即使舉辦筆試，通常也有面談與遴選的程序。其中，面談的內容可以包括詢答與觀察兩個部分：

（一）詢答的部分

　　由於社會福利工作是以服務輸送為主要目的，行政人員即使不從事直接服務，也必須支援或支持服務輸送。在這些特別的工作或領域裡，面談時經常提問的重要問題如下（Lewis, Packard., & Lewis, 2012: 121）：

　　1. 對於堅決要求尊重其想法的服務使用者，將如何個別地對待他們？

　　2. 個人的哲學和助人理論，與機構的一般取向符合嗎？

3.個人的表露雖然不完全被接受，但能否眞正了解多元文化主義和多樣性？

4.對於問題解決的過程，個人有開創和彈性的精神嗎？

5.關於組織特定的使命和目標，個人是否表示熱衷？

6.對於實施協力團隊的一部分活動，能證明個人很熟練嗎？

此外，角色扮演（role-playing）與行爲面談（behavioral interviews）也可作爲面談方式的另類選項。其中，角色扮演，是設計一個工作情境，讓全部應徵者協力合作解決問題，藉以觀察每一申請者／應徵者如何回應團隊的問題。行爲面談，是請應徵者說說過去完成的特殊案例，接著詢問相關問題，並聚焦於行爲表現。例如：當你發現協同工作者不夠尊重服務對象，你如何勸導他？當你發現服務對象與你的文化不同而難以溝通時，你如何解決？當你有一個良好的經驗可供團隊參考時，你將如何推薦給其他成員（Lewis, Packard., & Lewis, 2012: 121-122）？

（二）觀察的部分

面談的進行，如同社會工作者與案主的會談一樣，在對話或詢答的過程中，也同時觀察案主的行爲，以了解案主的行爲語言，即所謂「聽其言，觀其行」。同樣的道理，面談人員也可從申請者／應徵者回答問題的過程，觀察及了解他們的人格特質及行爲表現，作爲面試成績的一部分。

巴利克與莫恩特（Murray R. Barrick & Michael K. Mount）曾經提出人格表現的五因模式（emotional intelligence），作爲行爲觀察的基準，如表10-2：

表10-2　人格表現的五因模式

因素	特質
性向	熱忱、有活力、善於表達、群居性、社交性、活潑、精力充沛、支配性、獨斷性、有野心、勇敢。

因素	特質
人際關係	合作、樂於助人、和藹、熱誠、友善、同情、理解、善體人意、謙恭有禮、慷慨、溫柔、隨和、誠實。
責任感	有條理、簡潔、效率、自律、精準、謹慎、準時、熟慮、有邏輯、果斷、可預測、注重效益。
精神特質	自我防衛、焦躁不安、情緒不穩、易怒、激動、嫉羨、焦慮、恐懼、易受騙、干擾性強。
對各種經驗的態度	沉思、睿智、有洞見、複雜、敏銳、開朗、聰明、好奇心、好問、有創意、喜愛創新、成熟。

資料來源：Starling著，陳志瑋譯，2015，p.497。

巴利克與莫恩特（Barrick & Mount）曾根據表10-2的五個因素，有系統地觀察這些因素對於專業人員、警察、管理者、業務員和技術員等五種職業類別，在行為表現上的影響，發現「責任感」一項對於所有職業類別，有一致性的影響；性向因素對於評估是否具有行政管理的潛能，具有強列影響（Starling著，陳志瑋譯，2015：497）。

準此以言，如果申請者／應徵者具有性向方面的特質：熱忱、有活力、善於表達、精力充沛、果斷、勇敢，以及責任感方面的特質：有條理、簡潔、效率、自律、精準、謹慎、準時、熟慮、有邏輯、重效益，應可在面談的成績上，酌予加分。

這種將詢答與觀察兼容並蓄的面談方式，必然比單純依據申請者／應徵者的履歷表或推薦信找問題來發問，較為周延及深入。必要時，還可再繼續追問，以便找到更貼近社會福利工作所需的答案。

四、遴選

找到對的人，是人力資源管理的首要目的。當所有申請者／應徵者面談完成之後，負責面談與遴選的任務小組或委員會必須根據面談紀錄、履歷表、推薦信、報名表，以及見過所有應徵者的職員之回饋意見，有系統地

進行分析、評比，並按預定招募的名額，選出正取名單，必要時可不足額錄取，或者酌增備取名額。

錄取及備取名單，經行政程序簽請機關或機構首長核定之後，承辦人員應儘速通知正取的員工，請其依規定期間，辦理報到手續、開始工作。

同時，對於未獲錄取的申請者／應徵者，最好也能發函感謝他們對於本機關或機構的工作有興趣，只是礙於名額有限，難免有遺珠之憾，請他們持續提供支持或協助。

新進員工到職之後，通常要經過一段時間的試用。試用期滿且表現正常，機關（構）才會發給任命狀，成為正式員工。例如：我國「公務人員任用法」規定，初任公務人員試用六個月，派專人負責指導，試用期滿，成績及格，予以實授；成績不及格，予以解職（第20條）。

第三節 員工訓練及發展

為新進員工提供職前訓練，為現職員工提供在職訓練，並透過各種措施協助員工在工作生涯得以持續發展，藉以促進工作績效的極大化，這是人力資源管理的第二個主要目標。

一、員工的訓練

依據我國「公務人員訓練進修法」之規定，公務人員考試錄取人員、升任官等人員、初任各官等主管人員，應依本法及其他相關法令規定，接受必要之職前或在職訓練；各級機關進用初任公務人員之訓練，應由各主管機關於到職後四個月內為之（第四條）。

實際的情況，政府社會福利機關（構）的新進員工，如果是國家公務人

員考試及格分發任用者，通常須參加國家文官學院定期辦理的初任公務人員訓練；如果是機關或機構自行招募的新進員工，通常由衛生福利部衛生及社會福利人員訓練中心，或所在地公務人力訓練中心，分批調訓。此外，政府社會福利機關（構）也常視實際需要，為編制內新進員工，以及約聘僱新進員工，辦理短期的訓練或講習。

有鑑於此，政府社會福利機關（構）的行政人員，無論是辦理員工訓練、安排員工參加組織外部的訓練、或自己參加組織內外部的訓練，都有必要了解員工訓練的過程，以便在適當的時機，做適當的因應。有關員工訓練的過程，大致如下（Lewis, Packard., & Lewis, 2012: 124-127）：

（一）評估訓練與環境的需求（assessing training and environment needs）

為了鼓勵員工積極參與訓練，並提高訓練的效果，員工訓練方案必須根據需求評估而設計。評估工作可能立基於組織的新策略、新方案、服務輸送的問題，或者督導與員工的建議。馮瓦特（Van Wart, 1998: 279）認為訓練的需求，可從七個途徑進行綜合分析：

1. 倫理評估（ethics assessment），或檢視組織陳述的價值與實際績效之間的落差，找出訓練的需求。

2. 利用正式的文件紀錄，檢視組織的使命、價值、願景，以及計畫的陳述，以辨識其中可能的落差及需求。

3. 由消費者和市民評估，所顯示有關需求的資料。

4. 由員工評估，所顯示的員工意見和價值觀。

5. 由績效評估，鑑定陳述的績效與實際績效之間的落差。

6. 從其他地方尋找最佳實務的標竿，並以它們作為標準。

7. 透過品質評估，檢視消費者的滿意度、員工的投入和發展、繼續學習和持續改善、預防性監察、支持者夥伴關係等情況。

當然，這七個途徑，並不是一次都做完。政府社會福利機關（構）在進

行訓練需求的評估時，可將焦點放在那些看起來特別需要注意的領域。

（二）發展訓練的目標（developing training objectives）

為了引領受訓員工清楚地確認他們的學習需求，必須依據訓練的需求評估，發展及陳述訓練的目標。換言之，我們期待受訓的員工在接受教育訓練之後，獲得哪些新的知識、發展哪些新的技巧、養成哪些新的態度，或者想要他們改變某些特定的性質，具體臚列出來，即為員工訓練方案的目標。

（三）設計訓練的方案（designing the training program）

為了使員工訓練能順利進行，必須先行設計員工訓練方案。此項方案的設計，必須顧及訓練目標的達成，以及資源的方便使用。尤其，教學設計必須配合訓練目標、學員特質、課程要求，而採用適當的教學活動。

就訓練目標而言，如果是知識的取得，適合於採用教室教學、使用媒體、實驗室訓練、線上學習、書刊閱讀；如果是技巧的發展，適合於採用案例分析、角色扮演、技巧演練、模擬表演；如果是態度的改變，適合於採用工作坊、個案會議、小組討論、參觀教學。

就學員特質而言，適合於運用成人學習的原則，強調由學員的經驗出發、回應學員所關切的議題、即學即用，並鼓勵學員為自己的學習，進行規劃、評量、自負成敗責任。

至於員工訓練方案的撰寫，則可參考一般方案的格式，大致上包括：依據、目標、實施時間、實施地點、課程表、經費預算、工作人員分工、評量方式、預期效益等項。

（四）執行訓練的方案（implementing the training program）

員工訓練方案必須按照預定時間執行，受訓員工亦須準時報到上課，這是最基本的要求。至於訓練方案的承辦人員，對於訓練期間的事務性工作，也不能疏忽，例如：接送講師、確認視聽器材可正常使用、辦理學員報到手

續、發放講義或安裝投影片，都必須及時完成。

　　通常，在開訓的第一節課之前，承辦人員必須向學員說明課程規劃的脈絡及注意事項，讓學員在心向上有所準備。必要時，可洽請主管人員到場介紹第一節上課的講師，並勉勵學員。因為，道尊，而後民（受訓員工）知敬學，有助於提高訓練成效。

　　如果訓練方案執行期間，因為颱風等不可抗力的因素，而須停課或延期，應緊急通知受訓員工、講師，並立即處理其他相關事項。

（五）評量訓練的成果（evaluating training）

　　對於訓練成果的評量，比較常使用的一種方式，是在最後一節課由學員填寫回饋表，據以了解受訓學員對於課程內容、講師教學及行政事務的滿意程度。理想的一種做法，是採取「前測－後測」（pretest-posttest）的問卷編排方式，從受訓學員前後兩次的反應，了解他們受訓之後在知識、技巧、態度方面的改變情形。

　　可能的話，也可在訓練之後，由督導人員持續觀察受訓學員的離職率（turnover）、錯誤率（error rate）、道德表現（morale），以決定是否增加訓練或發展需求（Lewis & Lewis, 2012: 126）。

二、員工的發展

　　本質上，員工訓練就有協助員工發展的作用，因為員工受訓之後，可能增加新知識、獲得新技巧、養成新態度，在工作績效上有所成長，在工作生涯上有所發展。

　　依據史基摩（Skidmore, 1995）的見解，為了培育前瞻性的社會福利行政人員，除了一般訓練方法之外，必須著重於員工的自我發展計畫與繼續教育（Skidmore著，蔡啟源譯，1998：310-311）。同時，為了配合國內員工進修之需求，我們特別補充「員工進修」一項，一併加以說明。

（一）自我發展計畫

近年來，自我發展計畫（self-development programs）成為協助員工發展的一種方法。這種方法，係透過計劃性的學習，以增進工作所需知識，強化實務操作能力。一個有心自我成長的員工，通常會注意及閱讀與工作有關的最新書籍、期刊或其他訊息。

機關或機構的管理者也可鼓勵員工將書刊閱讀心得、工作案例或個案處遇的經驗，撰文發表，與同事分享。有系統地閱讀與寫作，是自我學習與自我發展的可行途徑之一。

（二）繼續教育

由於時空環境快速變遷，員工參加繼續教育，終身學習，已是一種必然趨勢。所謂「繼續教育」（continuing education），是指社會工作者和其他專業人員（含社會福利行政人員），在完成正式教育之後，進入他們所屬領域的訓練單位參加訓練。因為許多專業要求他們的成員在固定限制的時間內，參加某些增加的訓練，以保持最新的知識基礎（Barker, 2014: 92）。

例如：我國衛生福利部「社會工作師接受繼續教育及執業執照更新辦法」規定：社會工作師執業，應每六年接受下列繼續教育課程之積分達180點以上：(1)專業課程、(2)專業相關法規、(3)專業倫理、(4)專業品質（第二條）；應於執業證照更新屆滿前，檢附完成繼續教育證明文件辦理證照更新（第十一條）。

（三）員工進修

員工參加進修，可強化工作能力，亦有助於陞遷。我國在「公務人員訓練進修法」規定，主管機關得選送服務成績優良、具有發展潛能的公務人員參加進修，其進修方式：(1)國內外專科以上學校入學進修或選修學分（一年內），(2)國內外機關（構）學校專題研究（六個月內），(3)國內外其他機關（構）進修（以上為第八條）；並得作為考核陞遷之評量要項（第

十九條）。再者，社會福利機關或機構鼓勵及協助員工實施自我發展計畫、接受繼續教育、參加大學進修或專題研究，亦有助於培訓前瞻性行政人員（proactive administrator）。

　　一般而言，公共行政人員生活和工作於組織之中，很容易養成三種習性：(1)功能性的短視，缺乏宏觀的見識。(2)執著於傳統的慣例，缺乏應變的能力。(3)習慣於專業技術的觀點，脫離了一般常識（吳瓊恩，2016：702）。依此類推，社會福利行政人員是公共行政人員之一環，長期處於公務體系之中，也可能有上述三種習性。爾今爾後，必須著眼於前瞻性行政人員的培訓，協助社會福利行政人員養成宏觀、應變的能力，充實貼近生活的常識，並具備下列特質（Jen Jong, 1994：235-246；引自吳瓊恩，2016：703-705）：

　　1. **成為一個有充分功能的人**：前瞻性的行政人員應以變革和成長為取向，而非靜態的存在。這樣的人，永遠不斷地學習，能學習如何因應組織內外環境所存在的曖昧性與不連續性，並以人文精神的方向去改變情勢，修正組織的問題。

　　2. **有意識與有目的**：前瞻性的行政人員面對外在的事件、問題和危機，會主動的、負責的、有目的的、願意學習的，而非無力無助的人。他願意主動參與決策過程，尋求各種可能途徑，並承擔行政後果的責任。

　　3. **每日的生活共享**：前瞻性的行政人員願意與他人、團體和社會世界，在自由平等、互為主體的互動和溝通之下，建立「我們關係」（we-relationship），了解多元差異的重要性，以創造合作與互賴的可能過程。

　　4. **領導能力的實踐**：前瞻性的行政人員是新政策的贊助者，並能以創造性疏通外部的因素，以影響決策過程，增加行政人員及其服務對象的相互影響，整合組織及其成員的需求，將民主領導建立在共享權力與相互信任的基礎上，而非建立在權力、控制、壓力和狡猾等威權領導的特質上。

　　5. **促進合作性的組織**：前瞻性的行政人員鼓勵集體參與，並經由有效的團隊工作而達成目標。這樣的人，能有效地整合「個人價值」（如自主、

自由、參與、生涯發展)與「組織價值」(如優先順序、控制、生產力、規劃、效率)。

6. **與他人眞誠地對話**:前瞻性的行政人員會積極參與對話的過程。與他人眞誠對話是相互學習和有意義溝通的基本方式,也是建立「我們關係」的必要過程。

7. **努力於實踐**:前瞻性的行政人員努力於實踐,以超越典型的官僚行爲。這樣的人,經由反思,評估或質疑行政命令及其矛盾,修正個人與制度上的錯誤,並將所學得的新知識、新價值,轉化成爲個人有意義的行動。

8. **未來取向**:前瞻性的行政人員是未來取向的,對於目的、思想和行動的未來可能性,有高度的警覺性。即使這些目的不可能達成,也要設法影響事件,促其發生。

上面所述,對於社會福利行政人員的培訓格外重要,因爲社會福利計畫及業務的執行,一向強調團隊工作,因此作爲團隊的成員,除了「修己」,還要「善群」。也就是透過人力訓練過程,培育個人主動學習、有目的參與、有未來性的特質;並且培育團隊成員的分享意願、創新政策、集體參與、眞誠對話、努力實踐,以達成組織的共同目標。

第四節　員工維繫及退場

任何機關(構)進用員工之後,無不期待所任用的員工能穩定發展,貢獻心力,持續增進績效。這樣的期待,在人力資源管理方面,可從員工的行政督導、年終考績、薪資報酬、退場機制等面向,尋求其實現。其中,行政督導在引導新進員工留任,年終考績與薪資報酬在激勵員工士氣,退場機制在促進新陳代謝,活化組織的生機。

一、行政督導

在行政領域，討論「行政督導」（administrative supervision），不同於先前卡督遜（Kadushin, 2014）所說社會工作督導的三大功能：行政督導的功能、教育督導的功能、情緒支持的功能。他所說的行政督導，是針對個案工作服務所提供的一種管理方式。我們從人力資源管理的觀點出發，行政督導乃在處理那些發生於任何組織有關員工督導的一般情況，督導形態是引導和領導員工，以確保組織目標的有效達成，而員工督導者也有責任去引導（guiding）、檢視（reviewing）、評量所屬員工的績效（evaluating the performance of a given employee）（Lohmann & Lohmann, 2002: 376）。

（一）引導員工

一個好的行政督導者，在員工到職的第一週，就會提供機會，引導員工了解組織對他的期待。同時，新進員工上班的最初幾天，也想確認自己進入組織是否受到歡迎。

行政督導者提供的引導，必須包括物理環境與工作期待兩方面。物理環境的引導又包括：空間巡禮、介紹同事和工作場所、如何刷卡進出、餐廳及休閒設施的位置。工作期待的引導，則聚焦在人事手冊主要條文的了解。

可能的話，也準備一些相關資料，讓新進員工先行了解組織的運作情況，協助他們及早進入工作情境。例如：機關（構）正在進行中的服務方案、策略性計畫、委外契約、最近年度的工作報告（Lewis, Packard., & Lewis, 2012: 122）。

（二）檢視難題

有些機關或機構會正式地配置顧問老師（mentors），協同行政督導者一起幫助新進員工，讓新進員工面對行政督導者難以啟口的問題，可與顧問老師接觸，或者得到特別的協助。

　　假如員工對工作有所抱怨或面臨某些挑戰，也可定期安排聚會和督導工作，共同檢視問題，覺察解決方法，導正實施績效，避免中斷服務。否則，終止一個不滿意的員工，必須以更高的成本僱用另一個新員工。

　　因此，行政督導者將時間投資於督導工作，是有價值的，而且對機關（構）及其服務對象也是有益的。

（三）評量績效

　　許多機關（構）都有新進員工試用期（probationary period），一般為六個月。在這個期間結束之前，行政督導者必須完成一份書面的總結評量。評量的重點環繞著員工的工作描述，以及試用期間的行為表現，包括：與同事的合作情形、能否敏捷地完成分配的工作、有無遲到情形，以及機關或機構所期待的其他行為。

　　必要時，行政督導者可安排評估會議，專心與員工討論評量的議題，以確保員工了解某些行為必須改變，始能符合機關（構）的期待，並且讓員工有解釋的機會，避免日後引發爭議，甚至對簿公堂。

　　通常，員工試用期間的評量，只作為決定員工留任或行為改進的基準，與全體員工的年終考績有所區隔。但是，也有少數機關或機構將兩者的評量時間都放年終一起辦理，以簡化行政程序。

　　這裡，必須補充說明的是，社會福利行政實務有時也涉及直接服務。因此，行政督導者除了為員工提供行政督導之外，必要時也提供其他督導類別。例如：任務性督導（task supervision）、支持性督導（supportive supervision）、技術性督導（skilled supervision）、臨床督導（clinical supervision）、個案督導（case supervision）。

　　其中，臨床的督導又包含：直接實務的臨床督導（clinical supervision of direct practice）、處遇團隊協力合作的臨床督導（clinical supervision of treatment-team collaboration）、繼續學習的臨床督導（clinical supervision of continued learning）、工作管理的臨床督導（clinical supervision of job management）（Lewis, Packard., & Lewis, 2012: 143-144）。

二、年終考績

無論新進員工或舊有員工，在一個年度結束之際，機關（構）就會依規定辦理年度考績的評定，這是人力資源管理的重要機制之一。尤其，年終考績會影響員工預期加薪、晉升、受賞識感等激勵因素，更是維繫有效人力的關鍵。因此，機關或機構及其員工，都非常重視一年一度的考績評定。

就政府社會福利機關（構）而言，對於依公務人員資格任用的員工，必須依據「公務人員考績法」，辦理年終考績。至於派用人員之考核，亦準用該法之規定（考績法第21條）；不受任用資格限制的人員，以及其他不適用該法考績人員之考核，得由各機關參照該法之規定辦理（考績法第二十二條）。公務人員考績法的要點如下：

（一）考績的類別

公務人員的考績，區分為三類（考績法第3條）：

1. **年終考績**：每年年終考核各官等人員當年1至12月任職期間之考績。

2. **另予考績**：各官等人員於同一考績年度內，任職不滿一年，而連續任職已達六個月者辦理之考績。

3. **專案考績**：各官等人員平時有重大功過時，隨時辦理之考績。

（二）考核的內容

以年終考績為例，應以平時考核為依據。平時考核就其工作、操行、學識、才能，行之（考績法第5條）。其中，工作成績占65%、操性成績占15%、學識成績占10%、才能成績占10%。這五個考核項目所包含的細目及考核內容，如表10-3：

表10-3 公務人員年終考績的考核內容

項目	細目	考核內容	項目	細目	考核內容
工作 (65%)	質量	處理業務是否精確妥善暨數量之多寡。	操性 (15%)	忠誠	是否忠於國家及職守言行一致誠實不欺。
	時效	能否依限完成應辦之工作。		廉正	是否廉潔自持予取不苟大公無私正直不阿。
	方法	能否運用科學方法辦事執簡馭繁有條不紊。		性情	是否敦厚謙和謹慎懇摯。
	主動	能否不待督促自動自發積極辦理。		好尚	是否好學勤奮及有無特殊嗜好。
	負責	能否任勞任怨勇於負責。	學識 (10%)	學驗	對本職學識是否充裕經驗及常識是否豐富。
	勤勉	能否認真謹慎熱誠任事不遲到早退。		見解	見解是否正確能否運用科學頭腦判斷是非分析因果。
	協調	能否配合全盤業務進展加強聯繫和衷共濟。		進修	是否勤於進修充實學識技能。
	研究	對應辦業務能否不斷檢討悉心研究力求改進。	才能 (10%)	表達	敘述是否簡要中肯言詞是否詳實清晰。
	創造	對應辦業務有無創造及創見。		實踐	作事能否貫徹始終力行不懈。
	便民	處理人民申請案件能否隨到隨辦利民便民。		體能	體力是否強健能否勝任繁劇工作。

資料來源：考試院銓敘部官網。

註：如果是考核非主管人員，「協調」改為「合作」：與其他有關人員能否密切配合；「研究」改為「檢討」：對本身工作能否不斷檢討；「創造」改為「改進」：對本身工作能否隨時注意改進。

（三）考績的等第及獎懲

年終考績以一百分為滿分，分甲、乙、丙、丁四等（考績法第6條），並依年終考績分別獎懲（考績法第7條）：

1. **甲等**：80分以上。晉本俸一級，並給與一個月俸給總額之一次獎金。

2. **乙等**：70分以上，不滿80分。晉本俸一級，並給與半個月俸給總額之一次獎金。

3. **丙等**：60分以上，不滿70分。留原俸級。

4. 丁等：不滿60分。免職。

同時，各機關（構）在辦理公務人員年終考績時，應加計受考核人員平時考核獎懲次數所增減之分數後，綜合評予一百分以內之整數分數。當年度獎懲（嘉獎、記功、記大功；申誡、記過、記大過）的次數得互相抵銷，無獎懲抵銷而累積達二大過者，年終考績應列丁等。一次記二大過者，免職（考績法第12條）。

抑有進者，員工的平時考核內容，除了獎懲次數之外，對於員工的行為，進行有系統的、客觀的評量，更值得倡導。其中，行為定錨評量表（Behaviorally Anchored Rating Scales, BARS），將員工的特定工作列出清單，形成一組績效的面向，再呈現其績效的水準，從明顯不足（clearly deficient）到傑出（outstanding），區分為五個標尺或七個標尺，據以評量員工的行為表現。

茲以「辨識及評估」的行為表現為例，列舉其評量方式，如表10-4，其他想要評量的行為，亦可比照辦理：

表10-4　行為層面：辨識及評估服務對象的問題

> 下列層面在於了解這個人辨識及評估問題的情況。這個人能蒐集資料並呈現問題的優先順序嗎？這個人能看出這些問題如何干擾他的服務對象之功能嗎？
>
> 　7　這個人有超優的能力（superior ability），去蒐集資料、辨識服務對象的重要問題，並熟練地（expertly）看出這些問題如何干擾服務對象的功能。
>
> 　6　這個人有優秀的能力（excellent ability），去蒐集資料、辨識服務對象的重要問題，並巧妙地（skillfully）看出這些問題如何干擾服務對象的功能。
>
> 　5　這個人有先進的能力（advanced ability），去蒐集資料、辨識服務對象的重要問題，並容易地（readily）看出這些問題如何干擾服務對象的功能。
>
> 　4　這個人有能力（ability），去蒐集資料、辨識服務對象的重要問題，並能（can）看出這些問題如何干擾服務對象的功能。
>
> 　3　這個人有一些能力（some ability），去蒐集資料、辨識服務對象的重要問題，並有限度地（some extent）看出這些問題如何干擾服務對象的功能。
>
> 　2　這個人缺少能力（deficient），去蒐集資料、辨識服務對象的重要問題，且難以（difficulty）看出這些問題如何干擾服務對象的功能。
>
> 　1　這個人沒有能力（unable）去蒐集資料、辨識服務對象的重要問題，無法（cannot）看出這些問題如何干擾服務對象的功能。

資料來源：NASW, 1998, Skills for effective management of nonprofit organizations. Cited in Lewis, Packard., & Lewis, 2012, p.129.

三、薪資報酬

政府社會福利機關（構）的員工，其依公務人員資格任用者的，依據「公務人員俸給法」，支給薪資報酬。派用人員的俸給，亦準用該法之規定（俸給法第25條）。公務人員俸給法的要點如下：

（一）俸給的區分

公務人員之俸給，分本俸、年功俸及加給，均以月計之（俸給法第2條）。本俸，是各職等人員依法應領取之基本給與。年功俸，是各職等高於本俸最高俸級之給與。加給，是本俸因所任職務種類、性質與服務地區之不同，而另外給與職務加給、技術或專業加給、地域加給。

其中，職務加給是指主管人員或工作具危險性者之加給，例如保護性個案服務，具危險性，每次加給二千元。地域加給是指在偏遠地區或派駐國外之加給。

（二）俸級的區分

俸級，是各職等本俸及年功俸所區分之級次。公務人員俸級依委任、薦任、簡任等品位，各區分為若干級（俸給法第4條），以本俸為例：

1. **委任**：五個職等，第一職等本俸分為七級，第二至第五職等本俸各分為五級。

2. **薦任**：四個職等，第六至第八職等本俸各分為五級，第九職等本俸分為五級。

3. **簡任**：五個職等，第十至第十二職等本俸各分為五級，第十三職等本俸分為三級，第十四職等本俸為一級。

（三）俸給及福利的給與

公務人員的薪俸額，係依據委任、薦任、簡任的各個不同職等，計算俸

點，再折算俸額（薪資），相當複雜，且可能隨時調整。目前，考試院銓敘部全球資資訊網在法規「公務人員俸給法」項下，附錄現行的「公務人員俸給簡明表」，可供參考。此外，公務人員另有其他薪俸或福利，例如：

1. **專業加給**：從委任一職等，每月一千多元，至簡任十四職等，每月五萬多元。

2. **主管加給**：從委任五職等，每月三千多元，至簡任十四職等，每月三萬多元。

3. **子女教育補助費**：發給就讀公私立各級學校之學生，私立補助費多於公立。

4. **結婚補助費**：給付兩個月薪俸額，配偶雙方均可領取。

5. **生育補助費**：每生一子女，補助兩個月薪俸額。

6. **喪葬補助費**：父母、配偶死亡，補助五個月薪俸額；子女死亡，補助三個月薪俸額。有兩個公務人員以上者，擇一領取。

至於公務人員退休、撫卹、公保等相關給與，亦以薪俸額計算。其他民間社會福利機構或非營利組織，有關員工的薪資報酬，也逐漸制度化，對工作人員都有相當程度的保障。

四、退場機制

政府社會福利機關（構）的員工，有進有退，這是正常現象。目前，許多政府社會福利機關（構）基於人力資源管理的需求，對於員工離職，包括：屆齡退休（滿65歲）、自願退休、辭職、解職（不適任）、資遣（重病或重大事故），大致上已依相關法令之規定，建立退場機制。其中，對於員工退場的必要作為，可歸納為三個階段：

（一）退場前的準備工作

員工可能在招募、訓練、調職、領薪、年終考核、屆齡退休的任何一個

階段離職，機關或機構最好在這些關鍵性階段都有退場的相關規定，並以書面方式為之，以作為辦理員工離職行政程序的依據。

例如：申請或應徵資料的處理、訓練有關費用的求償、預支薪資的歸還、承辦方案的交接，以及退休手續的辦理等等，都必須依據相關規定處理，以減少糾紛、申訴或控告的危機。

同時，有關於不適任員工的輔導紀錄、平時考核及年終考績之評分等重要文件，都必須保存一定期限，以備不時之需。

（二）退場中的離職面談

政府社會福利機關（構）的主管人員可在員工離職時，找一個適當的時間和場所，與即將離職的員工單獨面談，坦誠溝通。如果員工屬於非自願離職者，當面告訴他必須終止聘僱關係的理由，並聽聽他對機關（構）或其他員工的抱怨，消消氣之後，再平靜地離開。如果員工是自願離職者，也可當面表示感激，並聽取建言，作為機關（構）進行變革的參考。

至於離職面談的時間，盡量不要排在星期五，以免影響員工週末的心情；面談地點要遠離辦公室，以免即將離職的員工遇到其他在職員工時，發生尷尬的情形（Lohmann & Lohmann, 2002: 381）。

（三）退場後的追蹤工作

實施追蹤的時機有二：一是在離職生效日期，請離職員工向人事單位或人力資源管理單位辦理離職手續、業務交接，並歸還所借物品，包括交還個案紀錄、已完成或進行中的專案報告、出入辦公場所的通行卡或鑰匙、識別證及其他重要物品和文件。二是在員工離職之後，定期或不定期對於退休人員表示關懷。例如：在過年時寄送賀卡、在大型活動時邀請觀禮。必要時，歡迎他們回來機關（構）擔任志工，讓退休員工有機會繼續貢獻他們的智慧和經驗。

總之，員工離職，是人力資源更新的一種機會。好聚好散，口不出

「惡言」（bad-mouthing）是員工與組織的共同期待（Lohmann & Lohmann, 2002: 384）。

第五節　志工人力的運用

就人力資源（human resource）的觀點而言，志工與員工都是政府社會福利機關（構）的重要人力。尤其，1980年代福利多元主義的興起，以及後來「契約外包」的引進，在社會福利的服務輸送方面，更加關注志工人力的運用。

臺灣於2001年公布「志願服務法」，開宗明義界定其立法目的，在於整合社會人力資源，使願意投入志願服務工作之國民力量做最有效之運用。準此，政府社會福利機關（構）必須有效運用志工人力，不言可喻。茲就運用志工人力的必要性、運用過程、相關問題，擇要敘述：

一、運用志工人力的必要性

政府社會福利機關（構）運用志工，不只在補充正式人力資源之不足，而且對於福利輸送有其必要性，其主要理由：

1.**強化組織與服務對象的雙向溝通**：社會福利的服務對象，以弱勢者居多，他們對自己有何福利需求，比較缺乏自我覺察；對於福利組織可提供何種服務，也常缺乏訊息，或不知如何使用。運用志工人力，一則協助組織將服務行銷至基層，使有需要的民眾可充分使用；再則將民眾的需求反映給組織，使其所規劃的福利方案更能貼近民眾的需求。

2.**擴展社會福利服務的對象**：政府社會福利機關（構），凡事依法行政，且其服務對象必須符合一定資格。而非營利組織的資金有時來自政府補

助，或向民間募款，對於服務對象也有一些的限制。運用志工人力，可彌補社會福利制度僵硬的缺點，將服務對象擴及未符合受助資格但有實際需要者。

3. 增加社會福利服務的項目：志工參與社會福利服務，通常對於弱勢者特別關心，希望能為他們多提供一些服務。加上志工有經驗、有專長，在組織的專職人員指導之下，可增加一些服務項目，為民眾提供更好的服務。例如：在重陽節致送敬老禮品之餘，志工可透過腦力激盪，推出不同的敬老活動。

4. 提供更貼心的福利服務：政府社會福利機關（構）的專職人員常受制於專業制度，必須依一定程序處理公務，難免予人官僚的印象。如能運用志工人力，他們沒有專業束縛，可依照服務對象的實際需求，彈性處理，無形中給人一種親切和貼心的感覺，使服務更有效果。

即使政府社會福利機關（構）不缺人力，也應該考慮運用志工，因為志工人力可帶來許多有用的資源。例如：志工每週服務四小時，十五個志工約合一個專職人員的人力，其經濟價值頗為可觀，對於社會福利有限的財務，不無小補。

二、運用志工人力的過程

政府社會福利機關（構）運用志工人力的過程，與一般人力資源管理的過程大同小異，其運用的程序，如圖10-1。

根據圖10-1所示，左側，由上而下，依序是運用志工人力的主要步驟：

1. 需求評估與方案規劃：由社會福利組織的志工業務承辦人，先確定運用志工的目的何在，並評估組織內部各單位對於志工人力的實際需求，以便研擬運用志工的計畫，據以招募志工。

2. 工作發展與設計：在此步驟，承辦人應清楚志工來到組織之後，將可協助組織做些什麼服務。因此，承辦人必須為預期招募的志工，發展及設計

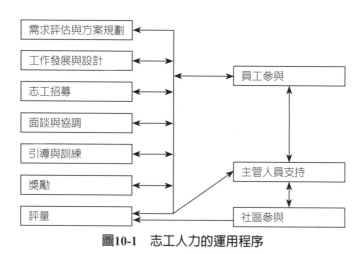

圖10-1 志工人力的運用程序

資料來源：麥克里等著，李淑君譯，2000，志工實務手冊，p.32。

一份工作說明書（job description），列出志工的服務項目、服務時間、服務地點、基本知能、必要訓練，作為招募志工的基礎。

3. **志工招募**：在此步驟，主要工作是透過招募，找到想要的志工。因為志工有許多選擇的機會，社會福利組織也有各種服務項目，因此招募的宣導，必須有市場區隔，針對不同招募對象，提出不同的訴求。然後，根據訴求重點，設計引人注意的文宣或活動，並以簡便的方式，接受報名。

4. **面談與協調**：在此步驟，透過面談，篩選出合適的志工。其實，面談是一種媒合（matching）的過程，其目的有二：一是讓組織了解志工的需求與期待，以便安排符合其需求與期待的服務項目；二是讓準志工了解組織預備安排的服務項目是否符合自己的期待。這樣，可避免志工投入後又中途離開，彼此都受到傷害。

5. **引導與訓練**：在此步驟，透過迎新與教育訓練，引導志工及早進入志願服務的情境。迎新說明會，在於讓志工了解社會福利組織的願景及任務；教育訓練則在於協助志工充實服務的必要知識和技巧，並啟發其服務精神。

6. **獎勵**：在此步驟，透過督導工作與激勵措施，協助志工解決服務過程

中所遭遇的困擾或問題，使服務工作做得更好。如果缺乏督導與激勵，志工可能變成一群沒有人關心的「孤兒」，只好自求發展，這可能影響志工人力的有效運用。

7.**評量**：在此步驟，透過志工的工作評量，協助志工自我檢視服務的成效，肯定自己努力的成果，或改進自己的缺失，進而提升服務的品質。在完成工作評量之後，對於表現優良的志工，應該論功行賞；對於表現欠佳的志工，則應加強志工督導與訓練，或調整其服務工作，甚至委婉辭退，以免影響志工夥伴的士氣，或傷害服務對象的權益。

此外，在圖10-1的右側，顯示於運用志工人力的過程，在在需要全體員工的參與、主管人員的支持，以及社區民眾的共襄盛舉。尤其，管理階層是否支持，往往是運用志工人力成敗的關鍵。

三、運用志工人力的相關問題

觀察我國政府社會福利機關（構）對於志工人力的運用，已逐步建立制度，展現一定的績效。但是在志工的招募、訓練、維持，仍存在一些問題，必須謀求因應對策。例如：

1.**志工人力需求預計的問題**：在志工招募方面，有些機關（構）只大略估計所需志工的人數，缺乏具體的數據資料，以致所招募的志工人力無法配合內部各單位的工作量。最好是設計一種結構化的調查表格，詳列需求志工的人數、資格、服務項目、服務內容，要求各單位核實填報，以確保志工人力的供需平衡，避免招募不足或過多。

2.**志工訓練師資難求的問題**：在志工的訓練方面，衛生福利部已依「志願服務法」之規定，頒定社會福利類志工基礎訓練與特殊訓練的課程，並邀請專家學者撰寫訓練教材。目前，實施志工訓練的最大問題，是偏遠地區或規模較小的社會福利機構，有一師難求的困擾。論其因應對策，不妨尋求所在地縣市志願服務推廣中心，請其推薦適當的訓練師資。

3.**志工流失率偏高的問題**：在志工的維持方面，有些政府社會福利機關（構）的志工流失率偏高，而須經常招募以補充新員。推究其主要原因，可能是志工進入組織之後，不知要做什麼，而承辦人也不知安排他們做什麼。如果臨時找一些庶務性的工作給志工做，他們很可能中途流失。論其因應對策，承辦人應依志工的意願與組織的需求，安排志工服務，並隨時關心其服務情況，適時提供激勵或調整服務內容。

質言之，志工是一種人力資源，相信政府社會福利機關（構）之所以運用志工人力，也是希望增加一些人力資源，使業務推展更有績效。但是，志工能否成為一種資源，還要看機構能否妥善運用。否則，「原料」進來之後，不能轉換為「產品」，可能就會變成「廢棄物」。

最後，歸納本章所言，我們首先將政府社會福利機關（構）有關人事的運用及管理，界定為人力資源管理，說明它與傳統的人事行政或人事管理有所區別。接著，根據人力資源管理的程序，分別敘述員工的招募、面談與遴選；員工的訓練與發展；員工的行政督導、年終考績、薪資報酬、退場機制。另外，特別說明政府社會福利機關（構）運用志工人力的必要性、運用過程、相關問題及其因應之道。我們殷切期待，政府社會福利機關（構）無論對於正式人力或志工人力，都能確實達到人力資源管理的主要目標：找到對的人、將績效極大化、維持有效的人力。

第十一章
社會福利財務管理

財政，為庶政之母。財務對於政府的重要性，就如同石油對於運輸產業一樣，沒有它，很多事情都無法進行（Hughes著，呂苔偉等譯，2006：234）。

但是，有些在政府工作的人，以為財務管理是財務單位及會計人員的責任，覺得自己不必關心財務管理的問題。錯了，沒有比這種認知更離譜的錯誤。成功的方案管理者必須了解，在政府中他們負有財務管理的責任（Denhard等著，黃朝盟等譯，2010：211）。

尤其，社會福利行政人員，必須了解政府社會福利機關（構）的許多設施及福利服務項目，都需要龐大的經費支應，如果財務資源配置不足或管理不當，不僅其本身的福利業務無法有效推動，有些民間福利機構可能也會因為政府縮減方案委託的數量或經費補助，而連帶影響它們提供人群服務的財務資源。

然而，就財務資源觀點而言，政府機關（government）、法定或公共的機構（statutory or public agencies）、非營利組織（nonprofit organizations）或準非政府組織（quasi nongovernmental organizations）、商業特殊法人（commercial QUENGOs）、市場導向的社會服務單位（market-oriented social service firms），其財務管理的型態，不盡相同（Lohmann & Lohmann, 2002: 394）。這一章，我們將聚焦在政府社會福利機關（構）的財務管理，首先說明財務管理的意涵，然後針對財務管理的核心工作——預算的編製、審議、執行、決算及審計，略加分析。最後，說明政府相關補助款的撥補及核銷。

第一節　財務管理的意涵

即使社會工作者承認財務資源管理的重要性，通常只有少數畢業生和專業人員想做財務管理的工作。在社會福利行政的殿堂裡，自認熟悉「財務管理」（financial management）的人也不多，有時甚至害怕聽到這幾個字。結果，有關財務管理實務的研究發展，便相當緩慢。

以美國為例，1920年代，聯邦政府為了改善政府對於利害關係人的責信，開始推展標準化財務報告格式，財務管理才引起些微注意。1930年代中期，社區基金會（community chest）的觀念，廣泛受到好評。1940年代，社會工作者為志願性社會機構建立個案收費的觀念，辛苦奮鬥了好幾年。1960年代政府對於購買服務，仍以各種不同的理由打了折扣。1970年代，聯邦政府財務會計標準局（Financial Accounting Standards Board）為商業和非營利機構設計了一般可接受的會計原則。1980年代，嘗試從整個人群服務到社會行政，形成財務管理過程的概念化，促使財務管理逐漸臻於成熟（Lohmann & Lohmann, 2002:389-390）。至於臺灣的情形，目前社會福利行政課程教學，很少注意到財務管理的議題。至於社會工作管理、非營利組織與管理等相鄰的課程，則偏重社會服務的財務管理，討論募款的操作，以及社會服務的契約管理。

有鑑於此，我們更有必要了解政府社會福利機關（構）的財務管理。本節就財務管理的界定、政府與非營利組織財務管理的區別及其關聯，略加說明，以作為後續討論的基礎。

一、財務管理的界定

在企業組織、公共管理、醫務管理等領域，對於財務管理已有明確的定義。但是，在社會福利行政領域，對於「財務管理」（financial management）的意思是什麼？迄今仍不明確，也缺乏共識。

羅吉爾魯曼與南西魯曼（Roger A.Lohmann & Nancy Lohmann）認為，社會行政對於財務管理的界定，並非一次到位（one step shop），而是經過許多學者的努力，不斷調整而逐漸形成（Lohmann & Lohmann, 2002: 390）。

起先，羅吉爾魯曼（Lohmann, 1980）描述社會機構財務管理過程的特徵，包括：(1)財務的規劃（financial planning）、(2)資金的籌集（fund-raising）、(3)配置（allocation）、(4)財務的控制（financial control）、(5)評量（evaluation）。

其次，溫特與凱斯（Vinter & Kish, 1985）認為財務管理的核心，是預算的編製（budgeting），並將整個財務管理的主題，納入於預算之下。

後來，聖茲梅爾斯（Sanchez-Meyers, 1989）重新界定財務管理的範圍，包括三大部分：財務的(1)取得（acquisition）、(2)分配和控制（distribution and control）、(3)記錄和報告（recording and reporting）。

由這些說明，我們可得到一些基本概念：財務管理是有關於財務運用和管理的過程，它包括財務的取得、財務的配置、財務的執行及報告等部分。

如果以政府的財務管理來說，財務的取得，主要來自租稅收入；財務的配置，主要是透過預算編列來進行分配；財務的執行，是依據會計制度辦理；財務的記錄和報告，主要是行政單位的決算，並通過審計單位的審查。換言之，在財務管理的功能，預算是「體」，會計是「用」，決算是「果」，審計是「眼」。

二、政府與非營利組織財務管理的區別

我們在第一章曾提及社會福利行政，其實包括政府、與政府有合約關係，或與政府合作，以執行政府的社會福利工作，並曾比較政府社會福利部門與非營利組織之間的區別（參見圖1-1）。這裡，我們進一步就其財務管理方面，略述兩者之間的區別，如表11-1：

表11-1　政府與非營利組織財務管理的區別

	政府社會福利機關（構）	非營利組織
財務主要來源	稅收、舉債、發行貨幣	捐贈、政府補助、勸募
預算審查單位	立法機關（議會）	董事會
內部財務管理系統	較少自行投入設計	常需自行投入設計
預算執行報告	向審計單位提出	向董事會提出
預算結餘之處理	繳回公庫	累積基金、投資

資料來源：根據Patti, 2009, pp.377-393；Lewis, Packard., & Lewis, 2012, pp.164-185，整理而成。

由表11-1顯示，政府社會福利機關（構）與非營利組織之間，其財務管理的主要區別有五項：

1.**財務主要來源方面**：政府社會福利機關（構）的財務來源，主要是稅收、舉債、發行通貨（Rosenbloom著，呂育誠等譯，2006：219）。以我國中央政府的歲入預算為例，其主要來源是：稅課收入、營業盈餘及事業收入、規費及罰款收入、財產收入。其中，稅收又包括：所得稅、遺產及贈與稅、關稅、貨物稅、證券交易稅、期貨交易稅、菸酒稅、特種貨物及勞務稅、營業稅。至於非營利組織，由於缺乏可以徵稅的權威，必須從非常不同的來源，得到其所需的經費（Denhard等著，黃朝盟等譯，2010：198），通常來自：捐贈（含基金捐贈、個人捐贈）、政府補助、政府專案委託（契約外包）、勸募（含申請聯合勸募經費）、使用者付費等。另外，有一個問題，政府社會福利機關（構）可否接受捐贈或對外勸募？依據我國「公益勸募條例」第5條規定：各級政府機關（構）基於公益目的，得接受所屬人員或外界主動捐贈，不得發起勸募。但遇重大災害或國際救援時，不在此限。

2.**預算審查單位方面**：政府社會福利機關（構）編列概算之後，由主管財務的行政機關（行政院主計總處、縣市政府主計處）彙編該年度總預算，送至立法機關（立法院、議會）審議，通過之後，始能執行。至於非營利組織所編製的預算，送董事會審查，通過之後，即可執行。

3.**內部財務管理系統方面**：政府社會福利機關（構）內部的財務管理系

統，係由政府既有的會計系統進行管控，行政人員很少再自行設計財務管理系統。至於非營利組織內部的財務管理方式，因各類組織不盡相同，行政管理者必須配合組織的需求，設計適用的財務管理系統。

4.**預算執行報告方面**：政府社會福利機關（構）對於預算的執行結果，進行評量之後，必須將評量報告（決算書）依行政程序，經行政主管機關彙送審計機關（審計部、審計室）審查及核備。至於非營利組織對於預算的執行結果，經過評量之後，以書面報告（結餘或不足），送董事會審查及核備。

5.**預算結餘之處理方面**：政府社會福利機關（構）對於預算的執行，除了事前辦理「經費保留」並經核定之外，所有的結餘款項，必須依規定繳回公庫。至於非營利組織對於預算執行結果，如有結餘，可經董事會核可，併存於基金、辦理投資或作為其他適當用途。

雖然，政府社會福利機關（構）與非營利組織之間，在財務管理上有所區別，但是兩者對於預算編製的原則，例如：必須考量組織的政策、按照預算循環週期運作、遵守會計制度等方面，則是一體適用，沒有多大區別。所謂「預算循環週期」（budgeting cycle），係由行政部門編製、立法機關審議、預算執行、決算及審計等四個階段所組成，循環運作，週而復始，如圖11-1：

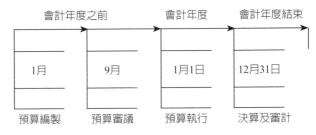

圖11-1　預算循環週期

資料來源：參考Denhard等著，黃朝盟等譯，2010，p.211，並依我國的會計制度及預算送立法機關審議的時間加以修正。

三、政府與非營利組織財務管理的關聯

由表11-1也可看出政府社會福利機關（此處不含機構）與非營利組織之間有一個互相交集的部分，就是非營利組織的財務來源，有些是政府補助或政府專案委託（契約外包）的經費，也因此衍生出兩者之間在財務管理方面有所關聯，其犖犖大者有三：

1. **非營利組織向政府申請補助**：自從1970年代倡導社會福利民營化、1980年代強調福利多元主義以來，政府社會福利機關逐步開放一部分日常的、非核心的社會福利計畫或方案，接受非營利組織申請經費補助，或者投標政府採購案，取得個案、方案或專案的委辦經費。

2. **政府撥補經費給非營利組織**：非營利組織向政府社會福利機關申請補助經過核准，或參加投標得標之後，政府社會福利機關即須依規定或依契約，按期撥款或補助相關經費。

3. **政府追蹤補助經費的使用情形**：政府社會福利機關撥款或補助之後，依行政權責或契約規定，必須定期監督、輔導及追蹤補助經費的使用情形。相對的，接受補助的非營利組織亦應依規定，報告經費使用情形，並於專案結束後檢據核銷。

由此可知，一旦發生補助或契約的關係，政府社會福利機關可能就會涉及非營利組織特定部分的財務管理。相對的，非營利組織也必須了解政府社會福利機關特定部分的財務管理，尤其是補助款的撥補及核銷。

第二節　預算的編製

預算編製，是預算循環週期的第一個階段，也是財務管理的領頭項目，更是任何組織籌措和配置財源以達成目標的重要手段。有關「預算」

（budget）一詞的意涵，依據美國《社會工作辭典》（*The social work dictionary*）的解釋：

> 預算（budget）是一個特定期間可能發生的年度收入與支出之陳
> 述，亦即一個社會機構或組織針對預期收入、必要支出，以及成本
> 估計，而總計所有詳細登錄項目的一種清單（Barker, 2014: 50）。

這個解釋有兩個重點：一是預算的組成要素，包括歲入預算（收入）與歲出預算（支出）兩個部分，而且收支之間必須平衡，但大多數人只注意歲出預算，而忽略歲入預算的部分。二是預算有一定的期間，通常是以一年為期，也就是配合會計年度，進行規劃及編製。會計年度有各種不同的型態，我國是歷年制（當年1月1日至12月31日），美國則實施十月制（當年10月1日至翌年9月30日）。

具體地說，我國衛生福利部的預算，是中央政府總預算的一環，其預算的編製、審議、執行、決算及審計，都必須按照中央政府的預算作業進行。至於地方政府的預算，依據「預算法」第96條之規定，地方政府預算，另以法律定之。前項法律未制定前，準用本（預算法）之規定。

再者，「地方制度法」第71條規定：直轄市、縣市、鄉鎮市年度總預算、追加預算與特別預算收支之籌劃、編製及共同性費用標準，除其他法律另有規定外，應依行政院訂定之「中央暨地方政府預算籌編原則」辦理。地方政府未依前項預算籌編原則辦理者，行政院或縣市政府應視實際情況，酌減補助款。簡言之，地方政府年度總預算之籌編，得比照中央政府總預算之籌編原則而辦理之。

茲以中央政府的預算為例，略述預算編製的目的、類型、程序，以及預算編製經常出現的一些問題。這些，都同時適用於政府社會福利機關（構），我們有必要了解其梗概。

一、預算編製的目的

預算編製，與政府計畫之執行及其財務管理，都有密切關係。預算編製的主要目的，包括（Starling著，陳志瑋譯，2015：544）：

1. **規劃**：預算的規劃，強調收入與支出之間的關係。預算是政策規劃的重要關鍵，很少行政人員能夠在沒有經費預算的情況下，規劃重要的計畫或方案。

2. **管理**：預算強調正在執行的計畫之效率，並藉由預算執行績效的評量，促使行政人員爲其所執行的計畫負責。

3. **控制**：預算編製對於行政經費的支出，進行嚴格的控制。最常見的方式，就是以支出項目來分配經費。而且，透過財務的稽查，確保這些支出使用於被認可的項目上。

二、預算編製的類型

爲了因應預算的不同目的，可能採用不同的編製類型。其中，較常見者，有下列四種（Lewis, Packard., & Lewis, 2012: 177-180；Patti, 2009: 385-388；Rosenbloom著，呂育誠等譯，2006：241-249；Denhard等著，黃朝盟等譯，2010：222-229）：

（一）項目預算

項目預算（line-item budgeting），是最傳統、最簡單的一種預算類型，針對收入部分（revenues）與支出部分（expenditures），逐項列出對應的數額，所以也稱爲逐項預算。

項目預算的焦點，集中在支出部分，所以又稱爲消費項目的預算（objects of expenditure budget），也就是將支出經費的細目，以列舉的方式，配合每一個單項的金額大小，在預算表中陳列出來。典型的項目預算，

是以機關為單位，列舉支出項目（例如：人事費、業務費、設備費、獎補助費）的金額。

項目預算的主要優點是：相當容易了解，適合於漸進式決策，只要在上一年度的預算略作增減，即可編製本年度預算。其主要缺點是：項目預算的焦點，偏重於支出部分，不重視結果，對於財務的規劃及管理，幫助不大；而且任何支出，必須符合規定的項目，對於採購變成一種束縛。例如：買醬油的預算，就不能用來買醋。

（二）績效預算

績效預算（performance budgeting），早先稱為功能預算（function budgeting），係源自於美國聯邦政府的預算在1930年代急速成長，並將重心逐漸轉移到政府機關的行政管理層面，致力於連結政府預算與各種公共方案的活動，於是逐步發展出績效預算。

這種預算，通常包括各種不同的績效評估指標，以顯示出各機關所執行的工作及其所使用經費之間的關係。美國胡佛委員會（Hoover Commission）曾描述績效預算為「根據政府的功能、計畫或活動，而對政府的職能進行分析的預算。這種預算把焦點放到行政機關應該執行的工作或應該提供的服務，而不是政府應該獲得的資源」（Denhard等著，黃朝盟等譯，2010：224）。換言之，績效預算是政府機關告訴大家，他們辦了幾次服務或活動，每次花了多少錢。這樣，我們就可知道這個機關有沒有功能？工作績效如何？

績效預算的主要優點是：除了列舉收入與支出之外，還說明了每次服務或活動的單位成本（unit cost），是非常適合於管理目的的一種預算。其主要缺點則是：比較傾向於關注工作的數量，而忽略了工作的品質。

（三）方案預算

方案預算（program budgeting），是1960年代美國國防部發展出來的一

種預算類型，原本稱為「規劃－方案－預算制度」（planning-programming-budgeting system, PPBS），也譯為「設計計畫預算制度」。後來為了使其普及化，乃以比較一般的名詞，稱之為「方案預算」。

方案預算是將預算過程延伸到各機關方案之間的配置，並著重於政府行政的目的，而非活動。其作法是：一開始，規劃出行政的目的及目標；然後，發展出達成目標的計畫或方案；最後，針對每項計畫或方案編列預算。

方案預算的主要優點是：為預算的過程注入更多理性和全面性的功能；其主要缺點則是：預算編製的過程十分耗時，常需增加許多幕僚參與。

（四）零基預算

零基預算（zero-based budgeting, ZBB），是1968年由美國德州儀器公司（Texas Instruments）所發展出來的預算類型。這種零基預算，是將每年的預算，從「零」的基礎開始，不受限於上一年度或以前年度預算額度的高低，而重新檢視所有準備提出的計畫或方案，排定其優先順序，再進行成本效益分析（cost-benefit analysis），就下一年度的預算額度做最合理的配置。

零基預算的主要優點是：避免因循過去只在預算上增加一些數額或減少一些數額，而是將有限的資源做最有效的運用。其主要缺點則是：預算編製的程序較為繁複，容易使預算編製者萌生退意。

1981年美國雷根政府就曾經以精簡預算（cutback budgeting）取代零基預算。但是，零基預算強調「從零開始」的精神，至今仍廣被運用。

上述預算編製的四種類型，並非彼此互相排斥，它們各有著重點，也各有優缺點，可提供政府社會福利機關（構）編製預算時，視其需要而選擇運用。例如：在我國，政府社會福利機關（構）編製年度預算時，必須依照行政院主計總處所訂「預算籌編原則及編製辦法」之規定，落實零基預算的精神，把原有的計畫項目歸零重新檢討，在歲出額度內覈實編列。另外，在編列社會福利重要計畫或專案的預算時，通常採用方案預算或績效預算。而在編列一般社會福利服務活動的預算時，通常採用項目預算。

三、預算編製的程序

依據我國「預算法」之規定，由行政院負責中央政府總預算的編製作業。「憲法」規定之中央政府，包括總統府、五院及其附屬機關。因此，總統府及其附屬機關（如中央研究院、國史館）的預算編製，亦須彙送行政院編製成為中央政府「總」預算。以下僅就行政院及行政院屬下各機關單位（含衛生福利部）擬編預算的程序，歸納為下列六個步驟：

1. **制定政策方針**：由行政院參考財政部、國家發展委員會、主計總處等單位提供有關財務的資料，於會計年度開始前九個月決定下年度的施政方針，作為行政院屬下各機關單位擬編概算的政策依據。

2. **訂定預算編製辦法**：由行政院主計總處依據行政院下年度施政方針，訂定預算籌編原則及編製辦法，經行政院核定後，分送各機關，作為擬編概算的規範。

3. **各機關擬編概算**：行政院屬下各機關單位依據行政院擬定的施政方針，以及行政院主計總處訂定的預算籌編原則及編製辦法，擬定其主管範圍的施政計畫、事業計畫、歲入與歲出之概算，送行政院審核。這裡所言「概算」，是各主管機關依其施政計畫初步估計之收支數額（預算法第33條）。

4. **審核各機關概算**：首先，由行政院主計總處召開會議，進行行政院屬下各機關單位概算之審核。然後，行政院根據主計總處的概算審核報告，核定各機關單位的概算。

5. **編製各機關預算案**：行政院屬下各機關單位依據行政院核定的概算額度，編製其機關單位預算案，並經其主管機關審核及加註意見，連同預算案歲出部分，送行政院主計總處，並將歲入部分送財政部。

6. **編成中央政府總預算案**：行政院主計總處將行政院屬下各機關單位的歲出預算，併同財政部所編的歲入預算，送行政院院會審議，通過後完成中央政府總預算案，並依「憲法」第59條之規定，於會計年度開始前三個月（每年8月31日之前），將下年度預算案提出於立法院。

四、預算編製經常出現的問題

預算編製的過程，相當複雜，而且充斥著各種陷阱。其中，經常出現的問題，有下列三項（Rosenbloom著，呂育誠等譯，2006：236-239）：

1. 預算週期冗長（the length of the budget cycle）：預算的週期始於各機關擬編概算，經過立法機關審議，到最高行政機關核定實施，往往超過一年以上。這意味著各機關在擬編概算時所做計畫的需求，可能在預算執行時變得不適當。如果遇到政權輪替時，其影響更大。例如：衛生福利部原先編列長期照顧保險制的預算，新當選的總統不贊同保險制而改為稅收制，此項預算就必須大幅度修正。

2. 玩預算遊戲（playing the budget games）：有些機關試圖增加他們能夠分配的預算額度，而比實際需求多編了一些，以準備讓立法機關刪減。有些民意代表也假裝要降低稅率，以促進經濟發展。結果，歲出預算浮編，歲入預算短編。最後，在「重新包裝」（repackaging）之下，只是促成媒體有興趣在頭條報導預算的聳動訊息而已，實際上沒有做什麼重大改變。

3. 提高上限（raising the ceiling）：通常，一般人民對於平衡預算的概念，大致上都能接受，但是對於政府編列長期債務，則認為應該設定上限。事實上，行政機關經常保證在幾年內會達到平衡預算做為交換條件，以獲得立法機關同意提高舉債的上限。結果，債務的上限往往無法確實得到控制。

因此，政府社會福利機關（構）的行政人員看預算，不能只看歲出預算，也不能只看預算的數字有多少，還要看歲入預算和預算數字背後的一些「眉角」，以便在擬編概算時，有適當的因應對策。

第三節 預算的審議

預算審議，是預算循環週期的第二個階段，也是民主程序的必要步驟。行政院將中央政府總預算案送立法院之後，立法院依據「憲法」第63條之規定，進行預算案之審查及議決。茲略述預算審議的範圍、程序，以及行政機關避免被刪減預算的因應策略。

一、預算審議的範圍

依據「預算法」第49條、第50條之規定，立法院對於預算案之審議，應注重歲出規模、預算餘絀、計畫績效、優先順序。其中，歲入之審議，以擬變更、擬設定的收入為主，並按來源決定之；歲出之審議，以擬變更或擬設定的支出為主，並按機關別決定之。

再者，依據「憲法」第70條之規定，立法院對於行政院所提預算案，不得為增加支出項目或支出金額之提議。這也就是說，立法委員只能刪減預算，沒有權力增加任何機關的預算項目或金額。

二、預算審議的程序

依據「預算法」第48條之規定，立法院進行中央政府預算案審議之前，應安排行政院長、主計長、財政部長，列席報告施政計畫及歲入、歲出預算的編製經過。接著，經過立法院院會完成一讀程序，交付預算及決算委員會，進行分組審查。最後，將分組審查結果提到全院各委員會聯席會議確定，再提院會進行二讀、三讀，完成預算審議程序。

通常，在立法院各委員會（社會福利預算，係由社會福利及衛生環境委員會審查）在審查各機關預算的過程，也會安排相關機關單位的主管人員或

其代表人員到現場，於必要時，進行相關說明或回答委員詢問。

三、避免預算被刪減的策略

立法委員（或議員）是民意代表，為人民看緊政府荷包，對於各機關的歲出預算，尤其是社會福利的預算攸關人民的權利，必然嚴格審查。為了避免預算被刪除或刪減，以致影響預定的社會福利實務，在現場備詢的單位主管或其代表人員，可參考下列因應策略（Starling著，陳志瑋譯，2015：550-551）：

1. **以研究來拖延**：以審議中的預算案必需再深入研究為由，來拖延他們的刪減行為，並可辯稱除非徹底考慮所有後果，否則不應該草率決定預算的刪減。

2. **訴諸民意支持**：挾持強烈的民意支持，來回應立法委員（或議員）對相關經費的刪減，亦可引用媒體報導，造成民意的壓力。例如：動員身心障礙者到立法院陳情，要求增加購買康復巴士的預算額度。

3. **說明悲慘後果**：可舉例說明刪減預算可能造成的悲慘後果。例如：刪減長期照顧經費，將可能造成低收入獨居老人死亡多日而無人發現的慘劇。

4. **全有或全無**：承認一旦刪減經費，整套計畫或方案就無法運作，如果要刪減，就乾脆全部刪除，也不要執行該項計畫或方案了。

5. **讓你來挑選**：說明我們所有的計畫或方案都很重要，無意放棄任何一個，建議要求刪減預算的委員（或議員），可直接挑選重要的項目來刪減，而將政治責任歸咎於刪減者身上。

6. **我們才是專家**：表明我們是專業人員，提計畫、編預算，都立基於專業考量，經過深思熟慮，藉以爭取委員（或議員）少刪或不刪預算的經費。

當然，對於預算操有生殺大權的民意代表，我們的訴求必須委婉，態度盡量謙和。然而，我們也是為了維護弱勢者應有的權益，理直，氣就壯，只要言之有理，相信多數民意代表應能接納。

第四節 預算的執行

預算的執行，是預算循環週期的第三的階段，也是最重要的一個階段，因為預算能否確實執行，是影響政府施政績效和經濟發展的主要因素之一。依據我國「預算法」之規定，中央政府各機關對於預算之執行，必須遵守一些規範。以下略述預算執行的前置作業、基本原則、相關議題：

一、預算執行的前置作業

依據我國「預算法」相關規定，中央政府各機關應按其法定預算，並依行政院主計總處之規定（預算籌編原則及編製辦法），編造歲入與歲出分配預算，並依預算實施計畫，按期或按月分配（預算法第35條）；各機關歲入及歲出分配預算，經送行政院主計總處核定後，應確實執行。所謂「法定預算」，是政府預算經立法程序而公布者（預算法第51條）；所謂「分配預算」，是在法定預算內，各機關依法分配的數額（預算法第55條）。

二、預算執行的基本原則

預算執行有一個基本原則，就是其所分配預算必須按每年度、每月或每期支用。依據我國「預算法」第61條之規定，限制下月或下期之經費，不得提前支用。

但每月或每期分配預算若有賸餘，除未依進度完成，或原定歲出預算有節減（調節或減少）之必要時，除經行政院核定列為準備金外，得轉入下月或下期使用，但以同年度為限。

三、預算執行的相關議題

　　理論上，預算執行是依據獲得分配的預算數額，「做多少，給多少」（pay-as-you-go），保持平衡。實際上，可能因為種種因素，在會計年度結束時，產生預算賸餘或預算不足的情形，必須依「預算法」之規定，彈性處理。例如：

　　1. **保留預算**：依據「預算法」第72條規定，會計年度結束時，各機關已發生而尚未收得之收入，應即轉入下年度，列為以前年度應收款；經費未經使用者，應即停止使用。但已發生而尚未清償之債務或契約責任部分，得依「預算法」第74條規定，轉入下年度，列為以前年度應付款或保留款準備。

　　2. **經費流用**：依據「預算法」第72條規定，在預算執行階段，允許辦理同一計畫或業務科目項下各用途別科目間之經費流用（一般稱為勻支），但不得流用為用人費用（一般稱為人事費）。

　　3. **動支預備金**：預備金，分為第一預備金、第二預備金兩種。第一預備金係於各機關單位的預算中設定，其數額不得超過該機關經常門支出總額1%。當各機關執行歲出分配預算遇經費不足時，經報上級主管機關核定，轉請行政院主計總處備查後，即可動支。至於第二預備金，須視各機關的財務狀況，於其總預算中編列。動支第二預備金的條件是：機關原列計畫經費因事實需要奉准修訂，或者機關因業務增加，或因政事臨時需要，致原列計畫經費不符時，報經行政院核定後動支（預算法第22條）。

　　4. **辦理追加預算**：各機關於年度預算執行時，因下列情形之一，得請求提出追加歲出預算：(1)依法律增加業務或事業致增加經費時。(2)依法律增設新機關時。(3)所辦事業因重大事故經費超過法定預算時。(4)依有關法律應補列追加預算者（預算法第79條）。

　　5. **編列特別預算**：有下列情事之一時，行政院得於年度總預算外，提出特別預算：(1)國防緊急設施或戰爭。(2)國家經濟重大變故。(3)重大災變。(4)不定期或數年一次之重大政事（預算法第83條）。例如：1999年發生

「九二一」大地震、2009年發生「八八」莫拉克颱風，行政院都曾編列特別預算，作為救災專款。這兩次特別預算的執行，政府社會福利機關（構）行政人員都參與災區重建的各項福利工作，扮演相當重要的角色。

<h1 style="text-align:center">[第五節] 決算與審計</h1>

　　審計，是預算循環週期的最後一個階段，並以決算為審計的核心工作。因此，決算與審計經常被放在一起討論。以下仍以中央政府為例，略述其決算報告的編造、審計機關的決算審核、立法機關的決算審議，以及決算審計常見的弊端——政府的錢可能「被偷」的方式。至於地方政府部分，其年度總決算之編造、審核及審核報告之提出，原則上依「地方制度法」第42條之規定辦理，亦準用「決算法」之規定（決算法第31條）。

一、決算報告之編造

　　依據我國「憲法」第60條規定，行政院於會計年度結束四個月內，應提出決算於監察院。通常，行政院轄下各機關單位（含衛生福利部）於預算執行後，在規定期限內，必須對預算的執行情形，（由行政院）向審計機關提出決算報告。

　　決算報告書係以機關別提出所屬單位的全部決算。以衛生福利部為例，係將社會及家庭署、社會救助與社工司、保護服務司、社會保險司、長期照顧司、其他署司處、附屬機構（參見第四章圖4-2）的決算，彙整為一份衛生福利部○○年度決算報告書。因此，衛生福利部內部各機關單位必須先行編造決算報告。編造時，應按其年度預算執行的事實，備妥執行預算的各種表格，並檢附有關執行預算之其他會計報告、執行預算經過之說明、執行施政

計畫、事業計畫績效之說明，以及有關之重要統計分析（決算法第12條）。衛生福利部各機關單位之決算彙整後，經機關長官及主辦會計人員簽名或蓋章，轉送中央主計機關（行政院主計總處）。

中央主計機關應就各機關單位決算，及國庫年度出納終結報告，參照總會計紀錄，編成總決算書，並將各附屬單位決算，加具說明，隨同中央政府總決算，一併呈行政院，提經行政院會議通過，於會計年度結束後四個月內，提出於監察院（決算法第21條）。

必須補充說明的是，決算報告有關「執行預算經過之說明」，係針對上一年度立法機關審議中央政府總預算案所提決議，提出其辦理情形。例如：衛生福利部於編製2017年度預算報告中，對於立法院審議中央政府2016年度總預算案所提決議第7項（衛生福利部，2017：294-295）之建議：

> 105（2016）年度「社工及社區發展業務」在「規劃建立社
> 會工作專業」分支計畫中編列「補助新北市政府設置627燒燙
> 傷專案管理中心業務所需各項費用」13,366,000元，而新北
> 市政府法制局表示，八仙樂園列為共同加害人，同屬業務過
> 失致死的被告，將進行求償。故為有效監督本案確實執行，
> 爰將此預算凍結100萬元，待衛生福利部提出執行進度及績
> 效報告，經立法院社會福利及衛生環境委員會同意後，始得
> 動支。

因此，衛生福利部在編製2017年度預算報告中說明：「本項決議於105年2月26日以衛部救字第1051360619號函請立法院安排報告議程，經立法院社會福利及衛生環境委員會於105年7月4日會議審查通過，准予動支。」

二、審計機關的決算審核

政府總決算之審核，是審計機關最重要的工作，也是審計機關每一會計年度工作之總成。因此，各級審計機關爲辦理總決算之審編，均設總決算審核委員會主司其事。在我國，監察院設審計部，並於地方政府設審計室，作爲決算的審計機關。

一般而言，預算執行之後的審計工作，其主要目的是：(1)衡量財務的健全性，(2)偵測財務使用是否遵照法令及其他限制，(3)公共方案運作的結果及績效（Denhardt & Grubbs著，黃朝盟等譯，2010：220）。依據我國「決算法」第24條之規定，審計機關審核政府決算，應注意下列事項：

1. 歲入、歲出是否與預算相符，如不相符，其不符之原因。
2. 歲入、歲出是否平衡，如不平衡，其不平衡之原因。
3. 歲入、歲出是否與國民經濟能力及其發展相適應。
4. 歲入、歲出是否與國家施政方針相適應。
5. 各方所擬關於歲入、歲出應行改善之意見。

另外，依規定，審計部審計長於中央政府總決算送達後三個月內，必須完成中央政府總結算的審核工作，編造最終審定數額表，並提出「審核報告」於立法院（決算法第26條）。

三、立法機關的決算審議

審計機關將政府總決算審核報告提出於立法院之後，立法院對審計機關審核報告中有關預算之執行、政策之實施及特別事件之審核、救濟等事項，予以審議。立法院審議時，審計長應答覆質詢，並提供資料；對原編造決算之機關，於必要時，亦得通知其列席備詢，或提供資料（決算法第27條）。

總決算最終審定數額表，由立法院審議通過後，送交監察院，由監察院咨請總統公告；其中應守祕密之部分，不予公告（決算法第28條）。

四、政府的錢可能「被偷走」的方式

本來，決算審計的目的，在於確保政府的財務資源管理得當，多半著重於審核經費使用有否違背法令，並檢查弊端、浪費或使用不當。但是，審計的方式，以事後審計居多，從預算執行、決算審核，到審核報告出爐，經過的時間相當冗長，即使審核時發現弊端，往往因為事過境遷，人事更迭，很難再追究其財務責任。因此，我們有必要了解政府的錢可能「被偷」的方式（Starling著，陳志瑋譯，2015：535），以便防患於未然。例如：

1. **幽靈錢**（ghosting）：透過幽靈資源所偷到的錢。例如：利用幽靈員工，將人頭放在薪資請領清冊之中。

2. **圍標**（bid rigging）：在採購合約上，進行不正當的壟斷。例如：潛在的承包商在投標之前，就設定得標的廠商及金額，然後透過廠商相互勾結（臺灣俗稱「搓湯圓」），共同謀取利益，結果造成政府成本增加。

3. **誠實的謀利**（honest graft）：個別的員工利用進一步的訊息，來謀取私人利益。例如：事前得知某塊土地將蓋福利大樓，就先把那塊地買下來，等到相關單位公告之後，那塊便宜買來的地，就變得很搶手，可替自己的投資，創造幾倍的利潤。

4. **假公濟私**（diversion）：將公共的資產或服務，拿來作為私人使用。例如：將公家宿舍出租他人；辦活動時，多買一些餐點，吃不完，再帶回家。

5. **偷工減料**（shoddy material）：提供較低品質的原料或產品，充當較高價位的原料或產品，從中賺取差價。

6. **回扣佣金**（kick backs）：政府官員有權利挑選服務承包商，藉由安排或故意簽訂高報酬的合約，政府官員就可得到一定比例回扣的佣金。

第六節　補助款核撥及核銷

正如前面所述，政府社會福利機關與非營利組織之間，可能因為契約外包或補助經費，而在財務管理上產生交集。

就補助經費而言，政府社會福利機關常因擁有比較充裕而穩定的財務來源，可對非營利組織提供經費補助，作為社會福利政策引導的機制（賴兩陽，2005：201-202）。事實上，政府透過經費補助的過程，委託或鼓勵非營利組織參與推展社會福利工作，也是政府社會福利計畫及業務執行的方式之一，我們在第七章也已提及。

另一方面，中央政府社會福利機關也對直轄市、縣市政府提供經費補助，或者接受直轄市、縣市政府轉送民間團體向中央申請補助案件。同樣的情形，直轄市、縣市政府也對轄下鄉鎮市區公所及民間團體提供經費補助。

因此，政府（中央及地方）社會福利機關的行政人員，在財務管理上，除了參與預算的編製、執行之外，有時也要辦理補助款核發及核銷的業務。茲以中央政府社會福利機關為核心，略述社會福利補助款之核撥，申請補助經費概算編列之標準、補助款之核銷，以及經費核銷常見的缺失。至於地方政府有關經費補助的作業及原則，與中央政府的做法類似，可參酌辦理。

一、補助款之核撥

中央政府社會福利機關為協助各級政府及結合民間力量推展各項社會福利工作，每年均編列補助經費，並訂定「衛生福利部推展社會福利補助作業要點暨項目及基準」及「衛生福利部社會及家庭署推展社會福利補助作業要點暨項目及基準」，作為申請作業及經費處理的主要依據。

以2022年度為例，衛生福利部的補助項目共有：社會救助、社區發展、公益勸募、推展志願服務工作、社會工作、保護業務研習、宣導、督導及倡

導、家庭暴力防治、性侵害防治工作、性騷擾防治工作、兒童少年保護與
處遇。

　　另外，社會及家庭署是衛生福利部轄下的獨立機關（另立組織法、有獨
立的預算編制、員額獨立編制、可直接對外行文），其補助項目有：兒童及
少年福利、家庭支持服務、婦女福利、老人福利、身心障礙福利。以下僅針
對財務管理有關的補助款申請案之審查作業與撥款手續，擇要說明：

　　1. **審查作業**：依據「推展社會福利補助作業要點」，衛生福利部對於申
請經費補助以推展社會福利的案件，其審核的重點（衛生福利部，2022）包
括：

　　(1) 依其行政區域內之整體需求，該計畫應屬必要。

　　(2) 依計畫內容該計畫執行後可達到計畫之目的。

　　(3) 符合申請補助項目及基準規定。

　　(4) 該申請單位所應附文件符合規定。

　　(5) 無重複申請補助情事。

　　(6) 以前年度無尚未核銷案件。

　　(7) 申請單位業務、會務、財務健全且正常運作（非屬主管之團體，
　　　　應敘明該團體主管機關之意見）。

　　其中，第6點，以前年度無尚未核銷案件、第7點，財務健全且常運作，
這兩點都與申請單位的財務資源管理直接相關。再者，第4點，申請單位所
應附文件，亦包含經費概算與經費來源兩項。經費概算的內容應包括：項
目、單位、數量、單價、預算數、自籌金額、申請補助金額（註明資本門或
經常門）。其中，依規定應編自籌款者（一般性補助，申請經常門經費應編
20%以上自籌款，申請資本門經費應編30%以上自籌款），應附自籌款證明
（申請時最近二個月內之機構存款證明）。

　　2. **撥款手續**：申請補助案件，經衛生福利部核定補助項目及補助金額之
後，辦理補助款撥款手續：

　　(1) 由衛生福利部核發推展社會福利申請補助計畫核定表。

(2) 申請單位填具領款收據，報衛生福利部撥款。

(3) 受補助單位請款時應註明專戶，民間單位並註明統一編號。

(4) 領據應加蓋受補助單位圖記或印信及負責人、主辦會計、出納、經手人之職章，並加註受補助單位會址、統一編號、金融機構名稱、帳號及戶名，由衛生福利部撥款入帳。

(5) 由直轄市、縣市立案或其委託辦理之民間單位，由直轄市政府社會局、縣市政府受款並核實轉發。

其中，第3點，受補助單位請款時應註明專戶，係指受補助單位應存入專為辦理推展社會福利補助計畫而設立之專戶存款，計息儲存，專款專用。其由專戶存款所產生的利息及其他收入，不得抵用或移用。

二、申請補助經費概算編列之標準

向衛生福利部申請推展社會福利補助計畫的單位，除了填具申請表之外，必須檢附之相關文件，包括經費概算。這項經費概算，係根據補助的原則及項目而編列。例如：兒童及少年福利與權益宣導、研習、訓練活動，其補助原則為縣市性活動最高補助新臺幣十五萬元；其補助項目為：宣導費、講師鐘點費、講師交通費、講師住宿費、專家演講費、出席費、撰稿費、場地費（含布置費）、住宿費（三天二夜）、獎盃（含獎狀、獎牌）、膳費及雜支。

這些支出經費編列的金額，必須符合衛生福利部該年度推展社會福利補助要點（綜合項目）所訂標準，或者參照中央政府總預算編製作業手冊所定之標準。茲就其較常使用的經費之編列標準，擇要臚列，如表11-2：

表11-2　申請補助經費編列額度之標準

項目	編列額度	備註
講師鐘點費	內聘一節1,000元 外聘一節2,000元	授課每節為50分鐘，其連續上課二節者為90分鐘，未滿者減半支給。
臨時工資	按時計酬	工讀費，按基本工資時薪標準編列。
交通費	實報實銷	計程車不得報支，駕駛自用汽機車者，得按同路段客運汽車票價報支；以手機票證方式搭乘高鐵者，可於搭乘日出站時臨櫃取得或透由網路下載之購票證明，作為支出憑證。 但網路下載之購票證明係由當事人自行列印，須由報支者於該證明簽名後始得作為報支憑證。
住宿費	簡任1,600元／日 薦任以下1,400元	據核實列報，未能檢據者，按規定數額之二分之一列支。
撰稿費	每千字最高810元	中文。
出席費	最高2,500元／人	受補助單位人員出席，不得支領。
膳費	每人次最高100元	
雜支	每案最高6,000元	含攝影、茶水、文具、郵資、運費。
補充保險費		參照中央健康保險署最新版本辦理。

資料來源：衛生福利部社會福利政策類委託研究計畫經費編列基準表（2018年5月25日衛部護字第1071460431號函修正）

三、補助款之核銷

　　申請推展社會福利補助計畫的單位，應於計畫完成15日內款辦理核銷。其由直轄市社會局、縣市政府層報或核轉的社會福利補助案件，送直轄市社會局、縣市政府辦理核銷，其支出憑證及記帳憑證，由直轄市社會局、縣市政府審核、保管、備查。具體言之，辦理核銷的方式，分為兩部分：

　　1. **按受補助單位而言**：接受衛生福利部補助之全國性、省級民間單位，應檢附支出憑證簿、支出憑證（收據及證明文件）、支出明細表及執行概況考核表、帳目核銷資料檢查表、支出憑證自我檢查表，送衛生福利部辦理核銷；接受補助的直轄市、縣市政府，應檢附執行概況考核表、成果報告，送

衛生福利部辦理核銷。非屬上述機關接受補助之單位，應檢附支出憑證簿、支出憑證、支出明細表及執行概況考核表，送直轄市政府社會局、縣（市）政府辦理核銷。

2. **按執行計畫而言**：報奉核准就地審計之補助計畫，如有賸餘款，繳回賸餘款支票之外，尚應檢附支出憑證之補助計畫、支出原始憑證、執行概況考核表、成果報告，送衛生福利部辦理核銷。

由此看來，補助款的核銷作業相當專業，也相當繁瑣。必要時，承辦補助案的行政人員，可與會計人員保持密切聯繫，避免事後難以補救。

四、補助款核銷常見的缺失

社會福利中央主管機關於1989年起訂定推展社會福利計畫補助要點，補助各級政府及立案的民間團體以來，經常發生以前年度尚有未核銷案的情況。除了規定尚有未核銷案者不得申請補助之外，衛生福利部近年來亦定期辦理講習，說明社會福利補助經費核銷實務。其中，補助款核銷常見的缺失（李淑芳，2015）：

1. **撥款應備文件方面**：例如：受補助單位所開立領據未註明日期、未註明統一編號、未蓋齊負責人、出納、會計章及團體圖記或印信；會計與出納為同一人；領據上匯款帳戶與存摺資料不符；未檢附賸餘款之支票；經費支出明細表原始憑證編號一欄未填寫編號；發票或收據之日期為計畫核定日之前。

2. **核銷憑證方面**：例如：個人收據未載明立據人之身分證統一編號；以紙本電子發票（感熱紙）核銷者，屬於無法長時間保存者，未在統一發票或申請動支費文件等註記統一發票字軌號碼，俾利模糊時查考用；有數個機關共同分攤一筆支出時，未填列支出機關分攤表。

3. **出席費方面**：例如：未檢附會議紀錄簽到單（敘明時間、地點、會議名稱、出席人員簽到）、出席人員未簽到；補助機關之人員支領出席費，受

補助機關之人員支領出席費；以傳真或事先提供意見，但未親自出席者，卻支領出席費。

4. **講師鐘點費方面**：例如：未依核定標準支給（2016年度起修正為每節50分鐘，其連續上課二節者為90分鐘）；授課時數未滿一節，未減半支給，而按比例計算支給；同時段多人領取鐘點費，未註明是否為分組上課；未檢附課程表（含日期、課程起迄時間、講師姓名、講題）；領據未註明內聘、外聘、授課日期（時間）、時數、支給標準；核銷單據與所附課程表內容不一致。

5. **臨時工資方面**：例如：受補助單位之人員支領臨時工資（工讀費）；印領清冊內容過於簡略，未註明日期、起迄時間、姓名、工作內容；未附經過受補助單位權責人員簽署證明之出勤紀錄。

6. **差旅費方面**：例如：報支差旅費僅分別黏貼交通費、住宿費單據，未按出差事由逐筆填列差旅費報告表，其內容應包括：出差人（含單位、職稱）、出差起迄日期、地點、出差事由、費用明細（含交通費、住宿費及膳雜費）及簽名；搭乘高鐵依規定僅得以經濟艙票價報支，卻報支商務艙費用；報支住宿費超過核定補助標準。

7. **雜支方面**：例如：超過核定補助金額最高補助6,000元之上限；報支項目非屬規定支用之項目（如塑膠袋、糖果、各類餅乾及清洗桌巾等）；郵電費未附使用清單，未詳載其日期、收件人、郵件用途、郵資；印刷費支出憑證未註明用途、名稱、單價、數量；海報、宣導摺頁、書冊等，未提供樣張；報支獎品、宣導品及紀念品等依規定不得報支之項目。

綜言之，政府對於補助款的核銷作業，要求相當嚴格。各機關執行預算，其員工如有違法、廢弛職務或其他失職等行為，致政府財物或聲譽遭受重大損害者，除依「公務員懲戒法」、「公務人員考績法」等規定懲處外，相關人員亦應負財務責任。因此，各級政府社會福利機關（構）的行政人員，對於財務管理相關業務的處理，尤其是補助款的撥補及核銷作業，絕對不能輕忽。

最後，歸結本章的主要內容，我們從預算循環週期的四個階段：預算編製、預算審議、預算的執行、決算及審計，分別加以敘述，藉以了解政府社會福利機關（構）財務管理的運作實務。同時，我們也說明預算編製常見的問題、預算審議時因應立法委員刪減預算的對策、預算執行過程追加預算等議題、決算的審計可能發生政府的錢「被偷走」的問題。文末，則說明社會福利補助款之核撥、補助經費概算編列之標準、核銷作業及其常見的缺失。凡此，均有待政府社會福利機關（構）的行政人員，積極了解，妥善運用。

第十二章
社會福利行政倫理

我們在前面一章探討社會福利財務管理時，曾經提及政府社會福利機關（構）財務的主要來源是稅課收入，而社會福利所需經費是使用政府的預算。

這種情形，突顯一種特質：公共服務是使用和分配社會全體的公共資源，而政府機器的操作者扮演著不必自己出資的「莊家」角色；正因如此，民主國家的政府必須根據最高的道德內涵運作，摒除一己之私而善盡公共資源分配和管理的職責，否則即喪失其治理的正當性（施能傑，2004：103-104）。就此而言，社會福利行政是公共行政的一環，其行政人員在處理福利業務的過程中，如何遵守應有的倫理規範及履行應盡的行政責任，是一個重要的課題。

進而言之，社會福利行政是結合「公共行政」（public administration）與「社會工作」（social work）而形成的一門學科及專業，社會福利行政人員既是社會工作專業人員，又是廣義的公務人員。他們對於社會福利公務的處理，或者與相關部門公務往來，一方面要遵循或尊重公共行政倫理，另一方面也要遵循社會工作倫理。本章將從公共行政與社會工作雙元觀點，說明社會福利行政倫理的意涵，然後略述社會福利行政相關之公務倫理、倫理原則、倫理守則、倫理議題的處理策略。

第一節　社會福利行政倫理的意涵

臺灣有句俗語：「人不照倫理，天不照甲子。」用現代的話來解讀，是因為人類胡作非為，汙染環境，導致臭氧層破壞，氣候異常。有時候，臺灣的冬天是「暖冬」，而梅雨季節變成「沒雨」也是日常。顯見，人與其他生物之間、人與環境之間，都需要倫理來規範。

尤其，人與人之間，更需要倫理來規範。舉凡服務人群的專業人員，都

有其倫理守則，例如：我國的教師有「全國教師自律公約」、記者有「新聞倫理公約」，公務人員有「公務人員服務規則」，社會工作人員亦有「社會工作倫理守則」。

這樣看來，社會福利行政人員也應該有其倫理規範。這一節，我們先分別說明公共行政倫理、社會工作倫理的意涵，再整合起來說明社會福利行政倫理的重要性，以便對社會福利行政倫理有一些基本概念。

一、公共行政倫理的意義及內涵

公共行政倫理（public administration ethics）是指揮公務系統中的倫理，一般簡稱「行政倫理」（administration ethics），也稱為「公務倫理」。本章為了與社會工作專業倫理有所區隔，在操作上將使用「公務倫理」一詞。

何謂「公務倫理」？許多學者提出他們的看法。其中，湯普森（Dennis F. Thompson）認為公務倫理係指應用於行政組織中官僚行為的道德原則，主要包括：(1)當一個人的行為對他人和社會福利產生極大的影響時，所應尊重的權利與職責；(2)集體的實務和政策若同樣地影響著他人和社會福利時，所應滿足的條件（Thompson,1985, 引自林鍾沂，2018：541）。

這個定義，強調在行政組織的官僚體系之中，無論是政府機關的政策決定者或執行公務的行政人員，當他們個人的行為，或者政府機關及其行政人員在推動政策和處理公務時，都必須符合倫理道德的行為規範。

進而言之，公共行政倫理的內涵，可包括四方面（蔡良文，2005，引自林淑馨，2016：406），茲舉例說明：

1.**重視管理（層級）的倫理**：即強調接受組織內部上級長官的指揮監督，以及下級應該遵守組織的指令。以政府社會福利機關（構）為例，其行政人員必須接受來自該單位主管或上級主管的指揮及監督，並且遵守該機關（構）對其職位及職務之「工作描述」（job descriptions）或「辦事細則」之規定，來處理份內工作及上級臨時交辦事項，這是組織的倫理

（organizational ethics）。

2. **重視專業的倫理**：即行政機關應重視公務人員之專業能力，並傾向於順從專業的要求和判斷。再由此衍生為專業倫理、社會化機制及民間社會監督機制的配套職能與措施。以政府社會福利機關（構）為例，其所任用的行政人員應以具備社會工作專業資格者為優先，且應尊重社會工作者的專業判斷及處遇之能力。相對上，社會工作人員在專業判斷及處遇的過程中，也不能違背應有的倫理規範，這是專業的倫理（professional ethics）。

3. **遵循法律的倫理**：即對於現行法制有關於倫理之規定，像是我國「公務人員服務法」的內涵中，就有關於誠實清廉、利益迴避、請託關說、飲宴應酬等倫理規範，並應重視及遵行。以政府社會福利機關（構）為例，其行政人員除了依法行政之外，也應盡忠職守、利益迴避、避免非專業關係的交際應酬，這是一種合法的倫理（lawful ethics）。

4. **重視政治的倫理**：即強調公務體系應強化其回應力，且能即時回應外在的主要控制者（例如民意代表、媒體、專業團體）。這個原則，乃是在民主政治規範之下，公務人員應該接受政務人員及民選首長之指揮而執行公務。以政府社會福利機關（構）為例，其行政人員處於今日民主政治的情境中，亦應接受民選首長（縣市長、鄉鎮市長），以及政務人員（以政務官任命的社會處局長）之指揮。尤其，這些民選的首長，為了選舉考量，對其選民有關於福利的要求或批評意見，經常要求社會福利部門行政人員必須快速回應，這是一種情境的倫理（situational ethics）。

其中，政治的倫理方面，目前臺灣各縣市通常由民選的縣市長以政務官任用社會處局長。即使，有些社會處局長不具社會福利或社會工作專業，但是既來之，則安之，在人家的屋簷下，還是要低頭。簡言之，作為部屬人員，無論其主管是「內行」或「外行」，都必須接受他們的指揮，這是公共行政倫理的基本要求。

二、社會工作倫理的意義及內涵

政府社會福利機關（構）的成員，如果是社會工作專業人員，當然應該遵守社會工作倫理的規範，即使非社會工作專業背景的成員，既然來到政府社會福利機關（構）辦理社會福利業務，也應該遵守或尊重社會工作倫理。

何謂「社會工作倫理」？依據內政部所編《社會工作辭典》的解釋，是指：

> 社會工作人員的一種哲學思想或道德標準，用來體認專業行為，以
> 及指揮其專業行為的道德準則（內政部，2000：272）。

這個定義，強調經由哲學思想之中的規範倫理學（normative ethics），發展出一套道德準則，作為社會工作人員專業行為的指引或準則。

至於社會工作倫理的內涵，其所涉及的範圍既廣泛且複雜，斷非三言兩語可說清楚，講明白。簡單地說，社會工作倫理係透過專業倫理守則，給予社會工作人員在專業上與他人互動的道德指引，以及是非對錯之行為辨別（周采薇譯，2017：110）。因此，我們通常可從社會工作倫理守則的組成，來了解社會工作倫理的內涵。

英國的專家，班克斯（Banks, 2004）曾經調查國際社會工作者協會（IFSW）會員之中31個國家的社會工作倫理守則，進而歸納社會工作倫理守則的內容（引自周采薇譯，2017：112），包括：

1.**專業核心目標或專業理想之聲明**：例如：「社會工作之首要任務，在於增進人類的幸福。」

2.**專業特質/特性之聲明**：例如：「專業執業人士應具有誠實、可靠與可信之秉性。」

3.**專業基礎價值之聲明**：例如：「人類尊嚴與價值」、「社會正義」等。

4. **倫理原則**：對於工作倫理原則之聲明，例如：「尊重服務使用者的自主性」、「促進人類福利」等。

5. **倫理規則**：是一些基本的「該」與「不該」的準則，有時也稱為「標準」。例如：「不讓知識為歧視性政策所利用」、「保護機密資料」等。

6. **專業實務工作原則**：概述應如何以服務使用者的利益，作為出發點，來完成任務。例如：「與同事合作」。

7. **專業實務工作規則**：是專業實務工作上的具體指示，例如：「依案主的意願宣布其遺產」、「宣傳廣告不應挾帶優越感」等。

這些社會工作倫理守則的內容，大致上聚焦於兩個主軸：一個是「倫理原則」，另一個是「倫理規則」。前者是由社會工作的核心價值，形塑而成倫理判斷及處理的原則；後者則被整合於社會工作倫理守則之中，作為社會工作者處理倫理問題或倫理難題的規則或準則。

三、社會福利行政倫理的重要性

無論一般公共行政或社會福利行政，在其公務處理及實務運作上，都難免遇到一些倫理問題（ethical problem），甚至是倫理難題（ethical dilemma）。

就社會工作而言，所謂「倫理問題」，是指社會工作者面臨難以做出道德決定的情況。例如：因為一名亟需協助的服務對象，不符合資格，是否拒絕其申請居家照顧服務。所謂「倫理難題」，是發生於社會工作者必須從兩個討厭的選項之中做出一種抉擇的情況。例如：社會工作者是否應修改申請居家照顧服務的資格標準，好讓該名服務對象獲得居家照顧服務（周采薇譯，2017：20）？

再者，社會福利行政是社會工作的一環，在實務上，也可能發生上述兩種倫理情況。至於公共行政領域，也沒有例外。

無論如何，遇到倫理問題、倫理難題，就要妥適處理。否則，不但會影

響行政工作及實務工作的運作，而且會傷害服務對象的權益。因此，在公共行政與社會工作兩個領域，都不能忽視倫理的重要性。

就公共行政而言，公務倫理對於公務組織本身與政府總體效能有其重要性。首先，在微觀面，公務倫理足以使行政業務平順發展、有效化解工作阻力、和諧組織氣氛與組織文化、爲提振服務士氣奠定穩固基礎。其次，在宏觀面，公務倫理有助於維持公務紀律、活化公務團隊、提升政府治理能力、增進人民對於政府的信任（林淑馨，2016：408-409）。

就社會工作而言，社會工作專業倫理是社會工作獲得社會認可的基礎，其對社會工作專業運作的重要性，可包括：確保實踐專業使命、界定專業的角色職責、提升專業服務能力、指引處理倫理難題、約束成員善用權力（曾華源等，2011：14-17）。

前面已說過，社會福利行政是公共行政與社會工作兩者的結合，因而我們可吸納這兩者有關倫理重要性的訴求，來說明社會福利行政倫理的重要性：

1. **可界定福利行政的角色職責**：政府社會福利機關（構）的行政人員如何扮演被期待的角色？其職責又要如何界定？需要依循專業倫理，作爲處理的原則。

2. **可維持福利行政的行事準則**：政府社會福利機關（構）的各項作爲，能否回應及增進公共利益？向來被社會各界所高度矚目，因而需要提醒行政人員做任何決定及行動，都應盡其可能涵蓋廣泛的人群利益，以免有所偏執。

3. **可規範成員善用其行政權力**：政府社會福利機關（構）的行政人員在專業服務之中，擁有專業判斷及處理的權力，有時也會使用自由裁量權（discretion）。爲了避免其不當使用權利或者怠忽職守，必須有專業倫理來約束。

4. **可提供倫理難題的處理指引**：政府社會福利機關（構）的行政人員在實務工作過程中，如何公正地分配有限的資源？如何解決因爲利益衝突而提

出申訴的問題？通常需要專業倫理來提供處理的指引。

5.**可促進福利業務的順利推展**：政府社會福利機關（構）推展福利業務，常須團隊合作，假如團隊成員都能遵循倫理規範，則人人廉潔自持且全心奉獻、士氣高昂，必有助於促進福利業務的順利推展。

6.**可增進人民對福利機關（構）的信任**：政府社會福利機關（構）成立的宗旨，在為有福利需求的人群提供服務，如果其行政人員未能依法行政及照顧弱勢，就不可能提供優質的福利服務，也無法獲得社會大眾的信任。

簡言之，政府社會福利機關（構）需要建立一套指引實務的倫理準則，以使行政人員行事有所遵循，進而提高服務效益，獲得社會大眾的信任及支持。

第二節 社會福利行政相關之公務倫理

正如本章前言所言：社會福利行政人員是社會工作專業人員，也是廣義的公務人員，一方面要遵守或尊重公共行政倫理，另方面也要遵守社會工作專業倫理。本節先說明社會福利行政相關的公務倫理，後續節次再說明社會工作專業倫理之相關規範。

對於公共行政倫理（簡稱公務倫理）的規範，通常是在依法行政的原則之下，透過法制來加強公務人員的行政倫理（林淑馨，2016：419）。例如：我國立法院通過的「公務員服務法」、行政院訂頒的「公務員廉政倫理規範」、考試院訂頒的「公務人員服務規則」，都涵蓋了公務倫理的重要規範。另外，美國政府倫理局頒行的《行政機關公務員倫理行為標準手冊》（*Standards of Ethical Conduct for Employees of the Executive Branch*），對我們也有參考價值（林鍾沂，2018：565）。以下針對這四種法制有關於倫理的規定，擇要敘述：

一、「公務員服務法」相關規定

我國於1939年公布實施「公務員服務法」，其後歷經多次修訂。最近的版本是2022年6月修訂，計有27條，可就其與公務倫理有所關聯者，歸納為四方面（林淑馨，2016：419），並補充最新修訂事項：

1. **抽象層面的精神要求**：公務員應忠心努力、公正無私、誠信清廉、依法律及命令執行職務、不得有畏難規避、互相推諉、無故稽延、擅離職守等行為。

2. **不當行為的禁止項目**：公務員不得假借權力圖利本身或他人之利益、不得利用職務上之機會加害於人、經營商業、餽贈長官財物或於所辦事件收受任何餽贈、不得利用視察及調查等機會接受招待或餽贈、非因職務之需要不得動用行政資源、不得毀損所管理之行政資源等行為。

3. **應主動作為的義務**：公務員應依法定時間辦公、不得遲到早退、應絕對保守政府機關（構）之機密（離職後亦同）、涉及本身及親（家）屬之利害事件應迴避、於離職後三年內不得擔任與其離職前五年內之職務直接相關之營利事業董事等職務（此即所謂「利益旋轉門」）。

4. **長官與部屬之關係**：長官就其監督範圍所發命令，部屬有服從之義務；部屬如認為長官命令違法，應負報告之義務；對於兩級長官同時所發命令，以上級長官之命令為準。

二、「公務員廉政倫理規範」相關規定

我國行政院為使所屬公務員執行職務，廉潔自持、公正無私及依法行政，並提升政府之清廉形象，於2009年訂頒「行政院公務員廉政倫理規範」，計有20點之規定，可就其項目性質，歸納為五方面：

1. **依法行政**：公務員應依法公正執行職務，以公共利益為依歸，不得假借職務上之權力、方法、機會，圖謀本人或第三人不正當之利益。

2.**受贈財物**：公務員不得要求、期約或收受與其職務有利害關係者餽贈財物；如有與其職務有利害關係者所為之餽贈，應予拒絕或退還，並簽報其長官及知會政風機構。

3.**正常社交禮俗**：公務員因訂婚、結婚、生育、喬遷、就職、陞遷異動、退休、辭職、離職，以及本人、配偶或直系親屬之傷病、死亡而受贈之財物，其市價不超過正常社交禮俗標準。

4.**飲宴應酬**：公務員於視察、調查、出差或參加會議等活動時，不得在茶點及執行公務確有必要之簡便食宿、交通以外，接受相關機關（構）飲宴或其他應酬活動。

5.**請託關說**：公務員遇有請託關說時，應於三日內簽報其長官，並知會政風機構。

同時，在「行政院公務員廉政倫理規範」之附則中指出，行政院以外其他中央及地方機關（構），得準用本規範之規定。

三、「公務人員服務規則」相關規定

我國考試院銓敘部於2010年訂頒「公務人員服務規則」，計有12則，可就其規則之性質，歸納為五方面：

1.**廉潔自持及公正行政**：公務人員應廉潔自持，主動利益迴避，妥適處理公務，以建立廉能政府；公務人員應公正執行公務，嚴守行政中立，以創造公平良善的發展環境。

2.**遵守法律及重視誠信**：公務人員應恪遵「憲法」及法律，保守公務機密，以增進國家利益及人民福祉；公務人員應重視榮譽與誠信，並具道德與責任感，以贏得人民的尊敬。

3.**充實職能及終身學習**：公務人員應與時俱進，積極充實專業職能，以提供專業服務品質；公務人員應踐行終身學習，以強化創新、應變及前瞻思維能力。

4.**運用有效方法及團隊合作**：公務人員應運用有效方法，迅速回應人民需求與提供服務，以提高整體工作效能；公務人員應發揮團隊合作精神，提高行政效率與工作績效。

5.**重視人文關懷及多元文化**：公務人員應提供親切、關懷、便民、主動積極的服務，以獲得人民的信賴；公務人員應尊重多元文化，落實人權保障，以調和族群及社會和諧。

另外，我國於2000年公布「公職人員利益衝突迴避法」，2009年實施「公務人員行政中立法」，因其與政府社會福利機關（構）行政人員的關聯性較少，此處略而不談。

四、美國「公務員倫理行為標準」相關規定

美國政府倫理局於1997年頒行的《行政機關公務員倫理行為標準手冊》，計有「倫理行為通則」（general principles of ethical conduct） 14條（引自林鍾沂，2018：565-566），其重點為：

1.公務員必須超越個人利益，忠於憲法、法律及倫理通則。

2.公務員不得圖利違背職務責任之財務利益。

3.公務員不得利用未經公開之政府資訊，從事財務交易或謀求個人利益。

4.公務員不得向下列人員索取、收受饋贈或其他有價物品：(1)要求公務員執行職務者、(2)與公務員有業務往來者、(3)從事受到機關管制之活動者。

5.公務員應本誠信執行職務。

6.公務員不得故意對外發布未經授權之訊息。

7.公務員不得假借職務，謀求個人利益。

8.公務員應公正執行職務，不得給予任何私人組織或個人特殊待遇。

9.公務員應保護、撙節公有財產，用於法定用途，不得挪為他用。

10. 公務員不得在外從事違背政府職責之兼職或活動。

11. 公務員應向權責機關，揭發浪費、詐欺、濫權、貪瀆之情事。

12. 公務員應忠誠履行公民之義務，包括一切財務義務，尤其是政府依法課徵之稅賦。

13. 公務員應依法給予全體國民公平之機會，不得因種族、膚色、宗教信仰、性別、祖籍、年齡或身心障礙而有差別之待遇。

14. 公務員應全力避免違背法律或倫理標準之情事發生。

綜觀上述四種法制之中有關公務倫理的規定，可看到有些規定項目，在不同的法制中被重複提出。例如：依法行政、服從上級指揮、尊重多元文化、利益迴避、保守機關（構）的機密、拒絕關說請託。這些規定，可視為公共倫理的核心項目，也是政府社會福利機關（構）行政人員應特別重視或尊重的公務倫理。

再者，美國的「公務員倫理行為標準」之中，有一些規定是我國相關法制所未曾提及的項目。例如：公務人員不得利用未經公開之政府資訊；不得給予任何私人組織或個人特殊待遇；應向權責機關，揭發浪費、詐欺、濫權、貪瀆之情事，倒是值得我們參考借鏡。

第三節　社會福利行政相關之倫理原則

倫理是由價值演繹而來，又以核心價值來提供行動及其目標的準則。通常，社會工作專業倫理守則的內容，都涵蓋專業基礎價值之聲明，並由社會工作的核心價值，發展出倫理判斷及處理的原則。茲分三方面略作說明：

一、社會工作的核心價值

就美國「社會工作倫理守則」而言，係立基於社會工作的六個核心價值：服務（service）、社會正義（social justice）、個人的尊嚴與價值（dignity and worth of the person）、人際關係的重要性（importance of human relationships）、正直（integrity）、能力（competence），進而提出與該核心價值相對應的六項倫理原則。

再就我國「社會工作師倫理守則」而言，在其「總則」項下，揭示社會工作的核心價值在於：努力促使服務使用者免於貧窮、恐懼、不安、壓迫及不正義對待，維護服務對象基本生活保障，享有尊嚴的生活。接著，又提出：促進服務對象的最佳利益等六項社會工作倫理原則。

二、由核心價值衍生的倫理原則

雖然，美國與我國的「社工倫理守則」之中，對於社會工作核心價值的用詞及陳述方式，略有不同，但是兩者的實質意義，相差無幾，因而其所發展出來的倫理原則，也是大同小異。茲將兩者的倫理原則比較如表12-1：

表12-1　美國與我國社會工作倫理原則之比較

美國社工核心價值	美國社會工作倫理原則	我國社會工作倫理原則
1.服務	首要目標在協助有需要的人解決社會問題。	促進服務對象的最佳利益。
2.社會正義	挑戰社會的不正義。	實踐弱勢優先及服務對象最佳利益。
3.個人的尊嚴與價值	尊重個人固有的尊嚴和價值。	尊重服務對象的個別性及價值。
4.人際關係的重要性	認清人際關係的重要性。	理解文化脈絡及人際關係是改變的重要動力。
5誠信正直	以值得信賴的方式行事。	誠信正直的知識和態度。
6.能力	在其能力範圍內實踐並發展和提高他們的專業知識。	充實自我專業知識和能力。

資料來源：筆者依據2018年美國社工倫理守則、2019年我國社工倫理守則，整理而成。

　　由表12-1之比較，可知我國與美國有關於社會工作專業的倫理原則，異曲同工，相互輝映。這種現象，也許可視爲一種普世適用的倫理原則。

三、有關於社會福利行政之倫理原則

　　本質上，政府社會福利機關（構）的行政人員，是社會工作專業人員之一，應該體認社會工作專業的核心價值，並且遵循社會工作專業的倫理原則。茲依我國「社會工作師倫理守則」所揭示的核心價值與倫理原則，申述其與社會福利行政相關之倫理原則如下：

　　1. **以促進人們最佳利益爲目標**：社會福利行政的目標，是透過行政程序協助人們解決問題，滿足需求，以促進其最佳利益。這是福利行政人員首要的倫理原則。

　　2. **以增進弱勢者的福利爲優先**：爲了維護社會正義，政府社會福利機關（構）應將弱勢族群列入優先服務的對象。這是社會福利行政基本的倫理原則。

　　3. **尊重個人的特性及固有價值**：政府社會福利機關（構）的服務對象，經常各有不同的處境及價值觀，行政人員應尊重其個別性與價值觀。這是社會福利行政人員傳統的倫理原則。

　　4. **因應文化脈絡促進人際關係**：政府社會福利機關（構）的行政人員，應該體認人際關係的重要性，並且在文化的脈絡下，從人際關係著手，去協助服務對象改善其不利的處境。這是社會福利行政人員不容忽視的倫理原則。

　　5. **以誠信的態度提供福利服務**：政府社會福利機關（構）的行政人員是專業的助人者，其言行應該受到服務對象的信賴，而且能以誠信的態度、負責的精神，提供必要的福利服務。這是社會福利行政人員應有的倫理原則。

　　6. **充實自我的行政知識和能力**：政府社會福利機關（構）爲了提高福利服務的效能，精進福利服務的品質，其行政人員應與時俱進，持續充實自己

的行政知能。這是社會福利行政人員必要的倫理原則。

第四節　社會福利行政相關之倫理守則

原則上，社會工作的專業團體或專業組織，都會訂定「社工倫理守則」，作為保護服務對象及提供實務工作者的行為與倫理決策上之指引。

茲就我國「社會工作師倫理守則」的條文之中，篩選其與社會福利行政相關之倫理守則。但是，考量我國「社會工作師倫理守則」的內容較為簡略，必要時也補充美國「社工倫理守則」的相關資料，然後歸納社會福利行政人員應遵循的倫理守則為六方面：

一、對於服務對象之倫理守則

政府社會福利機關（構）的服務對象是弱勢族群，在提供服務過程中，應遵循的倫理守則，包括：

1. **案主利益優先**：應基於社會公平、正義，以促進服務對象福祉為服務之優先考量（我國社工倫理守則1.1）。

2. **保守業務秘密**：應保守業務秘密，服務對象縱已死亡，仍需重視其隱私權利（我國社工倫理守則1.6）。

3. **知情同意**：應僅在有關知情同意的情況下、在專業關係的背景下，為案主提供服務。應使用清晰易懂的語言告知案主有關服務的目的與風險（美國社工倫理守則1.03a）。

簡言之，政府社會福利機關（構）的行政人員，應以增進服務對象的福祉為優先考量，並應尊重服務對象的隱私權，且在服務對象了解服務目的之後，才提供服務。

二、對同仁之倫理守則

社會福利行政是一種有組織的工作，需要團隊的成員協力合作。政府社會福利機關（構）的行政人員與同仁一起工作時，應遵循的倫理守則，包括：

1. 相互尊重與合作：應尊重同仁，彼此支持，相互激勵，與社會工作及其他專業人員合作共同增進服務對象的福祉（我國社工倫理守則2.1）。

2. 尊重並信任同仁的專業：當同仁與服務對象因信任或服務爭議，應尊重同仁之專業知識與服務對象合法權益，以維護服務對象權益與同仁之專業信任（我國社工倫理守則2.3）。

3. 不該對同仁性騷擾：不應該對受監管者、學生、受訓人員、同仁，進行性騷擾（包括性誘惑、性要求、其他與性有關的口語、書面、電訊或身體接觸）（美國社工倫理守則2.07）。

簡言之，政府社會福利機關（構）的工作同仁（含行政人員、社工人員、庶務人員、志工、跨專業人員）之間，應相互尊重，彼此信任，但不應該發生性騷擾。

三、對實務機構之倫理守則

受僱於政府社會福利機關（構）的行政人員，對於他們的「東家」，應遵循的倫理守則，包括：

1. 注意自己的言行：應注意自我言行對服務對象、服務機構、社會大眾所生影響（我國社工倫理守則4.2）；

2. 遵守承諾的事項：應遵守對雇主和僱用組織的承諾（美國社工倫理守則3.09a）。

3. 倡導足夠的資源：社會工作管理者應在其機構內外倡導足夠的資源，以滿足服務對象的需求（美國社工倫理守則3.07a）。

　　簡言之，政府社會福利機關（構）的行政人員對其所屬的福利機關（構），應遵守承諾，注意言行，以免影響機關（構）的形象，若爲管理者，則應注意資源的籌措及合理分配。

四、作為專業人員之倫理守則

　　社會福利行政人員是專業人員，以其專業知能從事專業的福利服務。作爲一個專業的行政人員，應遵循的倫理守則，包括：

　　1. 努力促進社會福利的實踐：應致力於社會工作專業的傳承，促進社會福利公正合理的實踐（我國社工倫理守則4.4）。

　　2. 不以私人行爲影響專業身分：應明確區別，是以私人身分或者以社會工作專業人員身分，進行發言和行動？是代表社會工作專業組織或者代表受僱的社會工作機構，進行發言和行動（美國社工倫理守則4.06）？

　　簡言之，具有專業身分的社會福利行政人員，應善盡其本分職責，促進社會福利之力行實踐，而且公私分明，行政中立，發言時如此，行動時亦然。

五、對社會工作專業之倫理守則

　　社會工作是一種助人的專業，而社會福利行政是社會工作專業的一種間接服務，其行政人員對於社會工作專業之運作，應遵循的倫理守則，包括：

　　1. 包容社會的多樣性：應包容多元文化，尊重多元社會現象，防止因種族、宗教、性別、性傾向、國籍、年齡、婚姻狀況及身心狀況、宗教信仰、政治理念等歧視，所造成社會不平等現象（我國社工倫理守則4.1）。

　　2. 促進社會對社工價值之尊重：應該爲促進尊重社會工作專業的價值、誠信和能力的活動（包括教學、研究、諮詢、立法證詞、社區演講），而貢

獻時間和專業知識（美國社工倫理守則5.01c）。

簡言之，政府社會福利機關（構）的行政人員在提供服務時，應展現專業的特質，包容服務對象的多樣性；在參與立法證詞等活動時，應積極爭取相關人員及社會大眾對於社會工作專業價值的尊重。

六、對社會大眾之倫理守則

社會福利機關（構）的財務，主要來自社會大眾所繳納的租稅及捐款，而且社會大眾也期待社會福利的經費能使用於照顧社會的弱勢者，因而其行政人員，無論基於專業責信、政治責信或行政責信，應遵循的倫理守則，包括：

1. 保障社會弱勢族群的安全：面對災害所致社會安全緊急事件，應提供專業服務，以保障弱勢族群免於生命、身體、自由、財產的危險與意外風險（我國社工倫理守則5.6）。

2. 促進社會福利的普遍發展：應促進社會的普遍福利，從地方到全球，以及人民、社區和環境的發展，並促進及實現社會正義相關的社會、經濟、政治、文化之價值觀和制度（美國社工倫理守則6.01）。

簡言之，政府社會福利機關（構）行政人員推展各項福利服務的經費，取之於社會，理應回饋於社會，除了促進普遍性的社會福利，更應該以保障社會弱勢族群的利益為優先。

第五節 社會福利行政倫理議題之處理

前面第一、二節探討倫理意涵與公務倫理，是有關於倫理議題的描述，包括：(1)倫理問題，例如洩漏服務對象或機關（構）的保密資料，不論有心

或無意，都是違背倫理規範的問題。(2)倫理難題，例如積極促進弱勢者福利
與尊重服務對象自我決定之間、服務長官命令與揭發長官濫權之間，是兩種
倫理發生衝突而必須有所抉擇的難題。諸如此類的倫理問題與倫理難題，都
需要適當地判斷及處理。

然後，第三、四節探討倫理原則與倫理守則，為相關倫理議題的判斷及
處理提供一些指引。接下來的課題，應該探討前面所述倫理議題（含倫理問
題與倫理難題）之處理策略，茲分為處理原則與處理程序，略述之：

一、社會福利行政倫理議題之處理原則

對於社會福利行政相關的倫理問題，尤其是倫理難題的處理原則，在公
共行政領域，通常採取內在控制（例如道德或宗教的良心）與外在控制（例
如申訴及檢舉制度），雙管齊下，進行處理。然而，考量社會福利行政人員
在本質上是社會工作專業的成員，可能比較適合於採取社會工作倫理的處理
原則。

在這方面，芮摩（Reamer, 1990）提出一套處理倫理兩難議題的對照比
較原則（引自林萬億，2022：736-740；曾華源等，2011：251-253）：

1. 避免傷害到人類的生命、健康和尊嚴，優於傷害到其他可加的事物。

2. 他人的基本福祉，優於個人的自決權。

3. 個人自決權，優於其自身基本福祉的考量。

4. 在自由意志之下同意遵守法律、機構規定之義務，凌駕於個人的基本
福祉。

5. 當個人基本福祉的權利，與機構的規定發生衝突時，以個人基本福祉
為優先。

6. 防止傷害社會大眾之義務，而對於個人財產累積造成損害，是可以接
受的。

這些原則的排序，可提供政府社會福利機關（構）行政人員處理倫理問

題或倫理難題的指南。其中，在自由意志之下，應以遵守法律與機關（構）規定之義務爲優先考量，而非個人的信仰、價值和原則，優先於遵守法律、機關（構）規定等義務。

二、社會福利行政倫理議題之處理程序

芮摩（Reamer, 2013）爲了解決倫理兩難的議題，乃建議運用解決問題的模式，其架構、程序或步驟如下（林萬億，2022：740-741；張宏哲，2016：471-472；曾華源，2011：267-268）：

1. 釐清倫理困境的議題，包括衝突的社會工作價值及職責。
2. 找出所有可能會被倫理抉擇影響到的個人、團體及組織。
3. 以腦力激盪提出各種可能的解決方案，或暫時可能採取的行動及參與者，並評估可能方案或可能行動的潛在利益和危險。
4. 審慎地檢視贊成或反對每一種行動的理由。
5. 徵詢同儕及專家的意見。
6. 做成抉擇、執行並記錄倫理抉擇的過程。
7. 監督、評鑑及記錄倫理抉擇所帶來的後果。

歸結地說，政府社會福利機關（構）的行政人員在處理公務及推展福利服務的過程中，如果遭遇倫理問題或倫理難題，就必須理智地判斷，有效地處理。

其中，如果是違背倫理規範的事件（例如：是否接受餽贈），比較不具複雜性，而爭議性也較低，只要釐清倫理原則，或者運用倫理守則，通常可以迎刃而解。如果牽涉到倫理問題或倫理難題，除了參採公共行政的內在控制與外在控制之外，比較適合於運用社會工作專業對於倫理議題的處理原則及處理程序，進行判斷及處理。

倘能如此處理，政府社會福利機關（構）的行政人員不僅行事有所遵循，可提高福利服務的效能，促進服務對象的最佳利益，而且人人公正無

私、誠信清廉、依法執行公務，亦可獲得社會大多數人的信任及支持。一個組織能夠長期成功，往往依賴大多數人都具備互信（multual trust）和公正（fairness）的意識（Austin, 1995, cited in Patti, 2009: 9）。

第十三章
社會福利績效評鑑

社會福利行政之所以重視人力資源、財務資源、行政倫理等庶務行政的運作，有一個共同的目的，就是為了提高社會福利的績效。

事實上，社會福利行政實務，從政策的形成、計畫之規劃及執行、領導及激勵、溝通協調等專業行政的運作，其最終目的也是為了提高社會福利的績效。因此，政府社會福利機關（構）必須定期辦理績效評鑑，以期檢討過去（review the past），策勵來茲（plan the future），持續精進，持續發展。

在這一章，我們將以政府社會福利機關的績效評鑑為主軸，略述績效評鑑的意涵、績效評鑑指標的設計、績效評鑑的準備工作、績效評鑑的程序與原則。至於社會福利機構的績效評鑑，亦可參酌機關的績效評鑑之做法。

第一節 績效評鑑的意涵

在績效研究的領域中，大約從1980年代末期開始，由美國首先推展績效評鑑工作。當時，美國的民眾、議員及倡議團體，對公共組織的存在價值，有更多的要求。政府受到這種壓力，不僅必須展現其運用公共資源的效率，而且證明其實質的結果或產出，係與相關計畫所產生的公共影響有直接的關聯。1993年，柯林頓總統推動「國家績效評估」（National Performance Review, NPR），美國國會通過「政府績效成果法案」（Government Performance and Result Act, GPRA）強調政府施政以績效與成果為導向，乃促使美國各政府層級相繼採用績效評鑑（Denhardt & Grubbs著，黃朝盟等譯，2010：343）。

至於我國的情形，行政院自2001年起實施社會福利經費設算制度，並以社會福利績效考核作為配套措施，定期由中央政府對直轄市、縣（市）政府執行社會福利績效進行實地考核，作為核撥補助款的重要依據。並且，要求地方政府事先進行自我評鑑，填報自我評鑑量表，作為中央政府實地評鑑的

基礎。

　　由此可見，在公共組織（含政府社會福利機關）之中，績效評鑑已成為政府行政實務的重要環節。因此，我們必須認真思考社會福利績效評鑑的意涵是什麼？它與相關名詞如何區辨？它的目的何在？以下略述之：

一、社會福利績效評鑑的定義

　　社會福利績效評鑑是眾多評鑑的一種形態。「評鑑」（evaluation）一詞，有時也稱為「評估」或「考評」。不過，在一般用法上，「評估」是用在一項計畫或方案執行之前；而「考評」則用在進行過程之中。至於「評鑑」則用在方案或計畫完成之後（詹火生，1991：5）。

　　舉例來說，在方案設計付諸執行之前，對於方案的可行性進行檢視，一般稱為方案評估；在災後社區重建服務三年計畫的實施過程，對其實施進度進行的訪視，一般稱為考評；在年度結束之後，對於前一年度的工作表現，進行評價（appraisal）、評定分數或排比等第，一般稱為績效評鑑。

　　再者，績效評鑑依其實施對象，可分為個人績效評鑑、計畫（政策）績效評鑑、組織績效評鑑。其中，針對員工個人的年度表現，評定等級（甲、乙、丙、丁），一般稱為年終考績，前面第十章已述及；針對社會福利機關或機構年度的整體表現，評定等級（特優、優、甲、乙、丙、丁），一般稱為社會福利績效評鑑。

　　不過，我國在「中央對直轄市、縣（市）政府執行社會福利績效實地考核計畫」之中，所使用的名詞是「績效考核」（performance appraisal），而不是「績效評鑑」（performance evaluation）。這是由於我國中央對地方政府的經費補助，採取設算制度，必須依據「中央對直轄市與縣（市）政府計畫及預算考核要點」（2017年2月修正），以及「公益彩券發行條例」之相關規定，辦理社會福利績效考核，以確認地方政府使用中央補助款及公益彩券盈餘分配款的狀況。這種上級機關對下級機關的考評，稱之為「考核」，

應可理解。同時，社會福利績效考核，也是在補助款相關福利方案或計畫完成之後才實施，其實質意義與績效評鑑並無不同。因此，績效考核與績效評鑑兩個名詞，應可交互使用。

所謂「設算制度」，是指定額設算社會福利補助經費的分配，係由行政院主計總處依據國家財政狀況，先行匡定每年度補助款的金額總數，再按公式（含各縣市人口數、財務等級的權重）算出補助個別地方政府的金額；並於會計年度開始之前，將補助金額通知地方政府，納入地方政府的預算之中編列。

至於社會福利績效評鑑的定義爲何？依據我國《社會工作辭典》的解釋（李宗派：2000：310）爲：

> 爲了確實把握社會政策之推行及社會福利行政之成果，對於某一特定區域內之社會福利措施與社區服務，由學者專家、社區民意代表與受益人代表，共同組成一個社會福利評鑑委員會，加以評價與檢討，藉以指出或警告社會政策之缺失，福利措施之得失，與社會服務之不足，或社會病態之預防等等應急合時之活動。

這個定義有四個重點：第一，評鑑的標的，是某一特定區域推行社會福利措施（含社會政策）的成果；第二，評鑑委員的組成，包括學者專家及其他代表人物；第三，評鑑結果所呈現的內容，包括評定工作表現的等第、優缺點及改進意見；第四，評鑑結果的處理，在促使受評單位及時改進缺失、補充不足、預防舊疾復發或故態復萌。

以此定義，來觀察我國當前社會福利績效考核的實施情況，以縣市區域爲考核標的、由學者專家及實務界代表組成考核小組、評定各縣市績效等第及改進意見、對考核結果的執行加以追蹤，幾乎與前述定義同條共貫，如出一轍。

二、績效評鑑與相關名詞的區辨

　　爲了使社會福利績效評鑑的意涵更加明確，有必要將績效評鑑與相關或相近名詞之間的異同或關聯性，作適度的區辨或釐清。

　　1.形成性評估及總結性評估：這是依目的來分類，形成性評估（formative evaluation）發生於計畫或方案執行的過程，目的在提供回饋和訊息，以使用於計畫或方案的改變和改善。總結性評估（summative evaluation）發生於一個計畫或方案即將結束之時，目的在觀察計畫或方案的結果或業績（Lewis, Packard., & Lewis, 2012: 214）。

　　其中，形成性評估又與過程評估（process evaluation）相近，過程評估的重點放在服務或活動被提供的類型和數量。總結性評估則與結果評估（outcome evaluation）相近，結果評估的重點放在服務或活動中間或最後的成果和改變。

　　比較而言，社會福利績效評鑑比較接近於總結性評估和成果評估，因爲社會福利績效評鑑發生於計畫方案或服務活動結束之後，重點放在最後產生的成果和改變。

　　2.參與式評估及充權式評估：這是依情境來分類，參與式評估（participatory evaluation）一般使用於描述利害關係人以一個外來的評估者，涉入於爲評估做決定，並爲評估報告分擔責任的一種情境。充權式評估（empowerment evaluation）是在評估的情境中，協助評估的參與者變得更加自主獨立（self-sufficient）與自身覺得具有實際效用（personally effective）（Lewis, Packard., & Lewis, 2012: 220- 221）。

　　比較言之，在社會福利績效評鑑的情境中，尚未完全做到參與式評估，外來的學者專家或實務工作者有機會參與評估指標、評估程序、評估報告撰寫格式的討論，但沒有最後決定權，也不被要求分擔責任。再者，在社會福利績效評鑑的情境中，尚未注意到充權式評估，評估的參與者即使具備專業知能或實務經驗，仍必須依循既定的指標和程序進行評鑑，沒有多少自主性

或自身效用可言。也許,在強調參與式民主和充權社區的發展趨勢之下,我們可將參與式和充權式的評估,作爲社會福利績效評鑑未來發展的一種自我期許和自我期待。

　　3. **績效管理及績效衡鑑**:這是依面向來分類,績效管理(performance management)是一套提升或維繫績效的整合性管理活動,藉由這些活動評核員工的表現並監測組織部門或方案的進行,以促成組織目標的達成(黃源協,2014:247)。績效衡鑑(performance measure),也稱爲績效測量,是發展一套績效指標(performance indicators),用來評量組織爲達成其既定目標之進度的方法(Hughes著,呂苔偉等譯,2006:222)。

　　比較而言,社會福利績效評鑑只是績效管理的一部分,還沒有做到像績效管理的整合性管理。再者,社會福利績效評鑑與績效衡鑑同樣重視評鑑指標的訂定,不過也沒有像績效衡鑑發展出可作爲測量工具的績效指標。因此,績效管理與績效衡鑑兩者,也可當作社會福利績效評鑑未來努力發展的方向之一。

　　甚至,政府機關可在績效管理的脈絡中,整合績效評估和績效衡鑑,形成一套績效評鑑系統(Denhardt & Grubbs著,黃朝盟等譯,2010:344)。這對於社會福利績效而言,將有助於進行可計量及標準化的整體性評鑑,使績效評鑑更加準確。

　　必須補充說明的是,績效衡鑑著重於活動辦理的次數、參加人數/人次、服務人次/時數,或者發放救助物資的數量/次數,這只是測量福利服務產出的效率(efficiency)而已。如果能進一步測量其達到某種水準的產出(quality output),才有助於了解其品質。至於要觀察其成效(effectiveness),則必須計算其成果(outcome),這是相當困難的事。馬丁與柯特納(Martin & Kettner, 1996)曾引用系統理論,建構績效測量的架構,如圖13-1,值得政府社會福利機關(構)作爲研擬社會福利績效評鑑系統之參考。

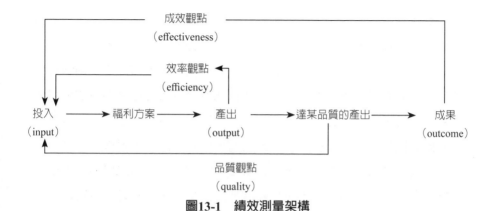

圖13-1　績效測量架構

資料來源：行政院研考會，2004，p.437。

　　質言之，社會福利績效評鑑的意涵，比較接近於總結性評估及結果評估，未來政府社會福利機關可更努力強化參與式評估和充權式評估，並逐步發展一套結合績效管理於績效衡鑑的評估系統。

三、社會福利績效評鑑的目的

　　政府社會福利機關之所以要定期辦理績效評鑑，其目的何在？茲綜合相關文獻（Lewis, Packard., & Lewis, 2012: 209-210；Denhardt & Grubbs著，黃朝盟等譯，2010：341；梁偉康，1996：302-303），略述社會福利績效評鑑的主要目的：

　　1.**檢視績效**：通常，政府社會福利機關在執行社會福利政策及相關措施之前，必須擬訂年度社會福利計畫或方案，並於年度終了，提出執行成果報告。績效評鑑的目的，即在檢視社會福利計畫或方案的執行結果，以作為行政上重要決定的依據。例如：調整各種資源的配置、改進員工訓練模式、改善福利服務的品質。

　　2.**履行責信**：政府社會福利機關的經費，多數來自民眾繳納租稅和熱心人士的捐贈。因此，政府社會福利機關定期實施評鑑，可向納稅大眾、捐贈

者、民意代表等利害關係人，證明其執行社會福利已獲具體績效，也善盡其應有的責信（accountability），進而爭取他們持續支持。

3. **發現問題**：當局者迷，旁觀者清。來自組織外部的評鑑委員，透過客觀的、中立的評鑑過程，可發現受評單位未能察覺的一些問題，並提供建議意見，以便受評單位可逐步解決問題。

4. **樹立標竿**：社會福利績效評鑑之前，已訂定評鑑項目、指標及配分，作爲準備受評資料的依據。通常，也會舉辦行前會議，召集受評單位確認評鑑指標，或說明評鑑指標的界定。這些評鑑指標，正是受評單位必須努力達成的標竿。再者，績效評鑑獲得卓越成績的單位，也常成爲其他單位標竿學習（benchmarks learning）的對象。

5. **累積經驗**：社會福利績效評鑑是針對前二年執行社會福利的情況，進行一次成果總檢討。其中，績效良好的部分，有關成功的經驗，通常會繼續維持，精益求精；萬一有績效不如預期的部分，那麼失敗的經驗，也有助於自我惕勵，避免重蹈覆轍。

6. **建立制度**：社會福利是服務弱勢的工作，必須長期耕耘，始能看出績效。通常，社會福利績效評鑑不是單次性活動，而是長期性、持續性的活動，藉以評鑑受評單位持續努力的成果，目的在於引導制度的建立。況且，評鑑指標之中，有關於政策訂定、計畫執行、資源運用，大致上已建立制度。績效評鑑就是針對這些制度及其執行成果加以檢視，有優點，便給予肯定；如有不足之處，則列爲缺點或建議事項，以促使受評單位持續強化制度之建立。

當然，績效評鑑也可能隨著環境變遷的需求，而增加其他特定目的。例如：我國在2000年之前，是在中央社會福利單位預算中編列補助費，由地方政府提出申請，再逐案審核撥補；2001年採取定額設算之後，搭配社會福利績效考核，乃將「提升社會福利經費補助、公益彩券盈餘之使用潛能」列入績效評鑑的目的。

第二節　績效評鑑指標的設計

　　績效評鑑是有目的、有系統的實務工作。為了實踐前述所列績效評鑑的各項目的，政府社會福利機關必須在實施評鑑之前，確定評鑑領域、評鑑項目，並設計評鑑指標，作為受評單位準備資料，以及評鑑人員實施評鑑的準則。可見，績效評鑑最初、最重要的步驟，就是設計評鑑指標（梁偉康，1996：303）。

　　就我國的情況而言，2019年起中央政府對直轄市及縣（市）政府執行社會福利績效實地考核實施計畫為例，中央政府將績效考核類別區分為十組進行。這十個考核分組所得分數占社福考核總分的權重為：(1)公益彩券盈餘運用及管理，占7%；(2)社會救助業務，占10%；(3)兒童及少年福利服務組，占13%；(4)婦女福利及家庭支持服務組，占12%；(5)老人福利服務組，占12%；(6)身心障礙福利服務組，占12%；(7)社區發展工作組，占5%；(8)志願服務制度組，占5%；(9)社會工作專業制度組，占6%；(10)保護服務業務組，占18%。這十個考核領域考核項目的考核指標，係依據現行中央法規、政策、方案、計畫之規定，並依循評鑑領域之業務辦理性質，經學者專家及實務界代表研商，而建立考核指標和配分。茲以「社會救助業務」為例，將其考核項目、考核指標及配分，加以彙整，以見一斑，如表13-1：

表13-1　社會救助考核項目、考核指標及配分　　　　　**2024年適用**

考核項目	考核指標	配分
一、預算執行情形（5%）	1. 社會救助業務整體預算總執行率達90%。	5
二、低（中低）收入戶申請審核以申請人最佳利益考量落實社會救助法第5條第3項第9款（10%）	1. 依據社會救助法第5條第4項，明訂排除列計應計算人口之證明文件。	1
	2. 重申依社會救助法，不得以缺乏民事法院確定判決書拒絕受理申請。	2
	3. 針對例行性案件及審核困難案件訂有處理機制。	3.
	4. 派員（社工、村（里）幹事等）訪視評估戶數之比率。	4.

考核項目	考核指標	配分
三、脫離貧窮措施服務（20%）	1. 協助積極自立脫離貧窮，辦理教育投資、就業自立、資產累積、社區產業、社會參與等措施或方案之數量。	5
	2. 定期與勞政單位召開聯繫會議，並針對服務流程、服務對象掌握、個案處遇情形等進行討論（請提供會議紀錄）。	2
	3. 自行辦理社勞政聯合促進就業教育訓練至少2次。	3
	4. 自行辦理社勞政聯合促進就業外部督導至少2次。	3
	5. 低（中低）收入戶參與就業服務措施及自立脫貧方案之實際受益人數成長率。	7
四、辦理兒童及少年未來教育與發展帳戶（15%）	1. 上年度符合資格者之累計至當年度申請開戶率。	2
	2. 社工人員針對連續6個月以上未繳存開戶人訪視人數。	5
	3. 社工人員服務個案紀錄及處遇計畫內容品質，每案最高1分。	4
	4. 辦理財務管理、生涯規劃及親職教育之受訓人數比率。	4
五、遊民安置輔導業務辦理情形（15%）	1. 有依需求提供服務，表現佳。	5
	2. 高、低溫時期有啟動高、低溫關懷機制，自辦或委託民間團體辦理並回報執行成果。	2
	3. 結合衛政、警政、民政、法務、勞政及住宅單位定期召開遊民輔導聯繫會報。	1
	4. 辦理遊民生活重建服務，協助租屋或居住，並追蹤3個月以上。	2
	5. 就業服務辦理情形，提供服務並追蹤3個月以上。	2
	6. 針對設籍外縣市遊民個案依人在地優先處理原則，給予醫療補助、轉介諮商輔導、轉介安置、社會救助、福利服務等服務。	3
六、實物給付項目（10%）	1. 自辦或結合民間資源辦理實物給付之實際辦理情形。	6
	2. 對領取實物給付家戶，提供社工服務，並於領取期間持續追蹤。	3
	3. 有提供女性民眾生理用品。	1

考核項目	考核指標	配分
七、急難救助辦理情形 （15%）	1. 急難救助經費預算編列，較111年經費預算增減比率。	2
	2.「強化社會安全網一急難紓困實施方案」之經費執行率。	4
	3. 上年度系統登錄比率。	4
	4. 上年度辦理急難紓困業務及訪視人員（含訪視小組成員）教育訓練情形。	2
	5. 較上年度通報（含轉介）保護事件及脆弱家庭案件增減比率。	3
八、特殊項目救助及服務、創新方案（10%）	1. 產婦及嬰兒營養補助、租金補助、住宅或房屋修繕等其他必要之救助服務（針對低收入戶、限定族群而開辦之特殊項目）。	5
	2. 創新項目辦理情形（創新項目不限新增計畫或措施，但應對執行方式或內容有所檢討提出策進作為）。	5

資料來源：衛生福利部社會及家庭署全球資訊網，檢索日期2022/10/7。

由表13-1顯示，社會福利績效考核的十個領域之中，在社會救助業務領域，計有8個評鑑項目，30個評鑑指標，合計考核分數滿分為100分。

就評鑑指標設計的數量而言，表面上看起來並不算多，但有的評鑑指標又涵蓋數個指標，例如：第5個項目「遊民安置輔導業務辦理情形」項下，實際評鑑指標就達6個之多。而且，各個項目之間的指標數量，也有相當大的落差。例如：第1項社會救助預算執行情形，只設計一個評鑑指標；第7項急難救助之中的社安網涵蓋三個評鑑指標。

就評鑑指標的配分而言，其與經費有關的評鑑項目及評鑑指標，包括：第1項（救助預算執行）、第4項（兒少未來發展帳戶）、第7項（急難救助）、第8項（特殊項目補助），合計配分占45%。這種情形，顯示社會救助績效考核約有二分之一側重於財務管理，而使社會救助的實際服務績效，相對被限縮。例如：低收入者或中低收入者的收容安置、社會救助機構的輔導，並未被列入評鑑。另外，直轄市與離島縣市是否適用同一套評鑑指標？那是見仁見智的問題，每個人可能有不同的評論。

　　綜言之，社會福利績效考核指標的設計，需要更多的專業考量、更適切的衡量基準，一如圖13-1所示，能兼顧數量與品質的績效測量。否則，評鑑指標數量繁多，失去鑑別度；單項指標的配分過低（或過高），容易讓評比失焦（王榮璋等，2014：280），同時也會影響績效評鑑的實際效果。

第三節 績效評鑑的準備工作

　　政府社會福利機關實施社會福利績效評鑑時，無論是接受上級機關的評鑑、接受評鑑之前的自我評鑑，抑或自行辦理評鑑，對於評鑑資料及相關事務，都必須預先完成一些準備工作。

　　例如：我國中央政府對直轄市及縣（市）政府執行社會福利績效實地考核計畫中，第8條有關考核辦理方式，是依實地考核日程表至地方政府進行資料查閱、訪談與業務交流；第13條有關各地方政府配合辦理事項，包括：(1)填報自我評量表，(2)預備分組考核及綜合座談場地，並配合各分組委員訪談事項，(3)邀請府內分辦業務單位（即府內各局處代表）參與綜合座談，(4)代辦考核當日所需茶水及便當，(5)協助製作綜合座談記錄。準此，績效評鑑書面資料、自我評量表、接受訪談，以及場地布置等事務性工作，都必須及早準備。

　　假如，社會福利機關（構）自行或自動辦理績效評鑑，則其所需準備的事項更多。以非營利組織自辦績效評鑑為例，在績效評鑑過程的各個步驟，幾乎都涉及準備工作。這些步驟包括：(1)組成評鑑團隊（evaluation team），(2)評估準備工作是否就緒（assess readiness），(3)決定評鑑問題與評鑑焦點，(4)確認必須增添的資料，(5)決定評鑑的設計和方法，(6)蒐集資料（gather data），(7)分析資料（analyze data），(8)彙編發現與準備報告，(9)發現的應用（Lewis, Packard., & Lewis, 2012: 221-228）。

現在，我們以這兩項文獻作為探討的基礎，擇要說明社會福利績效評鑑的準備工作如下：

一、組成評鑑工作小組

社會福利評鑑工作往往涉及組織內部的各個單位，有賴組織中所有成員的積極投入，即便是財務、人事、倫理等庶務部門，至少也要獲得他們的支持，不要認為事不關己而袖手旁觀。因此，由評鑑項目有關單位的行政人員、督導、服務輸送工作者的代表，以任務編組方式，成立評鑑工作小組，有其必要。

此外，為了確保社會福利計畫或方案能獲得組織外部的正向回應，也可考慮邀請外部的利害關係人。例如：邀請社區成員、案主、資金贊助者，擔任評鑑工作小組的顧問，一起投入評鑑的準備工作。

當然，評鑑工作小組必須決定每一成員的角色，以回應相關任務，包括：確認資料來源、蒐集資料、彙整及分析資料、編製評鑑報告，以及協調的工作，例如：管制評鑑時程表、籌備會議、聯繫外部專家前來提供諮詢、發展評鑑基準、檢視評鑑程序等等。

二、定期召開評鑑會報

績效評鑑的問題和評鑑焦點的形成、評鑑指標和評鑑方法的決定，以及評鑑資料的蒐集、整理，都是長期性的工作，而且涉及組織內部許多單位，必須透過定期的評鑑會議或會報，由相關單位的主管或其代表出席，共同針對績效評鑑事宜，進行討論、溝通、協調，以凝聚共識、適當分工，並評估準備的進度，直到全部工作準備就緒為止。

其中，有關於績效評鑑問題和評鑑焦點的形成，以及評鑑指標和評鑑方法的決定，通常另外由一個包括專家學者在內的任務小組，負責研究、發展

和訂定。必要時，亦可將這個任務小組的研訂進度，提到會議中報告，一則讓會報參與者感到被尊重，心裡比較舒服；另則讓他們了解評鑑的項目、指標和實施方式，也有助於他們掌握評鑑準備的進度。

三、洽聘評鑑委員

通常，政府社會福利機關實施的績效評鑑，是在年度結束、服務計畫或經費補助方案結束之後，由外部人士（例如督導單位、資金贊助單位、民意代表）評鑑其服務績效，以決定服務計畫或補助方案應否存續。換言之，涉及未來資源之有無的評鑑，較為敏感，為求立場公正起見，幾乎都由外部人員執行評鑑工作（行政院研考會，2004：431）。

然而，在上級督導單位正式評鑑之前，受評單位辦理自我評鑑，或平日自行辦理績效評鑑，則必須自行洽請或遴聘評鑑委員，進行實地訪視評鑑。

通常，實地訪評委員的組成，有三種方式：(1)全部內部委員、(2)全部外部委員、(3)內部委員與外部委員相互搭配。這三種方式，各有利弊，如表13-2，必須審視評鑑的目的，採取最適當的選擇。

表13-2　評鑑委員組成方式的利弊

組成方式	利	弊
全部內部委員	1.對於組織的實際運作情形較為了解。 2.免費或費用較低。	1.較缺乏評鑑所需知能。 2.評鑑工作較不客觀。
全部外部委員	1.具備評鑑的專業知能。 2.評鑑工作較客觀。	1.費用較高。 2.委員未必了解組織的實際運作情形。
兩類委員搭配	1.評鑑結果更可信賴。 2.所提建議較有實用價值。	1.兩類委員的評鑑結果可能有所落差。 2.兩類委員所提建議可能有衝突。

資料來源：根據梁偉康，1996，p.311，修改而成。

四、辦理滿意度調查

績效評鑑的方法很多，比較常見的，在量化方法（quantitative methods）方面，有：實驗性設計、準實驗性設計、前後測實驗性設計、單一系統設計（single-system designs）、服務對象知覺性的測量（measure of client perception）等；在質性方法（qualitative methods）方面，有：觀察法、文件檢視、會談、焦點團體等（Lewis, Packard., & Lewis, 2012: 223-224；梁偉康，1996：303-309）。

其中，有許多機構使用服務對象知覺性的測量方法，以評估服務對象在接受機構服務之後的看法。具體地說，就是設計問卷，調查服務對象的滿意度，以作為績效評鑑的佐證資料之一。

羅易斯等人（Royse et al., 2010: 184-189）對於使用服務對象滿度調查作為績效評鑑的方法，提供下列建議（cited in Lewis, Packard., & Lewis, 2012: 225）：

1. 在問卷設計時，採用一個高信度的標尺（scale），最好是在其他研究中已被使用過的標尺。

2. 重複使用已被使用過的相同工具時，必須另外發展出當地適用的資料基準線（local baseline of data），避免以相同的常模（norm）來觀察而發生誤差。

3. 在問卷的題目之中，至少有兩題開放題（open-ended questions），讓機關（構）所服務的對象能在機關（構）所給予的選項之外，也能另外提供機構沒有想到，或者無法預先處理的資訊。

4. 事前與機關（構）所要調查的對象約定，在某一週的時間內，當他們進入機關（構）時，會發給他們一份簡短的問卷，請當場填寫之後，自行投入門口旁邊的「投票箱」（ballot box）。

5. 如果採用郵寄問卷調查（mailed survey），必須盡所有的努力，讓回收率達到50%以上。

6.對於問卷的整理，不要只將焦點放在解決服務對象表示不滿意的問題，應該設法轉變他們的感受，以提高他們對服務方案的滿意度。

7.對於調查結果，將標的（target）放在特定的面向。例如：服務方案的可近性（accessibility）、可接受性（acceptability）、可利用性（availability of services），以及職員的能力（competence of staff）。

8.堅持機關（構）真正的期待，那些討人喜歡的資料，並不意味著機關（構）所提供的方案或服務，已經達到原先計畫所預期產生的結果。

9.在調查資料之外，必須再尋找服務對象所呈現的行為指標（behavioral indicators），例如：參加服務活動時的注意力，藉以彌補服務對象滿意度調查資料之不足。

五、蒐集和分析資料

由前述評鑑工作小組的成員，以分工合作的方式，進行評鑑資料的蒐集和分析的過程中，在資料蒐集方面，有些資料可以商請職員同意提供他們平日儲存於資訊系統裡的資料；有些資料，只能在上班時間進行蒐集，例如：實地訪問職員或當面填答調查的資料。這些資料是否可用，必須經由評鑑工作小組逐一檢視，證實具有準確性，才可作為資料分析的基礎。

在資料分析方面，必須以績效評鑑的問題和焦點作為指引，並且注意這些資料如何回應績效評鑑的問題。必要時，可使用摘要的方式，將資料發展成為表格。

例如：將人口統計的特徵、提供服務的單位，甚至方案服務的成果，按照年度、月份進行配置。一個有助於資料分析的方法，是將量化的資料製成條型圖或曲線圖，以觀察前後時間的變化趨向，突顯方案服務的績效。

有些成果資料相當複雜，可能要藉助於機關（構）的資訊系統，進行完整的分析，以得出更精確的結果。例如：成本效益分析（cost-effectiveness analysis）、成本效率分析（cost-efficiency analysis）、成本利益分析（cost-benefit analysis）。

六、編製績效評鑑報告

由前述評鑑工作小組將經過分析所產生的資料，按照績效評鑑（考核）的項目和指標，分別彙整相關資料，並編製績效評鑑書面報告初稿。在編製報告的過程，必須特別注意書面報告的組成要素，以及資料呈現的格式。

通常，編製績效評鑑報告初稿完成之後，必須依行政程序簽送機關（構）的首長核准，才算定案，也才能正式印製成冊，提供評鑑委員作爲實地評鑑之用。

如果是爲了因應上級督導機關評鑑之規定，則由受評單位先行辦理自我評鑑，並填報自我評量表。在這種情況之下，機關（構）自我評鑑的準備工作，可參照前面所述辦理。

至於自我評量表的填報，則依據衛生福利部核頒的格式填報。這些格式，大致上是依據前述表13-1社會福利績效的考核項目、考核指標及配分，逐項填寫，並檢附各考核項目的實際數據。另外，再填報一些與評鑑有關的統計資料及簡要陳述。此處，我們仍以「社會救助」領域爲例，摘錄其必須填報的重要數據及文字陳述：

1. 低收入戶數、人數（1、2、3款，戶內15歲以下、65歲以上人數）。

2. 中低收入戶數、人數。

3. 預算編列數及執行率（預算數、決算數、執行率、預算增減比較）。

4. 辦理業務的人力（專責、兼辦、行政人員、社工人員、社工督導）。

5. 社會救助機構（機構名稱、床位數、收容數、入住率）。

6. 協力團體（社會團體、基金會）。

7. 前年度考核建議事項辦理情形（條列尚未改進事項，並簡要說明其原因）。

8. 對民衆救助及脫貧（困）工作的願景（在500字內簡要說明政策、策

略、做法）。

七、製作簡報投影片

在評鑑委員實地訪評的程序中，通常先由受評單位進行簡報，時間大約10-15分鐘。要在有限的時間內，呈現評鑑相關資料，必須有所取捨，認眞準備。

依據專業簡報者的意見，以簡報方式有效呈現資料，必須注意幾個重點（Starling著，洪聖斐等譯，2008，657-658）：

1. **不要照著投影片的文字宣讀**：可在簡報之前準備一份簡報的影印本給聽眾。

2. **版面設計有一致性**：適量的字體或顏色，將識別標誌放在比較不顯眼的角落。

3. **每張投影片相互銜接**：確保你的話題有連貫性。

4. **圖文搭配**：適度插入幾張照片或圖畫，讓人印象深刻。

5. **不要濫用影音或動畫**：避免製造過多的感官負荷。

6. **簡潔是一種美德**：刪除不必要的鋪陳、文章或連接詞，別害怕留白。

7. **投影片的更換不要過快**：讓投影片的呈現時間足以產生效果。

簡言之，簡報的呈現，一如其英文名稱（ppt），必須要有爆發力（power），而且有重點（point）。

除此之外，實地訪評現場布置及事務性等行政上的準備工作，與一般會議的安排大同小異（參見第九章）。但是，績效評鑑是年度重要政事，可能要特別注意：評鑑資料的陳列方式（資料夾依評鑑項目分類及標示）、現場解說和備詢人員的安排（最好每一評鑑項目兩人）、音響、電腦及投影設備、實地訪評的動線、查閱資料的燈光照明、茶水供應、洗手間清潔及指標等等。

第四節 績效評鑑的程序與原則

社會福利績效評鑑是年度重要政事，受評單位必須投入許多人力、經費和時間於準備評鑑資料。其實，對於評鑑的程序，以及評鑑的原則，也必須妥善規劃，並且徹底執行，俾以發揮績效評鑑的效用，達成績效評鑑應有的目的。茲就理想上的績效評鑑程序、績效評鑑原則略作說明：

一、績效評鑑的程序

檢視我國現行中央政府對地方政府執行社會福利績效考核的實施程序，上午是資料查閱、訪談、分組座談，從9：30-12：00，計二小時三十分鐘；下午是綜合座談，從13：30-15：30，計二小時。總計資料查閱與訪談的時間數，約二小時，時間相當有限。考核委員必須在短時間內消化大量資料，幾乎涵蓋兩個預算年度的施政成效，難免顧此失彼（王榮璋等，2014：279）。

即使，在實地考核之前，衛生福利部規定受評縣市必須填報自我評量表，然而此項評量表以量化資料居多，質性資料偏枯，難以考核社會福利服務的品質。況且，現行辦法並未規定受評單位需先行辦自我評鑑，通常以一次外部評鑑，評定其績效的優劣。

有鑑於此，我們試以2015年社區發展、志願服務的績效評鑑經驗為基礎，提供理想上的績效評鑑程序如下：

1. **受評單位自我評鑑**：社區發展、志願服務的績效評鑑，依規定，縣市政府必須參照評鑑主辦單位公布的評鑑項目、評鑑指標及配分，遴聘評鑑委員，組成評鑑小組，辦理自我評鑑，完成自我評鑑報告書。

2. **初評（書面審查）**：各縣市政府檢附自我評報告書（含光碟），在規定期限內送達績效評鑑主辦單位，由主辦單位聘請專家學者及實務界代表四

至五人，組成評鑑小組，先進行書面審查。

3. **複評（實地訪評）**：績效評鑑主辦單位依排定日程，由全體評鑑委員赴受評縣市實地訪評。其訪評程序為：(1)簡報及詢答，10至15分鐘，由受評縣市簡報，並接受評鑑委員詢問及回答。(2)查閱資料，60至90分鐘，受評縣市在現場陳列相關資料（志願服務評鑑，含府內各目的事業主管機關資料；社區發展評鑑，在該縣市所轄社區最後一場評鑑時，呈現縣市政府資料），供委員查閱，受評單位相關人員在場備詢、說明或釐清問題。(3)綜合座談及意見交流。再者，社區發展評鑑另有社區參訪的程序，時間約1至2小時。

4. **決審**：完成全部縣市的評鑑工作之後，由評鑑主辦單位擇期召開評鑑委員會議，就各縣市的複評結果，進行討論和成績排比，並分別列出其綜合評語、優點、缺點及建議事項，以便成績公布之後，提供受評縣市參考。

比較而言，理想上的績效評鑑程序，比現行社會福利績效考核的做法多了一些程序：(1)增加受評縣市自我評鑑，(2)評鑑委員先書面審查，再實地訪評，(3)實地訪評安排簡報的時間，(4)評鑑委員參加評鑑最後成績的評比。至於志願服務評鑑的資料，涵蓋縣市政府內部各辦理志願服務局處室資料；社區發展評鑑成績，併計縣市政府及其所轄社區評鑑之成績，顯示志願服務與社區發展的績效，是縣市政府內部相關單位的整體績效，而不只是社會局處的績效。事實上，縣市政府的衛政、勞政、警政、原民、客家事務等單位，也承辦一部分社會福利業務。凡此，未來實施社會福利績效評鑑，或許可一併列入考量。

二、績效評鑑的原則

觀察我國中央政府對地方政府執行社會福利績效考核的實施情形，係結合社會福利定額設算經費補助，搭配績效考核等監督機制。這些行政作為，對於補充地方政府社會福利財務資源、擴大辦理社會福利措施，已有一定程度的績效。但是，在績效考核的行政運作上，仍有一些不足之處。例如：考

核與被考核雙方格外依賴書面資料的呈現，造成擅長文書作業的縣市，較容易獲得分數；另外也產生能否將民間資源、專業人力較少的離島，與本島縣市用同等標準衡量施政績效的爭議（王榮璋等，2014：279）。

為了減少社會福利績效評鑑受到批評或質疑，我們試著提供一些理想上的基本原則：

1. **對評鑑指標有共識**：績效評鑑是主辦單位與受評單位之間的一種互動，主辦單位最好能邀請受評單位共同討論評鑑指標，如果是多數受評單位做不到的，不宜列入。即使，由主辦單位邀請專家學者訂定評鑑指標，亦應透過說明會對受評單位加以解釋，並聽取受評單位的意見，形成共識之後，再據以實施。

2. **評鑑過程必須公平**：各受評單位評鑑委員的安排，在人數上應該相等，而且同組委員應該全程參與所有分組受評單位的評鑑，否則評鑑分數的核計，容易引起爭議。至於在各受評單位實地訪評及簡報的時間，也必須相等，以示公平。

3. **彈性因應資源的落差**：城鄉不同的受評單位，在人力、財務、資訊使用等資源，常有落差。為因應受評單位擁有資源之差異，允宜彈性使用不同的評鑑項目、評鑑指標，或者在配分上採取不同的權重。

4. **兼顧量化與質性的績效**：社會福利工作是協助弱勢者的工作，其投入經費增多、提供服務的次數或時數增加，不必然能夠協助弱勢者脫離困境。因此，在採用標準化的評鑑工具之外，也必須注意社會福利服務輸送的品質，以及受助者實質改善的程度。換言之，兼採量化與質性的評鑑工具，應比側重於其中一種評鑑工具，來得較為周延。

5. **在合作的氣氛下評鑑**：評鑑委員與受評單位之間，必須開誠布公，坦誠相待。唯有在合作的氣氛之下，評鑑工作才得以平順進行，而評鑑結果也才容易被接受。倘若，評鑑委員百般挑剔，藉故找碴，或者受評單位刻意隱瞞，爾虞我詐，這就失去了績效評鑑的意義。

質言之，社會福利績效評鑑工作，有賴於評鑑者與受評者共同完成，而

且兩者的共同的目的，都是爲了提高社會福利實施的績效。

　　最後，總結本章重點，首先我們肯定社會福利績效評鑑有其必要，它可達成：檢視績效、履行責信、發現問題、樹立標竿、累積經驗、建立制度等目的。其次，我們針對績效評鑑最重要的步驟——設計評鑑指標，舉「社會救助」爲例，分析及評論其評鑑指標設計的得失。接著，我們詳細說明社會福利績效評鑑的準備工作，這是政府社會福利機關（構）行政人員責無旁貸的任務，尤其在資料蒐集方面，如何包含滿意度調查；在資料呈現時，如何善用ppt，都應特別留意。末尾，有感於我國目前社會福利績效考核的程序不是很理想，我們大膽提出「理想上」（ideally）的評鑑程序與評鑑原則，其用意無非是期待社會福利績效評鑑，明天會更好，而不是明天會更老。

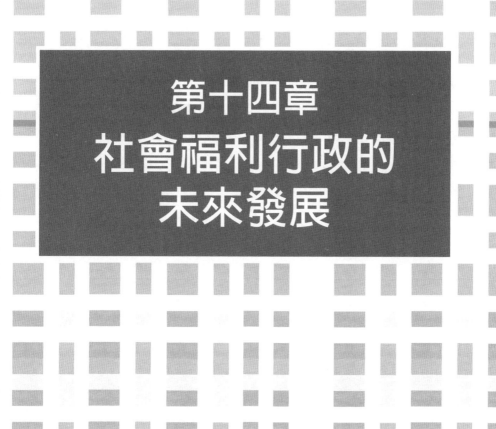

第十四章
社會福利行政的
未來發展

　　政府社會福利機關（構）辦理績效評鑑的目的，固然在於檢視過去實施社會福利的成果，然而應該還要從行政上，策劃未來社會福利的發展，不斷地改進社會福利措施，讓人民的生活過得更好。

　　在可預見的未來，社會福利行政可能如何發展？為回應這個問題，我們將從社會福利行政未來面臨的挑戰、未來發展的趨向、未來發展的願景，略加說明。

第一節　未來面臨的挑戰

　　隨著政治、經濟、社會、科技等勢力的加速變遷，政府社會福利機關（構）的行政人員，未來可能面臨一些問題與挑戰。假如政府社會福利機關（構）想要持續生存，且能滿足一般情況所能接受的福利服務，則這些挑戰必須被克服，問題必須被解決。

　　未來，許多福利國家將受到層出不斷的抨擊，尤其是，是否有能力去滿足兒童、貧窮者、少數族群、障礙者和未被安置者的需求？茲歸納相關文獻所提及的重要挑戰（Patti, 2009: 8-15; Sarri, 1987: 35-38），略述如下：

一、實質資源在下降中

　　自從1970年代，福利國家發生財務危機和正當性危機之後，政府社會福利機關（構）的行政人員，經常面對某些嚴重問題發生，而社會福利實際能取得的資源卻在下降中（declining resources），這對於機關（構）是很大的困擾和挑戰。

　　通常，社會安全和其他無須實施資產調查（nonincome-test）的方案，當其成本持續增加時，政府可能明顯地減少對高脆弱人口群的救助、減少對貧

窮者和處境不利者的服務，連帶影響所得重新配的成效。

　　同時，由於政府嚴格控制支出，使得行政人員編製預算沒有彈性，無論對於零基預算（zero-based budgeting）的編製、私部門的補助、方案的精密評量，都難免遭到一些壓力。

　　如果，這些編列預算、補助，或者評量的程序，任何一項運用得宜，都可能增進組織的績效，奈何這些程序往往被用來減少資源，對於實質的需求並沒有給予應有的尊重，這對於服務提供者的熱忱也是一種打擊。

　　簡言之，經費緊縮管理（cutback management）是當前政府社會福利機關（構）的行政人員必須關注的核心議題，他們除了依據分配正義（distributive justice）的原則，優先處理那些高脆弱的問題之外，有必要採取行政的策略，運用行政人員的經驗，去維持原有的資源，並且進一步去爭取新的資源。

二、民間組織的衝擊

　　自從1980年代社會福利民營化運動興起之後，私人營利和私人非營利的社會服務組織快速成長。以美國為例，在1985年，約有50%的社會服務輸送涉及私人組織，他們提供心理衛生、兒童福利、健康、矯正、就業訓練和物質濫用防治等類服務（Sarri, 1987: 36）。美國聯邦政府也強烈倡導這種改變，並且提供許多獎勵措施。

　　這種轉變，與政府社會福利機關（構）的行政人員特別有所關聯，因為政府機關與民間機構之間購買服務的契約大幅度擴展之後，無論政府機關自行辦理或委外辦理的方案，在目的的優先順序、案主的分配、效率的要求、意識型態的觀點、企業參與服務活動的價值等方面，都涉及轉變的問題，也對政府機關帶來不少的衝擊和挑戰。

　　例如：民間組織拿政府的補助款去辦理福利服務，我們並不清楚他們應負責的層次，是否與政府機關行政人員的一般要求相同。再者，私人部門可

發起募款，本身就有充分資金去彌補基本社會服務之所需，另外又可獲得政府補助，形成兩種資金來源。未來，這種情形仍會持續存在，難免在意識型態上形成一種「對立」（contrary）。

時至今日，民間機構加入福利服務，已變成社會福利行政實務的一個重要部分，政府社會福利機關（構）的行政人員如何因應這種挑戰，化對立為助力？由於彼此既競爭又合作，可能必須審慎地運用溝通協調和其他行政技術。

三、新冠肺炎疫情的壓力

新冠肺炎（COVID-19）在2019年末期爆發之後，襲擊全球各個角落，臺灣也無法倖免。在疫情衝擊下，無以數計的民眾遭到波及而喪失生命，他們的家人悲傷哀痛，更多的家庭頓失收入，那些原處於脆弱環境的族群受創最深，需要政府緊急紓困。

新冠疫情，突如其來，對誰都是史無前例的壓力和試煉。尤其，政府社會福利機關（構）的行政人員為實施防疫工作，已經焦頭爛額，還要緊急辦理紓困作業，更是雪上加霜。針對社會福利行政來說，新冠疫情帶來的壓力，至少有五方面：

1. 福利人口爆增：受到疫情影響，百工百業暫停或關閉，放無薪假或失業的人口增加，收入相對減少或中斷，容易陷入貧窮或貧窮的邊緣。再者，疫情嚴重期間，依防疫辦法之規定，應避免前往人潮擁擠的地方及接觸非特定人士。因此，有些學生在家遠距學習，家長居家辦公，彼此宅在家裡，沒有外出透氣，可能發生衝突、兒虐、家暴的機會相對增加。這些比平日增多的服務對象，必然增加社會福利機關（構）服務提供的壓力。

2. 福利經費短缺：在公家福利機關（構）方面，由於百業受疫情波及，營運轉趨衰退，導致政府相關（營業）稅收減少，公彩盈餘分配款同樣受到影響，能用以因應福利人口增加所需經費，難免捉襟見肘。在民間福利機構

方面，由於疫情衝擊，有意願持續捐款者下降，或捐款金額減少，庇護工廠的產品銷路也受阻，至於申請政府補助也有不確定性。因此，要張羅既有服務項目及日常行政的開支，困難重重，不知如何是好？

3. **行政負荷加重**：各級政府社會福利機關的行政人員，除了原有的業務必須處理之外，還要配合相關部門加強防疫措施，辦理紓困方案的說明，申請、審核、撥款、核銷、申訴，以及臨時交辦或偶發事件的處理。例如：養護機構因院民感染確診而暫時關閉，必須指導及協助機構轉介安置。這些，都是「最速件」，且須親力親為，因為疫情期間，志工的服務意願降低，人數大幅縮減。這種情況，專職的行政人員，負荷超載，壓力緊繃，也是無可奈何。

4. **服務技術需要改變**：依照防疫規定，疫情期間應盡量減少人際接觸，以免相互感染。一旦快篩確定為陽性反應，就須實施隔離或自主健康管理。這種情況，如果發生於政府社會福利機關（構）的服務對象時，福利服務輸送的方式，可能要由面對面服務，改變為線上服務。然而，科技的應用，對於服務提供者與弱勢的服務對象（尤其是障礙者、高齡者），都是一種挑戰。即使行政人員不需提供直接服務，也要負責策劃、訓練、督導社工人員提供線上服務，不能說沒有壓力。

5. **效率與公平性被質疑**：2020年行政院紓困振興方案為例。對於受疫情衝擊的自營作者，一次發3萬元，沒有排富條件：有工作無參加軍公教、勞農保之舉廣告牌、賣玉蘭花、流動攤販，每人發1萬元，有排富條件，因而有「排富大小眼，三萬爽爽領，一萬查身家」之說，其公平性被質疑。同時，舉廣告牌、賣玉蘭花、流動攤販，因為有排富條件，必須填寫申請表，檢附所得稅、工作證明、銀行存摺等文件，向各地公所申請。這些人大都沒有申請補助的經驗，資料填錯，文件不齊，在所難免，而且在大熱天、帶口罩、排長隊，萬一缺少某種文件，來回奔波，其不滿情緒自然高漲，因而又有「申請沒有效率，排隊排到臉部發黑」之說，其效率也被批評，甚至被稱為「紓困之亂」（林辰穎、官有垣，2021：315）。

當然，新冠疫情的衝擊，對於社會福利行政人員的壓力與挑戰，不只上述五項。況且，疫情何時趨於緩和？難以預料。說不定，未來產生變種病毒，捲土重來。無論如何，社會福利行政人員都無法置身度外，而且面對壓力，就要克服，面對挑戰，就要因應。

四、資訊科技的快速發展

在政府社會福利機關（構）之中，電腦的使用已快速成長，而且將持續到未來。尤其，資訊系統的設計，對於促進實務工作者和管理者的決策，已受到關注。一旦資訊系統被使用於監視和評估方案，也使服務輸送更容易操作時，其促進決策的功能將日臻成熟。

1990年代，微電腦技術（microcomputer technology）開始被使用於行政運作、績效評鑑和研究，以作為分析成本效益的基礎。這種自動化資訊系統被行政人員認同之後，將為不同機關（構）之間的合作與協調，帶來新的可行性和效率。

未來，資訊系統的設計將更精進，其在社會福利行政上的運用，也將擴展到更多的領域。然而，在社會福利組織裡，主導資訊系統管理的人員，多數屬於具備資訊科技專長者，他們對於社會福利行政的特質和需求，通常不清楚。因此，社會福利行政人員要與他們合作或協調，以取得資訊、處理資訊，保障案主資訊的安全，將會遇到一些挑戰。

尤其，社會福利行政的服務對象，多數是社會或經濟處於不利地位者和易受傷害者，他們在接近或接受資訊的機會和能力，也可能較一般人不利。如何因應這種資訊不對稱的情境，也是社會福利行政人員未來必須面對的議題之一。

簡言之，資訊管理的相關問題，可能還要借助於資訊管理專家，而社會福利行政人員能夠做的，是強化他們與資訊管理者、案主的溝通技術，包括口頭溝通（oral communication）與書面溝通（written communication）。

五、刻板化的指責

在政府社會福利機關（構）的行政管理者，經常為了工作需要而涉入其他人群服務領域。在這些領域，當他們督導個人社會服務（personal social services）時，發現有些公眾對於他們所不喜歡的團體（disfavored groups），有刻板化（stereotypes）或質疑這類團體存在的必要性，因而必須去改變他們。

舉四個例子來說：(1)兒童福利行政人員，可能需要去說服政府單位的法律人員，對兒童施虐的父母，仍然值得協助他們復健。(2)心理衛生機構的行政人員，可能需要與地方政府官員聯繫，一起去處理罹患心理疾病街童的個案；並非一律收容，而是依據他們的生活方式，以及他們對於外展服務的反應，再予適當安置。(3)少年犯罪防治的行政管理者，可能需要去說服公眾，幫派分子假如有機會，他們也渴望在其他人的幫助之下，去選擇不一樣的生活方式，而不是犯罪。(4)未婚少女懷孕預防方案的行政管理者，可能需要尋找機會去說服社區領袖人物，基於兒童最佳利益的原則，他們的案主（未婚媽媽）並沒有權利單獨決定新生嬰兒接受福利的資格。

這些例子的共同情境，是社會福利機關（構）外部的其他人，甚至政府官員，認為此類個案沒有接受協助的價值，而處罰是理所當然的事。

因此，未來政府社會福利機關（構）的行政人員面對這類挑戰，有必要透過倡導而改變人們的消極想法，其理由至少有三（Patti, 2009: 10）：

1. 社會福利機關（構）的目的，在於改變人們或他們的社會環境。假如缺乏倡導，社區領袖人物將不會相信他們不喜歡的團體也有發展潛能，也會無視於他們與社區利益之間的關係，機關（構）亦無法獲得社區資源的合作而成功。

2. 假如有倡導，服務提供對於這類消費者團體的貢獻，將得到一些認知和尊重。因為沒有倡導，又如何有技巧地或富挑戰性地讓他們認為服務提供是值得去做的？

3. 假如人們對於不喜歡的團體，在知覺上不能被改變，他們可能認為這類團體對於社區不是資產，而是一種威脅，機關（構）即使繼續提供服務，對於社區的意義也不大。

六、服務輸送的連結

以實驗為基礎（empirically based）的社會福利實務模式，雖然快速發展，但是機關（構）將繼續為社會福利計畫的規劃、執行，以及如何有效輸送服務等問題所煩惱。在許多領域，助人的知識和技術，仍然未臻成熟，僅能運用於有限的人口群，至於它的概括化能力（generalizability），仍屬於未知數。

時常，社會福利相關聯的組織，未能有效地實施服務輸送，而被批評服務經常變來變去，並不穩定。其他有待改革的議題，尚包括：案主需要他們時，服務不易接近（inaccessibility）；需要連結的服務，沒有連結；在互賴的不同部門之中，服務零碎，出現空隙；案主的參與，明顯不足；直接服務的員工，在重要決策上，與其他組織結構的連結，有所不足；為案主在自助或互助的救助設施中，提供充權策略（empowerment strategies），也缺乏注意（Sarri, 1987: 37）。

上述這六項，只是社會福利行政人員未來必須面對挑戰的一部分，其他有關於：參與管理的技術（participatory management techniques）、對員工的肯定行動（affirmative action）和公平對待（pay equity）、在實務上對於外在支持團體的協商（mediating）和調解（reconciling）、與其他團體協力合作（collaborate）以動員焦點資源、激勵員工和志工對其個人目的和價值的承諾（commitment）、強化組織績效的衡量以回應政策所要求的責信標準（standards of accountability）、建立並維持一個有利於員工身心健康的組織氣氛等等，都是未來社會福利行政實務上有待克服的挑戰。

第二節　未來發展的趨向

即使，社會福利行政人員未來要面對許多挑戰，但是整體而言，社會福利的前景還是充滿希望，而且令人期待的。況且，社會福利行政是協助弱勢者的行政，工作人員本身哪有悲觀的權利？

馬丁（Martin, 2009）認為政治、經濟、社會、科技等環境勢力將會持續變遷，也將帶動社會福利行政實務的持續發展，預期在即將來臨的若干年，社會福利行政在實務上將投入：(1)更多競爭的行為（more competitive behavior）、(2)更多私有化（more privatization）、(3)更多再造（more restructuring）、(4)更多行銷（more marketing）、(5)更多企業的管理方式（more entrepreneurial management）、(6)更重視品質管理（more quality management）、(7)更強調結果（more emphasis on results）、(8)更多策略性規劃（more strategic planning）、(9)更多倡導活動（more advocacy）、(10)更加重視服務對象（more emphasis on clients）（cited in Patti, 2009: 63-65）。

茲將上面這些預期投入的工作，歸納為五個面向加以闡釋，藉以了解社會福利行政未來發展的趨向：

一、在行政組織方面

1.**更重視行政組織的變革**：隨著1990年代電子化政府的快速發展，社會福利機關（構）將有更多的機會使用資訊系統與通訊科技，因而在行政組織方面開始產生一些變革。例如：中層行政管理者不再那麼被需要，因為高層可透過資訊系統直接將命令或訊息傳遞到基層，也可利用自動化設備獲得基層的資訊，並監控部屬的工作表現。甚至，未來可能也不需要太多的基層工作者，因為可利用線上申請服務者將越來越多（Hughes著，呂

苔偉等譯，2006：272）。簡言之，未來，社會福利行政將因政府「再造」（restructuring），而進行組織的變革（organizational change），例如：「精簡」（downsizing）組織的規模、「調節」（adjective）組織的層級結構。

2. **在組織中融入更多企業精神**：由於資訊科技的不斷更新，社會福利組織在與企業組織連結的過程中，將有更多的機會使用企業盛行的電子商務方式，例如：大量採購文具、紙張，以降低交易成本（Hughes著，呂苔偉等譯，2006：270）。因此，社會福利機關（構）在組織文化中，未來將融入更多的企業精神（entrepreneurial spirit），包括：市場導向、顧客導向、任務導向、績效導向、前瞻性（anticipatory）、競爭性、使用者付費（user fees）、契約外包（contract out）等等。簡言之，社會福利行政的基本精神，未來將更聚焦於開創新的政策方向，以回應納稅人（人民）及潛在捐獻者的期待。

二、在計畫之規劃方面

1. **更常使用策略性規劃**：由於組織外在的環境勢力，未來將會持續發生影響作用，因而社會福利機關（構）及其行政人員，未來將必須發揮一種系統取向的形態，就環境的勢力和潛在案主服務方案對於機關（構）可能造成的衝擊，持續地進行評估（assessment）和評量（evaluation）。即使，透過宣導或行銷的技術，可以在這方面提供一些省思，但是一個更適當的概念架構，是聚焦於環境的機會和威脅，普遍地採用策略性規劃（strategic planning）（Patti, 2009: 64-65）。簡言之，未來，在社會福利行政實務中，無論是計畫之規劃、計畫執行方式、領導類型、溝通協調方式、員工進用類別、預算編列形態、行政倫理規範、績效評鑑取向等方面，在進行選擇或決定的過程，都將更頻繁使用策略性思考、策略性規劃、策略性管理、策略性行動。

2. **規劃時更重視案主需求**：在過去相當長的一段時間裡，社會福利行

政的焦點，是放在機關（構）的命令或要求，以執行機關（構）既定的計畫或方案。具體地說，在1980年代之前，社會福利行政主觀上使用「行政」（administration）一詞，更多於使用「管理」（management）的字眼，認為管理是控制和營利。那時候，控制和營利在社會福利是一種「詛咒」（anathema），一直到1990年代初期，「行政」與「管理」在社會福利領域廣泛地交互使用，而社會福利事業的規模和範圍也不斷成長，機關（構）的領導者和決策者自然注意到企業的經驗，開始思考如何協助組織去發展使命、取得資源，以滿足服務使用者和其他重要利害關係人的需求（Patti, 2009: 5-6）。簡言之，未來社會福利行政將會持續注意企業的動向，尤其是策略性規劃的發展，一個以服務為導向（a service orientation）的願景和策略標準，將是以案主的需求為首要（the needs of the client's come first）（Lohmann & Lohmann, 2002: 103）。

三、在計畫之執行方面

1. **結合更多私有化機構**：傳統上，大部分的社會福利計畫或方案，係由政府機關（構）直接執行。到了1970年代倡導社會福利民營化，1986年提出福利多元主義之後，私人或民間非營利組織參與執行社會福利方案，在數量上日漸增多。這種私有化（privatization）的快速發展，使得社會福利行政人員在一向保守的環境中，對於計畫的執行，開始有了另類的選擇機會。不過，在結合民間團體協助執行福利計畫的過程中，必須考量更多有關私有化的技術。例如：簽約（contracts）、贈與（grants）、擔保或收據（vouchers）、合作生產（co-production）、志工（volunteers）或其他技術（Karger & Stoesz, 1998: 209: cited Patti, 2009: 63）。更多私有化機構的出現，雖然限縮了政府社會福利的規模，但同時也使政府能繼續提供社會福利服務，契約外包將更有繼續存在的必要。有些預言者認為在2010年之後，政府全部人群服務的經費約有80%可能使用於契約外包（Patti, 2009: 63）。

2. **更加強行政正義之倡導**：目前，許多國家的社會福利政策，常被攻擊帶有相當濃厚的保守色彩，多數社會福利的計畫或方案，係實施於一般老人或其他相關團體。在未來，比老化更重要的問題，是易受傷害者的需求。例如：兒童、心理疾病者、身心障礙者及其他弱勢族群，未來將必須被中央與地方的社會福利機關（構）穩定地關注，並爲他們提供必要的福利措施。進而言之，在行政上，對於易受傷害者接受福利服務的身分認定（identification）和相關處遇（treatment），提供公平機會、平等對待，沒有歧視，以回應民眾對於行政正義（administrative justice）的期待，這也是人群服務極力倡導的一種理念（Lohmann & Lohmann, 2002: 496）。準此以觀，未來，社會福利行政在計畫的執行上，將更加強福利權益和行政正義的倡導（advocacy）。

四、在溝通與協調方面

1. **更注意民間機構的競爭**：政府機關（構）與民間團體建立夥伴關係，共同致力於社會福利服務，已成爲社會福利行政的一種常軌。然而，政府僅能將少數非屬專業服務的一般業務，透過補助或外包，由民間團體辦理，彼此發生競爭的現象，在所難免。韋恩貝克（Weinback, 2008: 37）就曾指出，實際上，今日人群服務機構之間爲了補助的方案和案主，準備採取許多競爭的方式，包括：爭取政府契約、資金捐贈者，以及開發新產品和新服務。因此，政府社會福利機關（構）爲了順利委託或契約外包，未來在溝通協調的過程中，將更注意民間機構之間的競爭行爲（competitive behavior），以避免他們之間產生惡性競爭或嚴重衝突，而傷害了補助的方案和案主。

2. **更重視行銷技術的使用**：社會福利行政人員將會發現，要確保他們的方案和機關（構）在未來仍能繼續存在，如果只是使用傳統的社會規劃和需求評估技術，顯然有所不足。例如：由誰負責執行此一方案？如何運用最佳的配套措施去提供服務？如何使用最具吸引力的方法，去對案主和資金贊助

者促銷？這些議題，在未來將變得更加重要，社會福利行政人員將必須更加重視行銷技術的使用（use of marketing techniques）（Martin, 2009: 64）。進而言之，社會福利機關（構）對於外在利害關係人溝通協調所使用的行銷技術，將不同於銷售（sales），而是一種社會行銷（social marketing）或服務行銷（service marketing），這種行銷技術，由5P（five Ps）所組成（Lauffer, 2009; cited in Lewis, Packard., & Lewis, 2012: 72-74）：

(1) 公眾（public）：指重要的利害關係人。例如：機關（構）服務和過程的設計，必須能回應重要利害關係人所關注和期待的事務。

(2) 產品（product）：指重要的服務。例如：由機關（構）設計一個方案或提供一種新的服務，去滿足利害關係人未能滿足需求的領域。

(3) 價格（price）：指服務的成本。例如：由機關（構）提供免費復康巴士、簡化申請服務的表格、縮短等候服務的時間成本。

(4) 通路（placement）：指服務的場地。例如：由機關（構）在服務場所配置停車位，增加夜間、週末的服務時間，以提高服務的可近性和可利用性。

(5) 促銷（promotion）：指行銷管道。例如：機關（構）透過媒體、廣告、小冊子、單張（DM）、海報、網路（Line、FB、直播）、活動等管道，傳播服務的訊息或形塑機構的形象。

五、在績效評鑑方面

1. **更重視服務成果的衡鑑**：過去，社會福利行政比較關心過程，例如：策略規劃的過程、契約外包招標的過程、預算編製的過程、績效評估的過程。推究其主要目的，在於建立制度，提高行政效率。未來，社會福利行政將減少對過程的重視，而增加對產出和成果的關切。這種改變，將需要許多社會福利專業人員，尤其是社會工作者，大幅度調節他們的教育、訓練，

以及超過數年著重於過程（process）的工作經驗。未來，社會福利行政實務，將隨之產生越來越多的績效衡鑑（performance measurement）、績效預算（performance budgeting）和績效契約（performance contracting）（Patti, 2009: 64）。

2. **更強調服務品質的改善**：對於確保社會福利服務品質方面，傳統取向是品質保證（quality assurance）取向，例如：由專業人員決定品質。未來，社會福利機關（構）將更加關切消費者或案主所定義的品質，而不只看行政人員的專業程度。這種更加強調品質管理（quality management）的取向，必然隨之產生更多機關（構）成立品質團隊（quality teams），並且透過案主滿意度調查和其他技術，以取得案主的回饋意見，作為持續改善服務品質的依據。

綜觀這些未來發展的趨向，已經涉及行政要素的大部分，包括：組織、規劃及執行、溝通與協調、控制（財務、評鑑）。至於政策決定、人員任用、領導及激勵等要素，雖未直接提及，實際上已被涵蓋。其中，在未來將更普遍採用策略性規劃一項，已包括領導型態、員工進用類別的策略性規劃；更重視行政組織的變革，以及在組織中融入更多企業精神，這兩項，必然有賴領導者的積極領導和激勵員工，始克有成；而有關社會福利政策的決定，當然要前瞻未來，殆無疑義。一言以蔽之，這五個面向，正是社會福利行政未來努力的重點（focus）和方向（locus）。

第三節 未來發展的願景

社會福利行政的發展，源遠流長。早在十九世紀初期，社會工作前輩李奇孟（Mary Richmond）與雅當斯（Jane Addams），由於擔任行政職務，而在社會工作專業上做出更多的貢獻，也突顯了行政工作的重要性。後來，又

經過無數實務工作者與學者，踵事增華，發揚光大。時至今日，無論社會福利行政實務或學科，都已逐漸建立制度。

以我國為例，未來在社會福利行政領域，除了同步努力於克服前面所述的重要挑戰，並順應前面所述的發展趨向之外，我們可能還有一些想像、願望和期待。因此，在這最後一個章節，針對我國社會福利行政有所不足之處，或者尚未著手辦理的部分，提出一些願景，作為未來共同努力的目標：

一、明確定位

如眾所知，社會工作是一種助人的專業，它運用個案、團體、社區、行政、研究等五大方法，協助有需要者解決其所遭遇的困擾或問題，以達到增進社會福利的目的。其中，社會福利行政是社會工作專業不可或缺的一環。

在美國，社會福利行政已獲國家社會工作教育協會（CSWE）認定為社會工作的實務方法之一。然而，在我國，長久以來，社會福利行政在社會工作專業中的定位，似乎很不明確，也很不穩定。

首先，在實務界，習慣上使用「社會行政」（social administration），而不是社會福利行政，這是因為傳統上社政單位除了辦理社會福利之外，還要辦理人民團體與合作事業的緣故。此外，最近幾年，各縣市政府社會局處主管，由非社會工作專業背景出任者，所占比率相當高。根據各縣市社會局處官網2023年6月底的資料顯示，由具社會福利／社會工作背景出任社會局處長者，有臺北、新北、臺中、高雄、臺南、桃園、竹縣、竹市、嘉市、彰化、屏東，共11人，對照2014年1月底的資料，當時有5個縣市（高雄市、桃園縣、臺中市、臺南市、屏東縣）的社會局處長具社福／社工背景（林萬億，2014：49-50），雖然增加了6個縣市，但是22個縣市之中，仍有11個縣市的社會局處長未具社福／社工背景（占50%）。2014年，臺北市新任市長起用未具社福／社工背景者擔任社會局長，曾引發社會工作業界與學者聯合發表聲明：「請重視社工專業知識與方法」（高醫醫社系，2014）。另有一

位曾參與臺北市社會局長遴選的委員也發表公開信，認為社會局長必須具備社福專長，因為他必須了解各項社會福利受益人口群的需求、了解各種社會福利政策、了解滿足服務對象需求的社會福利方案與工作方法，否則他如何分配資源、指揮員工、推展福利服務（林萬億，2014）？

其次，在學術界，目前各大學社會工作系所將社會福利行政、社會工作管理、非營利組織與管理三科，平行列為社會工作15個核心科目之一，學生只要三選一，加上其他核心科目，修滿核心科目45學分，就具備報考社會工作師的資格。而且，社會工作師考試是考社會工作管理，高普考社會行政類科是考社會福利服務，而不考社會福利行政。於是，社會福利行政在許多教師、學生、系所、補習班的心目中，儼然成為被「邊緣化」（marginalized）的學科，其地位遠不如其他核心科目。

無論如何，為了使社會福利行政在我國社會工作專業中的定位更加明確，未來的發展願景，即為：

1. **在學科的定位**：將「社會福利行政」一科，單獨列為社會工作專業核心科目，比照社會個案工作、社會團體工作、社區工作、社會工作研究法等專業方法，賦予平等地位。

2. **在考科的定位**：將「社會福利行政」一科，列入高普考社會行政類科的考試科目，一如教育行政類科考教育行政學、人事行政類科考行政學者然。

3. **在職位的定位**：由社會福利中央主管機關重申規定，縣市社會局處長應由具社福／社工專業背景者出任，並且在中央政府對地方政府執行社會福利績效考核「社會工作專業制度」項下，酌增相關指標的配分比率。根據目前的規定，「專業背景」指標的配分為30分，其中，局處長、副局處長、主祕、專門委員等簡任人員，以及科長（主任）、課（股）長、組長，具社福／社工專業時，合占6分，可將局處長單獨配分，並加權計分，以突顯其地位之重要性。這樣的要求，合情合理，就像要求衛生局處長應由具醫療背景者出任、要求教育局處長應由具教育專業背景者出任，都是同樣的道理。

二、加強研究

在社會福利行政的環境脈絡中，政治、經濟、社會、技術等因素，經常發生變遷，社會福利行政必須有所研究，不斷精進，才跟得上變遷的腳步，並滿足服務對象的新需求。

況且，在我國，中央與地方政府社會福利機關的職掌中，都列有「研究」一項。例如：衛生福利部組織法第二條有關衛生福利部主要職掌，其第一款是：衛生福利政策、法令、資源之規劃、管理、監督與相關事務之調查研究。又如，高雄市政府社會局社會工作科的職掌，也列有「辦理專業研究計畫」一項。

然而，衡諸實際，無論中央政府或地方政府的社會福利機關（構），每年完成社會福利相關研究的件數，都寥寥無幾。例如：由衛生福利部社會及家庭署官網「研究報告」項下的資料，顯示從2000年至2015年的研究報告，共計15件，平均一年只有0.94件。又，根據2015年度全國志願服務績效評鑑報告，在22個縣市中，只有4個縣市提出志願服務研究成果，總計5件（衛生福利部，2015：35）。

也許，社會福利行政部門的業務繁忙，缺乏從事研究的人力、時間和經費。不過，這可能也只是一種藉口。實際上，社政部門都有社福／社工背景的專業人力，他們畢業於大學社福／社工系所，必修社會工作研究法課程，應具研究的基本知能，自行或共同進行研究工作，是不為也，而非不能也。例如：高雄市政府社會局於2007年至2008年，就曾獎勵社會工作者自行研究共6件（劉玲珍，2008），可惜後來不了了之。至於缺乏研究經費，也可解讀為不重視研究，所以未編或少編研究的經費預算。

無論如何，社會福利行政之研究，不但理論上有必要，實務上有可行，未來在加強研究方面的發展願景則是：

1. **在研究的議題**：著重實務研究，以利行政實務之應用。其中，可優先考量的研究主題是：福利方案的規劃和實驗、服務輸送的協調和合作、福利

機構的輔導和評量、行政技術的應用和創新。

2. **在研究的方法**：應採取應用性研究方法（applied research methods），例如：評估研究法、行動研究法、比較法、調查法、實驗法。

3. **在研究的方式**：優先考慮由實務界與學術界合作進行研究，其次是社政單位自行研究，然後是委外研究。

4. **在研究的應用**：應由「求知」的研究層次，提升到「求用」的研究層次。不能只重視理論的闡釋或驗證，而忽略研究成果在行政實務上的應用。

三、創新作為

社會福利行政的研究，通常重視實用價值，希望研究結果有助於改進行政實務工作，以一種新的方法、過程、技術和其他新的作為，用以提高行政績效，增進社會福利。

這種行政上的創新作為，在公共行政領域，通常視為組織變革（organizational change）的一部分，但是在人群服務組織領域，行政人員接受這方面的教育訓練有限，專業文獻也很少討論（Lewis, Packard., & Lewis, 2012: 248）。

在國內，社會福利行政相關文獻也很少討論組織變革，許多行政人員對於創新作為也不甚了解。例如：中央政府對地方政府實施社會福利績效考核「社會救助」領域的指標中，有一項是「創新項目辦理情形」（配分5分）。在實施考核的最初幾年，縣市政府承辦社會救助業務的行政人員常苦於不知如何填答。後來，主辦績效考核的中央單位，特別在該項指標說明欄註明：創新項目係為因應在地新興社會議題或需求而採取積極性處置措施，以滿足不同需求之對象；不包括一次性服務、原有舊方案作微幅調整或變更名稱。此外，老人福利、身心障礙福利、志願服務、社區發展等領域的的績效考核，也將「縣市政府自辦創新特殊服務」列入評鑑指標，可見中央政府相當期待各縣市的社會福利措施能有一些創新作為。

無論如何，為因應社會環境勢力和服務對象需求的不斷變遷，社會福利行政的相關措施方面，包括：過時的（obsolete）、不適當的（inadequate）或失功能的（dysfunctional）政策、方案、程序、方法、技術等，也必須有所變革（change），有所創新（reinventing）。在創新作為方面，未來的願景是（Lewis, Packard., & Lewis, 2012: 248-253）：

1. **由領導者領導創新**：重要的創新作為，時常來自高層領導者，他們不只考慮行政上的革新，也擴及福利改革、組織再造、推動多樣化服務輸送。

2. **由領導者充權職員創新**：由中層領導者以對話、腦力激盪、激勵、組織型學習等方式，充權職員對於革新的覺知，並經過五個步驟共同進行創新作為：

    (1) 界定共同關注必須革新的問題，並評估創新的潛在利益和危機；

    (2) 說明創新的目的，並發展工作者的可信度或社會資本；

    (3) 透過傳播，為創新的必要性，爭取關鍵性個人和團體的了解和
        支持；

    (4) 確認創新的目的被贊成，執行方式獲得職員的支持、承諾和
        投入；

    (5) 對計畫中的創新作為，發展標準化的執行程序。

3. **由外部顧問協助創新**：有些特定的創新，例如：更新線上申請服務的操作技術、改變組織內外資源連結運用的策略等等，其適當的、有效率的、有成效的另類選擇之一，是借重外部顧問，提供專業技術，以協助機關（構）創新。

四、展現特色

社會福利行政已逐步建立制度，各種社會福利計畫或方案的規劃、執行過程和實施方法，大致上有一定的基準和規範。然而，作為社會工作專業的一部分，社會福利行政人員在實務運作上，也常因服務的對象、區域、需求

有所差異，而需彈性應用，以符合行政正義（administrative justice）。正如社會個案工作強調個別化（individualization）原則，凡事不能只有一種解決的方法，社會福利行政又何獨例外？

但是，在國內有些縣市的社政單位，似乎不約而同地，推出同樣的福利措施。例如：對低收入兒童，提供「代用餐」；為解決少子女化問題，提供結婚補助和生育津貼；對獨居老人，提供電話問安；對低收入戶，提供以工代賑。幾乎千篇一律，了無特色。

結果，各縣市政府「自我感覺良好」，其服務對象卻表示「無感」。例如：偏遠地區沒有餐飲店，「代用餐」將無用武之地；萬物皆漲，薪資不漲，給再多的津貼，年輕人還是不敢結婚，不敢生育；有些獨居老人聽覺功能障礙，或家中未裝電話，即使有電話，又害怕是詐騙集團打來的，不接電話，等於白忙、瞎忙。

有鑑於此，不同地區（縣市）、不同類別的社會福利機關（構），在行政實務運作方面，必須融入更多的企業精神（例如：市場區隔），以產出更具特色的服務。有關展現特色方面，未來的發展願景則是：

1. **在對象方面**：針對兒少、婦女、老人、身心障礙者、原住民、新住民等不同福利人口群，提供符合其需求且具特色的福利措施。例如：某直轄市社會局處在行政上提供經費，補助民間婦女團體，辦理線上數位學習課程。

2. **在領域方面**：針對社會救助、社會津貼、社會保險、福利服務、健康與醫療照護、就業安全、社區營造與居住正義等福利政策，因地制宜，提供具特色的策略。例如：某縣市社會局處輔導盛產藺草（燈心草）的社區，以藺草編織作為社區營造的特色項目。

3. **在問題方面**：針對兒童托育、家庭暴力、遊民、中高齡失業、婦女二度就業、新住民生活適應等社會問題，依據問題特質提供獨特、有效的輔導措施。例如：某縣市社會局處社會救助科對於遊民輔導，除了定點式輔導、走動式輔導之外，也訓練身心健康的遊民，擔任歷史建築物導覽解說員，使其自力更生，即具特色。

　　4. **在議題方面**：針對少子女化、性別暴力、以房養老、長期照顧2.0、低收入戶兒童教育帳戶等新興議題，在行政上支持相關單位發展具特色之防治策略。例如：在衛生福利部及地方政府社會局處組織內部增設「少子化對策辦公室」。

　　質言之，社會福利行政明確定位是未來發展願景的關鍵，由具社福／社工專業背景者出任社會局處主管，將有助於領導員工研究、創新、發展特色。而且，研究－創新－特色是「一條龍」，彼此相輔相成，相得益彰。

　　最後，歸納本章的重點為三方面：首先，我們預測社會福利行政人員未來將面臨：資源下降、民間衝擊、新冠疫情壓力、資訊快速發展、刻板化指責、服務連結等挑戰。接著，我們分析社會福利行政未來將：融入更多企業精神、更常使用策略性規劃、更加強行政正義之倡導、結合更多私有化機構、更重視行銷技術的使用等等趨向。然後，我們描述我國社會福利行政未來將有待：明確定位、加強研究、創新作為、展現特色的願景。凡此種種，無非是殷切盼望我國未來在社會福利行政上，能克服可能的挑戰，順應可能的趨向，並於明確定位之後、發展有研究、有創新、有特色的願景，以持續提高社會福利施政績效，達致增進社會福利的終極目的。

參考書目 ───────────────────

一、中文部分

王秀燕（2011）。「政府與民間的災變管理合作機制之探討」。張正中（編），災害救助與社會工作（279-300）。臺北：中華社會救助總會。

王秀燕（2016）。「社會福利行政概念與制度體系」。吳來信、王秀燕、鄭琇惠（編），社會福利行政（33-57）。新北：國立空中大學。

王綉蘭（2007）。「社會福利方案委託—政府採購之檢討與改進」。https://www.Hwute.mohw.gov.tw/att.php?uld:4042，檢索日期：2017/2/6。

王榮璋、黃琢嵩、高珮謹（2014）。「我國社會福利補助經費設算制度及社會福利施政績效考核修正芻議」。社區發展季刊，（145），266-287。

白秀雄（1989）。社會福利行政。臺北：三民書局。

白秀雄（2012）。「社會福利行政」。李增祿（編），社會工作概論（169-207）。高雄：巨流圖書公司。

江亮演、洪德旋、林顯宗、孫碧霞（2015）。社會福利與行政。臺北：五南。

江明修（2002）。新公共行政學。臺北：智勝文化。

江明修（2004）。「以策略性人力資源管理推動政府再造」。國家文官學院D&T飛訊，（10），1-8。

李易駿（2013）。社會福利概論。臺北：洪葉文化。

李淑芳（2015）。「社會福利補助經費核銷實務」。https://www.sfaa.gov.tw/SFAA/Pages/ashx/File.ashx?FilePath=~/File/Attach/4554/FiLe，檢索日期：2017/5/29。

吳書昀、汪淑媛、侯建州、張麗玉、莊俐晰、陳伶珠、童伊迪、黃源協、劉素珍、劉鶴群（2020）。社會工作概論。臺北：雙葉書廊。

吳瓊恩（2016）。行政學。臺北：三民。

何金蘭、詹宜璋譯（2009）。社會工作概論（華雷等著）。臺北：學富出版社。

邱文達（2014）。「衛生福利政策之擘畫與展望」。社區發展季刊，（145），9-18。

林辰穎、官有垣（2021）。回顧2020年政府因應新冠肺炎疫情的「紓困之亂」—（效率與公平/平等）觀點的檢視。社區發展季刊，175，312-324。

林淑馨（2016）。行政學。臺北：三民書局。

林勝義（2013）。社會工作概論。臺北：五南圖書出版公司。

林勝義（2016）。「透過社區發展推動社會福利—臺灣與英國經驗之比較」。社區發展季刊，（154），257-270。

林勝義（2018）。社會政策與社會立法—兼論其社工實務。臺北：五南。

林萬億（2010a）。台灣的社會福利：歷史經驗與制度分析。臺北：五南。

林萬億（2010b）。「災變管理與社會工作」。社區發展季刊，（131），50-68。

林萬億（2014）。「我為何堅持社會局長必須具社福專業背景」。https://www.tpcsw.

org.tw/news/index/2/236，檢索日期：2017/5/15。

林萬億（2015）。「殘缺的社會行政體系」。吳尊賢基金會，愛心世界季刊，
　　（32），1。

林萬億（2022a）。社會福利（二版）。臺北：五南。

林萬億（2022b）。當代社會工作—理論與方法（第五版）。臺北：五南。

林鍾沂（2018）。行政學理論的解讀。臺北：三民。

周采薇譯（2017）。社會工作倫理與價值（原作者：Banks.S）。臺北：洪葉。

許四明（2014）。中央與地方行政機關組織職能對應之研究。臺北：國家發展委員
　　會。

許南雄（2004）。行政學術語—兼釋「公共管理」辭彙。臺北：商鼎文化出版社。

張火燦（1996）。策略性人力資源管理。臺北：揚智出版社。

張宏哲（2016）。「社會個案工作倫理問題」。許臨高（編），社會個案工作理論與
　　實務（頁450-499）。臺北：五南。

張潤書（2009）。行政學。臺北：三民書局。

施能傑（2004）。「公共服務倫理的理論架構與規範作法」。社會科學論叢，
　　（20），103-140。

莫藜藜（2007）。「臺灣社會工作學科教育的發展與變革的需求」。社區發展季刊，
　　（120），30-47。

梁偉康（1996）。社會服務機構行政管理與實踐。香港：集賢社。

曾中明（2011）。「我國社政組織的演變與發展」。社區發展季刊，（133），6-22。

曾華源、胡慧嫈、李仰慈、郭世豐（2011）。社會工作專業價值與倫理概論（第二
　　版）。臺北：洪葉。

曾華源（2016）。「社會工作發展趨勢與臺灣專業教育的對應」。社區發展季刊，
　　（155），3-16。

詹火生（1991）。社會福利工作方案評估方法概論。臺北：中華民國社區發展研究訓
　　練中心。

詹火生（2000）。「社會福利」。蔡漢賢（編），社會工作辭典（307頁）。臺北：內
　　政部社區發展雜誌社。

馮　燕（2011）。「環境變遷中社會工作新發展—災變管理社會工作」。張正中
　　（編），災害救助與社會工作（3-18）。臺北：中華社會救助總會。

黃源協（2014）。社會工作管理。臺北：雙葉書廊。

黃源協（2020）。「社會工作與管理」。吳書昀、汪淑媛、侯建州、張麗玉、莊俐
　　晰、陳伶珠、童伊迪、黃源協、劉素珍、劉鶴群（合著）。社會工作概論（187-
　　218頁）。臺北：雙葉書廊。

賴東輝（2008）。社會工作概論。上海：華東大學。

賴兩陽（2005）。「社會工作行政與管理專業化過程探析」。社區發展季刊，

（112），197-205。

蔡漢賢（1988）。中華民國社會行政的成長與探析。臺北：中華民國社區發展研究訓練中心。

蔡漢賢編（2000）。社會工作辭典。臺北：內政部社區發展雜誌社。

蔡漢賢、林萬億（1983）。中外社會福利行政比較研究。臺北：中央文物供應社。

鄭讚源（2007）。「非營利組織執行政府福利政策績效評估探討：以照顧服務產業為例」。中正大學主辦「績效評估之方法與工具研討會」論文。

簡建志（2009）。中央與地方政府勞工行政功能與組織之研究。臺北：行政院研考會。

簡春安、趙善如（2008）。社會工作哲學與理論。高雄：巨流圖書公司。

劉邦富（2011）。「社會工作核心知能建構（四）社會福利行政」。社會工作核心知能建構（77-92）。臺灣社會工作教育學會2011年研討會。

劉玲珍（2008）。「虐待子女之母親生活經驗分析」。https://www.kcg.gov.tw/?prog=28，檢索日期：2017/5/15。

劉淑瓊（2011）。「理想與現實：論臺灣社會服務契約委託的變遷及課題」。社區發展季刊，（133），462-478。

譚功榮（2008）。西方公共行政學思想與流派。北京：北京大學出版社。

龐元媛（2013）。50則非知不可的政治學概念（原作者：Pen Pure）。臺北：遠見天下。

行政院研究發展考核委員會（2004）。政府績效評鑑。臺北：國家書店。

內政部（2000）。社會工作辭典。臺北；社區發展雜誌社。

高雄醫學大學醫學社會學與社會工作學系（2014）。「請重視社工專業知識與方法」。https://www.ms.kmu.edu.tw/index.php/41，檢索日期：2017/5/15。

衛生福利部（2015）。104年全國志願服務績效評鑑報告。臺北：衛生福利部。

衛生福利部社會及家庭署（2017）。衛生福利部社會及家庭署106年度推展社會福利補助作業手冊。臺北：衛生福利部社會及家庭署。

Denhardt & Grubbs著，黃朝盟、許立一、曾介宏、夏道維譯（2010）。公共行政。臺北：五南。

George著，曾冠球、許世雨譯（2007）。新公共行政。臺北：智勝文化事業公司。

Hughes著，呂苔偉、邱玲裕、黃貝雯、陳文儀譯（2006）。公共行政。臺北：雙葉書廊。

Rosenbloom著，呂育誠、陳恆鈞、陳青雯、劉淑惠譯（2006）。公共行政學。臺北：學富文化事業公司。

Starling著，洪聖斐、郭寶蓮、陳孟豪譯（2008）。行政學—公部門之管理。臺北：五南。

Starling著，陳志瑋譯（2015）。行政學—公部門之管理。臺北：五南。

二、英文部分

Adams, P., & Nelson, K. (1997). Reclaiming community: An integrative approach to human service, *Administration in social work*. 21(3/4), pp.67-81.

Austin, D. M. (1995). The human service organizations: A distinctive administrative setting. Unpublished manuscript. Austin, TX.

Austain, D. M. (2009).'Social work and social administration: A historical perspective.' In R. J. Patti. *The handbook of social welfare management* (pp.38-44). (ed.). Thousand Oaks, CA: Sage Publications, Inc.

Barker, R. L. (2014). *The social work dictionary*. Washington, DC: NASW Press.

Barrick, M.R., & Mount, M. K. (1991). "The big five personality dimensions and job performance: A meta-analysis." *Personal Psychology*, (44), 28.

Bass, B. (1998). *Transformational leadership: Industrial, military, and educational impact*. Mahwah, NJ: Lawrence Erlbaum Associate.

Bass, B., & Avolio, B. (2006). *Developing potential across a full range of leadership: Cases on transactional and transformational leadership*. Mahwah, NJ: LAWRENCE Erlbaum Associates.

Bennis, W. (1989). *On becoming a leader*. New York: Addison-Wesley.

Bhattacharya, S. (2006). *Social administration and development*. New Delhi: Rawat Publications.

Bryson, J. (2004). *Strategic planning for public and nonprofit organization : A guide for strengthening and sustaining organizational achievement*. (3rd ed.). San Francisco: Jossey-Bass.

Burns, J. (1978). *Leadership*. New York: Harper & Row.

Carson, M.J. (1992). *Settlement movement*. Chicago: University of Chicago Press.

Cooke, P., Reid, P., & Edwards, R. (1997). Management: New development and directions, In R. Edwards(ed.) *Encyclopedia of social work*. (pp.229-242). Washingtin, DC: NASW Press.

Flyn, J. P. (1992). *Social agency policy: Analysis and presentation for community practice*. 2nd ed. Chicago: Nelson-Hill.

Gill, R. (2006). *Theory and pratice of leadership*. Thousand Oask: CA: Sage.

Hogan, R., Curphy, G., & Hogan, J. (1994). "What we know about leadership: Effectiveness and personality." *American Psychologist*. 49(6), 493-504.

Karger, H. J., & Stoesz, D. (1998). *American social welfare policy*. New York: Longman.

Kotkin, J. (2010). America in 2050- strength in diversity. In J. A. Lewis., T. R. Packard., & M. D. Lewis. (2012). (5th eds.). *Management of Human service program*. (p.29). Belmont CA: Brooks/Drive

Kouzes, J., & Posner, B. (2002). *The leadership challenge*(3rd ed.). San Francisco: Jossey-Bass.

Leiby, J. (1978). *A history of social welfare and social work in the United States.* New York: Columbia University Press.

Lewis, J. A., Packard., T. R., & Lewis, M. D. (2012). (5th eds.). *Management of human service program.* Belmont CA: Brooks/Drive.

Lohmann, R. A., & Lohmann, N. (2002). *Social administration.* NY: Columbia University Press.

Martin, L. L. (2009). "The environmental context of social welfare administration." In R.J Patti. (ed.). *The handbook of social welfare management.* (pp.55-67). Thousand Oaks, CA: Sage Publications, Inc.

Martin, L, L., & Kettner, P. M. (1996). *Measuring the performance of human service programs.* Newbury Park, CA: Sage.

Mathbor, G. M., & Bourassa, J. A. (2012). "Disaster management and humanitarian action." In K. Lyon., T. Hokensted., M. power., N. Huegler., & N. Hall(eds.). *The SAGE handbook of international social work*(pp.294-310). London: SAGE Publication Led.

Meenaghan, T. M(1998). *Your social work career in the 21st centure*, Current, 15(6), 1 and 10.

Midgley, J., Tracy, M. B., & Livermore, M. (2000). *The handbook of social policy.* Thousand Oasks: Sage.

Murali, V., & Oyebode, F. (2004). Poverty, social inequality and mental health, *Advances in Psychiatric Treatment*, 10, 216-224.

Nunus, B., & Dobbs, S. (1999). *Leader who make a difference.* San Francisco: Jossey-Bass.

Northouse, P. (2010). *Leadership theory and practice*(5th ed.). Thousand Oask: CA: Sage.

Osborne, D., & Gaebler, T. (1992). *Reinventing government reading*, MA: Addison-Wesley.

Patti, R. J. (2009). *The handbook of social welfare management.* (ed.). Thousand Oaks, CA: Sage Publications, Inc.

Popple, P. R., & Leighninger, L. (2008). *The policy-based profession: An introduction to social welfare policy analysis for social worker.* 4th ed. New York: Pearson.

Reece, B.L., & Brabdt, B.R. (1981). *Effective human relations in business.* Boston: Houghton Mifflin Company.

Robbins, S. P., & Decenzo, D. A. (2004). *Fundamentals of management: Essential concepts and applications.* New Jersey: Pearson Prentice Hall.

Sarri, R. C. (1987). 'Administration in social welfare.' In *Encyclopedia of social work*(pp.27-41). Washington, DC: NASW Press.

Selber, K., & Austin, D. M. (1996). Mary Parker Follett: Epilogue to or return of a social work management pioneer?, *Administration in Social Work*, 21(1), 1-15.

Senge, P. (2006). *The fifth discipline: The art & practice of the learning organization*. New York: Currency.

Thurow, L. (1998). Economic community and social investment. In F. Hesselbein et al. (eds.). *The community of the future* (pp.19-26). San Francisco: Jossey-Bass.

Van Wart, M. (1998). Organizational investment in employee development. In S. Condrey (ed.). *Handbook of human resource management*(pp.276-297). San Francisco: Jossey Bass.

Weinbach, R. W. (2008). *The social worker as manager: A practical guide to success* (5th ed.). Boston: Allyn & Bacon.

Wski, M. K. (2000). *Leading with the heart*. New York: Warner Books.

Yukl, G. (2010). *Leadership in organization* (7th ed.). Upper Saddle River, NJ: Prentice-Hall.

家圖書館出版品預行編目資料

社會福利行政／林勝義著. --四版.--
　臺北市：五南圖書出版股份有限公司,
　2023.09
　面；　公分
SBN 978-626-366-415-9（平裝）

.CST: 社會福利　2.CST: 社會行政

47.6　　　　　　　　112012528

1JDW

社會福利行政

作　　者 ─ 林勝義（136）

發 行 人 ─ 楊榮川

總 經 理 ─ 楊士清

總 編 輯 ─ 楊秀麗

副總編輯 ─ 李貴年

責任編輯 ─ 李敏華、何富珊

封面設計 ─ 姚孝慈

出 版 者 ─ 五南圖書出版股份有限公司

地　　址：106臺北市大安區和平東路二段339號4樓

電　　話：(02)2705-5066　　傳　　真：(02)2706-6100

網　　址：https://www.wunan.com.tw

電子郵件：wunan@wunan.com.tw

劃撥帳號：01068953

戶　　名：五南圖書出版股份有限公司

法律顧問　林勝安律師

出版日期　2017年 7 月初版一刷（共三刷）
　　　　　2020年12月二版一刷（共三刷）
　　　　　2023年 1 月三版一刷
　　　　　2023年 9 月四版一刷
　　　　　2024年 3 月四版二刷

定　　價　新臺幣500元

經典永恆·名著常在

五十週年的獻禮——經典名著文庫

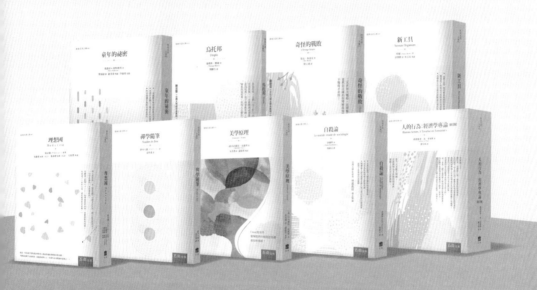

五南，五十年了，半個世紀，人生旅程的一大半，走過來了。

思索著，邁向百年的未來歷程，能為知識界、文化學術界作些什麼？

在速食文化的生態下，有什麼值得讓人雋永品味的？

歷代經典·當今名著，經過時間的洗禮，千錘百鍊，流傳至今，光芒耀人；

不僅使我們能領悟前人的智慧，同時也增深加廣我們思考的深度與視野。

我們決心投入巨資，有計畫的系統梳選，成立「經典名著文庫」，

希望收入古今中外思想性的、充滿睿智與獨見的經典、名著。

這是一項理想性的、永續性的巨大出版工程。

不在意讀者的眾寡，只考慮它的學術價值，力求完整展現先哲思想的軌跡；

為知識界開啟一片智慧之窗，營造一座百花綻放的世界文明公園，

任君遨遊、取菁吸蜜、嘉惠學子！